中国博士后科学基金项目

公共政策研究丛书　刘雪明◎主编

幸福感、需求与老龄政策研究

杨芳 著

中国社会科学出版社

图书在版编目（CIP）数据

幸福感、需求与老龄政策研究 / 杨芳著 . —北京：中国社会科学出版社，2022.12

（公共政策研究丛书）

ISBN 978 – 7 – 5227 – 1111 – 9

Ⅰ.①幸…　Ⅱ.①杨…　Ⅲ.①老年人—社会政策—研究—中国　Ⅳ.①D669.6

中国版本图书馆 CIP 数据核字（2022）第 232051 号

出 版 人	赵剑英
责任编辑	田　文
责任校对	张爱华
责任印制	王　超

出　　版	中国社会科学出版社
社　　址	北京鼓楼西大街甲 158 号
邮　　编	100720
网　　址	http://www.csspw.cn
发 行 部	010 – 84083685
门 市 部	010 – 84029450
经　　销	新华书店及其他书店
印　　刷	北京君升印刷有限公司
装　　订	廊坊市广阳区广增装订厂
版　　次	2022 年 12 月第 1 版
印　　次	2022 年 12 月第 1 次印刷
开　　本	710×1000　1/16
印　　张	17
插　　页	2
字　　数	237 千字
定　　价	89.00 元

凡购买中国社会科学出版社图书，如有质量问题请与本社营销中心联系调换
电话：010 – 84083683
版权所有　侵权必究

总　序

武树帜

自 20 世纪 50 年代政策科学（或称政策学、公共政策学、公共政策分析）在美国诞生以来，政策科学的发展已走过半个多世纪的历程。我国的政策科学研究起步较晚，它伴随着改革开放的步伐，至今也有 30 多年的历史，并取得了可喜的成绩，培养了一批奋发有为的中青年学者，刘雪明教授便是其中之一。当他主编的这套著作出版之际，邀我写几句话时，我欣然允诺，这也是对年轻人的一种鼓励和学习。

毛泽东同志曾经教导：政策和策略是党的生命。政策关系国家的兴衰、人民的利益和生活的好坏。历史证明，政策好，国家会长治久安，人民会安居乐业；政策失误则祸国殃民，贻害四方。古今中外的这种经验教训，是不胜枚举，不乏例证的。如果没有改革开放的一系列正确政策，也就不可能有今天中国的巨大变化和社会主义现代化建设的长足发展。国际上一些研究经济的人士认为，经济发展取决于技术进步和政策，而政策则起着很重要的作用，因为技术进步也离不开正确的科学的政策。所以，要加强对政策及其运行规律的探讨和研究。

政策科学就是这样一门专门探讨政策及其运行规律的学问，是一门

武树帜，国务院研究室原党组成员、机关党委书记，现任中国行政管理学会副会长、全国政策科学研究会会长、研究员。

融合运用政治学、经济学、管理学、法学以及哲学、历史学、地理学等相关知识的交叉学科，也是一门政治性很强、实践性也很强的综合性社会科学。当前我们研究政策科学，必须坚持以马列主义、毛泽东思想、邓小平理论和"三个代表"重要思想为指导，贯彻落实科学发展观；必须坚持党的基本路线不动摇，坚持同党中央保持一致，决不可与此相背离。政策科学的研究，要集思广益，不自以为是；可独有心得，而不门户之见；需超前预测，但不脱离实际。研究政策科学要贯彻群众路线，深入实际，调查研究。研究政策科学的出发点和归宿，应该是有助于领导部门科学制定决策，不断完善政策；应该有利于群众全面理解政策，上下认真贯彻执行政策。

政策科学研究不但要关注基础理论，同时要体现出应用性，要发挥科学的导向作用，为政策实践服务。只是坐而论道，脱离政策实践，政策科学将难于发展。政策科学要在为政策实践服务中获得较大的发展，要建立有中国特色的政策科学理论体系，必须与中国的社会改革和发展的实践结合起来，必须不断地扩大政策科学对现实的影响，使决策者重视政策科学。

研究政策科学，还要有创新，要认识新形势，提出新思维，解决新问题。江泽民同志指出：科学的本质就是创新，整个人类历史就是一个不断创新、不断进步的过程。政策科学当然也要创新，通过创新来不断地调整和完善我们的各项现行政策，并进而形成一种体制，一种制度，使我们的政策能够更加科学、正确，并使政策能在实践中开出更好的花，结出优良的果。

正是坚持了这些原则，我国政策科学研究虽然起步较晚，但是进步较快，在短短的30多年里获得了快速的发展，取得了瞩目的成就。综观这一发展过程，我们可以清楚地看到，全国政策科学研究会起了重要的推动作用。

全国政策科学研究会1992年10月成立以来，以马列主义、毛泽东思想、邓小平理论和"三个代表"重要思想为指导，以"联络、组织、交流、倡导"为活动方式，坚持党的基本路线，服务于改革、发展、稳定的大局，团结、带领各位理事积极开展政策科学研究。刘雪明教授作为研究会的常务理事，积极参与研究会的各项活动，在政策科学领域辛勤耕耘，出版了《政策科学研究》《政策运行过程研究》等著作，现在又主编一套新著要出版，实属可贺之事！

政策科学研究，面广需求大，几乎所有的社会问题，都会涉及政策，撰写文章，出版著作，潜心研究，大有用武之地。希望政策科学研究会的全体成员和所有从事政策科学研究的专家学者，多出成果，出好成果，为不断提高政策科学的研究水平，提高政策科学的地位和作用而共同努力，为构建和发展有中国特色的政策科学理论体系做出自己的贡献。

2008 年 5 月于北京

前　言

公共政策（政策科学、政策分析）作为第二次世界大战以后社会科学领域里发展最迅速、影响面最大、应用领域最广、实证性最强、社会效用最明显的学科之一[①]，改革开放以来在我国经由引进、消化、初创、形成、发展，如今已成为我国社会科学研究的一个重要领域，有关公共政策的书籍也成为当前我国出版领域一个新的热点。

政策研究在我国由来已久。但是，把政策及其运行规律作为一门科学来专门研究却是20世纪70年代末80年代初以后的事。那时，随着改革开放政策的实施，我国敞开了国门，在积极引进西方先进科学技术和管理经验方法的同时，一些新兴的学科也开始相继传入我国，公共政策便是其中之一。所以说，公共政策作为一门新兴学科在我国的兴起和发展，是改革开放和社会主义现代化建设的产物。

40年来我国的公共政策研究，伴随着改革开放的步伐，无论理论探索、学科教育还是知识应用都获得了前所未有的发展，具有中国特色的公共政策理论体系已初步构建，从本科到硕士再到博士多层次的人才培养体系也开始形成，在党和政府的政策实践中，公共政策知识的应用得到了从未有过的重视。

公共政策作为公共管理的一个重要分支学科或新兴研究领域，自它在我国的诞生开始就受到许多高等院校学科建设的厚爱。广州大学

---

① 谢明：《政策透视——政策分析的理论与实践》，中国人民大学出版社2004年版，第1页。

的公共管理学科建设也不例外，近年来我们加大了对公共政策的研究力度，公共政策已成为广州大学公共管理学科的一个重要方向。

呈现在读者面前的这套"公共政策研究丛书"，就是该学科点公共政策方向的研究成果。《政治理论与公共政策研究》《公共政策与社会保障研究》已由广西人民出版社出版，《公共性视角下的大众传媒与公共政策研究》《马克思主义政策理论研究》《国际防扩散机制与防扩散政策研究》已由中国社会科学出版社出版，这次的《幸福感、需求与老龄政策研究》《转型中国的廉政政策研究》《媒体、民意与公共决策互动关系研究》继续由中国社会科学出版社出版。希望这些著作的出版，对推动我国的公共政策研究和政策科学发展有所裨益。

本丛书出版受广州大学社科著作出版基金、行政管理重点学科、公共事业管理特色专业、公共政策精品课程、廉政研究重点基地等资助，广州大学及其相关部门社科处、教务处和公共管理学院的领导和老师给予了大力的支持和帮助，在此表示衷心的感谢！还要感谢中国行政管理学会原副会长、全国政策科学研究会原会长武树帜研究员，在百忙之中欣然作序！感谢中国社会科学出版社的领导和编辑，感谢每一位提供帮助的朋友！

由于我们才疏学浅，而且教学任务繁重，书中难免存有诸多疏漏甚至错误，敬请专家学者和广大读者批评指正。

2022 年 12 月于广州白云山麓

目 录

导 言 ………………………………………………………… (1)
 一 研究背景 ……………………………………………… (2)
  （一）老龄化与少子化社会的来临 …………………… (2)
  （二）人口抚养压力增加，中年人养老忧虑 ………… (4)
 二 国内外研究现状综述 ………………………………… (6)
  （一）国外关于幸福感的研究 ………………………… (6)
  （二）国内关于幸福感的研究 ………………………… (11)
  （三）国内外关于老年人幸福感的研究 ……………… (16)
  （四）国内外关于老龄政策的研究 …………………… (20)
 三 研究思路 ……………………………………………… (25)
 四 研究方法 ……………………………………………… (26)
 五 创新之处与不足 ……………………………………… (28)

第一章 幸福感与老龄政策的理论阐释 …………………… (30)
 一 主要概念界定 ………………………………………… (30)
  （一）幸福感 …………………………………………… (30)
  （二）需求 ……………………………………………… (36)
  （三）老龄政策 ………………………………………… (39)
 二 幸福感语境下老龄政策的主要理论 ………………… (41)
  （一）生命历程理论 …………………………………… (42)
  （二）活动理论 ………………………………………… (43)
  （三）生命质量理论 …………………………………… (44)

三　幸福感与需求、公共政策的关系 ………………………… (45)
　（一）幸福感的获得取决于需求的满足 …………………… (46)
　（二）实现最大多数人的最大幸福是公共政策追求的
　　　　目标 ……………………………………………………… (47)
　（三）公共政策必须回应人的需求 ………………………… (49)

第二章　老年人需求结构及其变化 …………………………… (51)
一　需求理论回顾 ……………………………………………… (51)
　（一）马克思的需求理论 …………………………………… (51)
　（二）马斯洛的需求理论 …………………………………… (52)
　（三）布兰德肖的需求理论 ………………………………… (54)
　（四）马尔库塞的"真实需求"与"虚假需求" …………… (54)
　（五）显性需求与隐性需求 ………………………………… (56)
二　老年人的需求及其特点 …………………………………… (57)
　（一）老年人需求的内容 …………………………………… (57)
　（二）老年人需求的特点 …………………………………… (61)
三　当代老年人需求结构的变化 ……………………………… (64)
　（一）从生存性需求到多元化需求 ………………………… (65)
　（二）从层次性需求到结构性需求 ………………………… (67)

第三章　幸福感视角下老龄政策的反思 ……………………… (72)
一　我国老年人幸福感的现状 ………………………………… (72)
　（一）老年人总体幸福感分析 ……………………………… (72)
　（二）老年人幸福感的纵向比较 …………………………… (73)
　（三）老年人对未来生活的担忧度 ………………………… (75)
　（四）老年人自杀问题 ……………………………………… (78)
　（五）影响老年人幸福感的因素 …………………………… (80)
二　我国老龄政策的发展 ……………………………………… (81)
　（一）1949—1981 年，政策初创期 ………………………… (82)

（二）1982—1998 年，政策形成期 …………………………（83）
　　（三）1999—2012 年，政策发展期 …………………………（84）
　　（四）2013 年至今，政策完善期 ……………………………（86）
　三　幸福感视角下老龄政策的检视 …………………………………（88）
　　（一）社会关注度不足，老龄政策的满意度有待提升 ……（89）
　　（二）政策碎片化，系统性需加强 …………………………（90）
　　（三）着力于生存保障，缺乏能动性 ………………………（92）
　　（四）政策的可操作性差，政策执行刚度不足 ……………（94）

第四章　重塑老龄政策构建的理念　从生存走向乐活 ……………（98）
　一　老年人：负担还是财富 …………………………………………（98）
　　（一）当前社会的老年意象 …………………………………（99）
　　（二）老年社会角色的重新定位 ……………………………（105）
　二　老龄社会：挑战还是机遇 ………………………………………（110）
　　（一）老龄社会的挑战 ………………………………………（110）
　　（二）老龄社会的机遇 ………………………………………（117）
　三　老龄政策之价值取向：生存保障还是幸福发展 ………………（119）
　　（一）保障老年人生活，维护老年人的福利权 ……………（120）
　　（二）制度升级，提升老年人的幸福感 ……………………（121）

第五章　夯实生存性需求　构建幸福之基石 ………………………（124）
　一　建立多支柱的老龄经济安全政策体系 …………………………（124）
　　（一）"多轨制单支柱低水平"养老金体系存在的问题 …（124）
　　（二）"单轨制多支柱中水平"养老金体系的框架 ………（126）
　二　建立预防、治疗、照顾相结合的健康维护政策体系 …………（129）
　　（一）完善医疗保险制度，提高基层医疗能力 ……………（132）
　　（二）加强疾病的预防和保健，减轻医疗压力 ……………（137）
　　（三）建立老年长期照顾体系，提高老年人的生命
　　　　　质量 ……………………………………………………（140）

三　建立老龄环境安全政策体系 …………………………… (145)
　　　（一）加强户外无障碍设施建设和改造，提高老年人
　　　　　　公共交通安全度 ………………………………… (145)
　　　（二）建立全龄家居设计理念，加快老年人住房的
　　　　　　改造 ……………………………………………… (147)
　　　（三）加强针对老年人犯罪的预防和打击力度，提高
　　　　　　老年人的安全感 ………………………………… (147)

第六章　满足情感性需求　在新型代际关系中感受幸福 ……… (150)
　　一　当前我国代际关系的特点 ………………………………… (150)
　　　（一）代际关系契约化 ………………………………………… (151)
　　　（二）代际关系逆向化 ………………………………………… (152)
　　　（三）代际关系物质化 ………………………………………… (156)
　　　（四）代际关系疏离化 ………………………………………… (158)
　　二　创造亲善老人的社会氛围，建构新型代际关系 ………… (160)
　　　（一）培育正确的"老龄"观，积极规划老年生活 ………… (161)
　　　（二）完善家庭支持政策，建立积极正向的家庭代际
　　　　　　关系 ……………………………………………… (165)
　　　（三）完善社会代间政策，实现代际平等和互融 ………… (169)
　　　（四）建立完善的老人庇护政策，减少代际冲突 ………… (172)

第七章　满足老年人成长性需求　在自我实现中体验幸福 …… (178)
　　一　推动社会参与，促进老年人成长 ………………………… (178)
　　　（一）老年人社会参与的内涵 ………………………………… (179)
　　　（二）老年人社会参与的价值 ………………………………… (181)
　　二　强化"第三龄教育"，在学习中成长 …………………… (183)
　　　（一）"第三龄教育"的意义和发展现状 …………………… (183)
　　　（二）"第三龄教育"未来发展方向 ………………………… (186)
　　三　营造"友好老年"职场，在工作中成长 ………………… (190)

（一）转变观念，重建人生规划 …………………………（190）
　　（二）利益诱导，鼓励延迟退休 …………………………（193）
　　（三）倡导职场年龄平等，排除老年人就业障碍 ………（195）
　　（四）提供老年人就业服务，提升再就业能力和机会 …（198）
　四　发展老年人志愿服务，在助人中成长 …………………（200）
　　（一）老年人志愿服务的意涵 ……………………………（200）
　　（二）老年人志愿服务发展的方向 ………………………（203）

第八章　优化老龄政策理念和流程　让幸福可及 …………（208）
　一　增强政策供给的公正性，减少相对剥夺感 ……………（208）
　二　发展在地整合服务，保障政策供给的有效性 …………（211）
　三　以"老人自我管理"为取向，增强政策的个性化和
　　　便携性 ………………………………………………………（217）
　四　以"互联网+"为基础，发展智慧养老 ………………（220）
　　（一）智慧养老的优势 ……………………………………（221）
　　（二）智慧养老的技术支持 ………………………………（223）
　　（三）智慧养老发展的实践路向 …………………………（224）

结　语 ……………………………………………………………（232）

主要参考文献 …………………………………………………（235）

后　记 ……………………………………………………………（257）

导　言

21世纪是"长寿时代""老龄化时代"。据联合国统计，到2050年，全球老年人口将超过20亿，而在21世纪上半叶，中国将一直是世界上老年人口最多的国家，占世界老年人口总量的五分之一，我国进入了名副其实的"老时代"。在日益严峻紧迫的养老困局和碎片化保障体系的双重压力下，直面人口老龄化挑战并制定相应的政策，是我国当前面临的重要任务。

亚里士多德曾说过："幸福是人类存在的唯一目标和目的。"社会发展的最终目标不是财富的最大化，而是幸福的最大化，国民幸福是检验国家发展的最终标准。"幸福感"也成为当前最受关注也最令人憧憬的词汇，成为21世纪发展的主题词。中国俗语说"千金难买老来福"，"年轻吃苦不算苦，老来享福才算福"，可见，老年幸福来之不易，而老年幸福又是如此之重要。因此，让老人过上幸福有尊严的生活，是当前我国面临的重大社会工程。

"社会保障与人民幸福安康息息相关"，"幸福感不是仅通过积极思维或参与社会活动就能控制的个人因素。相反，它很大程度上取决于个人所处的更大范围的社会规范、理念和政策"。[①] 好的政策、好的保障制度，会带给人们满意的生活和幸福；相反，不好的政策、不完善的保障制度，则会影响或阻碍人们幸福生活的实现。为此，要提

[①] ［日］小野浩、［美］克里斯滕·舒尔茨·李：《幸福再分配——论社会政策对生活满意度的塑造》，中国金融出版社2020年版，第17页。

高老年人的幸福感必须要有好的政策作为基础和保障,老年人幸福感的提升是确立具有我国特色老龄政策的指针和依据。

一 研究背景

(一)老龄化与少子化社会的来临

从20世纪末开始,我国逐步进入老龄化社会。老龄化社会的标准是:如果一个地区60岁及以上老人达到总人口的10%或者65岁及以上老人占总人口的7%,即该地区视为进入老龄化社会。2000年我国第五次人口普查,65岁及以上的人口为8811万人,占总人口的6.96%[1],表明我国已进入老龄化社会。截至2018年底,全国60岁及以上老年人口24949万人,占总人口的17.9%,其中65岁及以上老年人口16658万人,占总人口的11.9%。[2]《中国人口老龄化发展趋势预测研究报告》将我国的人口老龄化分为三个阶段:(1)2001—2020年是快速老龄化阶段,到2020年,我国老年人口将达到2.48亿,占人口总数的17.17%;(2)2021—2050年是加速老龄化阶段,我国老龄人口加速增长,到2050年,老年人口数量将增加到4亿,老龄化水平达到30%,进入重度老龄化社会;(3)2051—2100年是稳定的重度老龄化阶段,老龄化人口将稳定在3亿—4亿。[3] 以广州为例,截至2018年底,广州市户籍老年人口数为169.27万,占户籍人口的18.25%。如果按照老龄化率划分,人口老龄化率超过20%即进入中度老龄化,那么,广州市的越秀区、海珠区、荔湾区3个区已经进入中度老龄化社会。[4]

---

[1] 中华人民共和国国家统计局:《第五次全国人口普查公报》(第1号),2001年5月15日。

[2] 中华人民共和国民政部:《2018年民政事业发展统计公报》,2019年8月15日。

[3] 全国老龄工作委员会办公室:《中国人口老龄化发展趋势预测研究报告》,2007年2月27日。

[4] 广州市老龄委、市民政局、市统计局联合发布:《2018年广州老龄事业发展报告和老年人口数据手册》,2018年10月15日。

此外，我国人口平均寿命在增长。人口平均寿命从 1981 年的 67.77 岁增长到 2015 年的 76.34 岁（见表 0-1），老龄人口不断增多，老龄化中的高龄化趋势增强。

表 0-1　　　　　　　　我国平均寿命变化　　　　　　单位：岁

年份	合计	男	女
1981	67.77	66.28	69.27
1990	68.55	66.84	70.47
2000	71.40	69.63	73.33
2010	74.83	72.38	77.37
2015	76.34	73.64	79.43

资料来源：根据中华人民共和国国家统计局数据整理。

在我国进入老龄化的同时，也进入了少子化社会。少子化社会主要有两个衡量标准：人口出生率和 0—14 岁人口占总人口的比例。按人口出生率标准，人口出生率 11.0‰以下为超少子化；11.0‰—13.0‰为严重少子化；13.0‰—15.0‰为少子化；15.0‰—17.0‰为正常；17.0‰—19.0‰为多子化；19.0‰—21.0‰为严重多子化；21.0‰以上为超多子化。从表 0-2 可看出，从 1999 年开始，我国已进入少子化社会，2002 年开始进入严重少子化社会。即使在 2015 年 10 月底我国实行全面二孩政策之后，2016 年、2017 年的出生率也只是略有增长，仍处于严重少子化阶段，2018 年、2019 年，我国进入超少子化时期。

表 0-2　　　　　　　　我国人口出生率　　　　　　单位：‰

年份	2019	2018	2017	2016	2015	2014	2013	2012	2011	2010	2009	2008
人口出生率	10.48	10.94	12.43	12.95	12.07	12.37	12.08	12.10	11.93	11.90	11.95	12.14
年份	2007	2006	2005	2004	2003	2002	2001	2000	1999	1998	1997	1996
人口出生率	12.10	12.09	12.40	12.29	12.41	12.86	13.38	14.03	14.64	15.64	16.57	16.98

续表

年份	1995	1994	1993	1992	1991	1990	1989	1988	1987	1986	1985	1984
人口出生率	17.12	17.70	18.09	18.24	19.68	21.06	21.58	22.37	23.33	22.43	21.04	19.9

资料来源：根据中华人民共和国国家统计局数据整理。

按照第二个标准，如果0—14岁人口占总人口的比例在15%以下为超少子化；15%—18%为严重少子化；18%—20%为少子化；20%—23%为正常；23%—30%为多子化；30%—40%为严重多子化；40%以上为超多子化。据统计，我国14岁以下人口由1982年的33.6%降到2012年的16.5%（见表0-3），也就是说，我国已进入严重少子化社会。老龄人口的增加，孩子的减少加重了社会养老压力，面临越来越多、越来越多样化的老年服务需求，我国原有的老龄政策和养老服务供给方式面临挑战，急需完善老龄政策的设计，以满足老年的多元需求，提高老年生活质量和老人的幸福感。

（二）人口抚养压力增加，中年人养老忧虑

2030—2050年，将是我国人口老龄化最严重的时期，也是人口问题最严峻的时期。

表0-3　　　　　　我国老年人口抚养比　　　　单位：万人、%

年份	年末总人口数	0—14岁 人口数	0—14岁 比重	15—64岁 人口数	15—64岁 比重	65岁及以上 人口数	65岁及以上 比重	老年抚养比
1982	101654	34146	33.6	62517	61.5	4991	4.9	8.0
1987	109300	31347	28.7	71985	65.9	5968	5.4	8.3
1990	114333	31659	27.7	76306	66.7	6368	5.6	8.3
1995	121121	32218	26.6	81393	67.2	7510	6.2	9.2
2000	126743	29012	22.9	88910	70.1	8821	7.0	9.9
2001	127607	28716	22.5	89849	70.4	9062	7.1	10.1

续表

年份	年末总人口数	0—14 岁 人口数	比重	15—64 岁 人口数	比重	65 岁及以上 人口数	比重	老年抚养比
2002	128453	28774	22.4	90302	70.3	9377	7.3	10.4
2003	129227	28559	22.1	90976	70.4	9692	7.5	10.7
2004	129988	27947	21.5	92184	70.9	9857	7.6	10.7
2005	130756	26504	20.3	94197	72.0	10055	7.7	10.7
2006	131448	25961	19.8	95068	72.3	10419	7.9	11.0
2007	132129	25660	19.4	95883	72.5	10636	8.1	11.1
2008	132802	25166	19.0	96680	72.7	10956	8.3	11.3
2009	133450	24659	18.5	97484	73.0	11307	8.5	11.6
2010	134091	22259	16.6	99938	74.5	11894	8.9	11.9
2011	134735	22164	16.5	100283	74.4	12288	9.1	12.3
2012	135404	22287	16.5	100403	74.1	12714	9.4	12.7
2013	136072	22329	16.4	100582	73.9	13161	9.7	13.1
2014	136782	22558	16.5	100469	73.4	13755	10.1	13.7
2015	137462	22715	16.5	100361	73.0	14386	10.5	14.3
2016	138271	23008	16.7	100260	72.5	15003	10.8	15.0
2017	139008	23348	16.8	99829	71.8	15831	11.4	15.9
2018	139538	23523	16.9	99357	71.2	16658	11.9	16.8
2019	140005	23493	16.8	98914	70.6	17599	12.6	17.8

资料来源：根据国家统计局数据整理。

2030—2050年是独生子女家庭的父母，也就是"60后""70后""80后"迈入老龄的时期。由于子女少，且对目前的养老政策满意度不高，目前的中年人，也就是20年后的老年人，对自己的养老非常担忧。课题组通过对广州市三个社区的分年龄段问卷调查显示，与老年组相比，青年组和中年组对自己未来的养老问题更为担忧，分别有52.0%的青年人和62.0%的中年人对自己的养老感到担忧（见表0-4）。

表0-4　　　　　　　　样本养老问题的担忧度　　　　　　单位：%

	担忧	有些担忧	不担忧	没想过	合计
20—30岁	15.3	36.7	26.3	21.7	100.0
40—50岁	21.0	41.0	25.3	12.7	100.0
60岁以上	10.3	18.7	54.0	17.0	100.0

资料来源：课题组广州问卷调查数据。

中年人对未来养老的担忧源于两个方面：一方面由于传统的"养孩防老"的观念发生了重大变化，家庭养老能力下降，现在的中年人，也就是十几年或二十年后的老年人担心无人陪伴和照料；另一方面的担忧来自于对老龄政策的不确定性和不信任感。当前，我国正处于社会的转型期和政策的多变期，是否延迟退休、养老金是否并轨等一系列关系到老年人的政策尚未定型，现在的中年人对未来的老龄生活没有预期，充满了不确定性。因此，当前我国必须及时调整和完善老龄政策，增加政策的前瞻性，保持老龄政策在一定时期的稳定性和连续性，提高民众对老龄政策的预期和信任度。

二　国内外研究现状综述

（一）国外关于幸福感的研究

国外关于主观幸福感（Subject Well-Being，SWB）的研究开始于20世纪60年代，一般来说，以1967年美国学者沃纳·威尔森（Wanner Wilson）发表的《自称幸福的相关因素》为标志。国外关于幸福感的研究主要探讨以下几个问题。

1. 对主观幸福感构成要素和测量的探讨

SWB作为对人们生活质量的反映，不是单一维度结构，而是具有一定联系的多成分构成的多维度概念。总体上来讲包含了认知成分与情感成分两个部分。

一些研究者认为，人们的幸福感状况取决于一定时期内积极情感和消极情感的权衡。如果人们较多体验到愉快的情感而较少体验不愉快的情感，便可推定他们是幸福的；否则就不幸福。从这一假定出发，布莱德本（Bradburn）在1963年编订了情感平衡量表。该量表包含10个项目，其中5个项目测量的是积极情感，另5个项目测量的是消极情感。权衡被测者在这两个方向的得分情况，就可以对其近期的情感状态作出判断，从而推测其幸福感状况。类似的还有劳顿（Lawton）等人编制的费城老年医学中心积极情感与消极情感量表、沃特森（Watson）等人编制的积极与消极情感量表。但也有研究者对短期情感反应能否用来说明一个人整体的幸福感状况表示怀疑。科兹玛（Kozma）和斯通斯（Stones）针对上述量表所存在的不足，编订了纽芬兰纪念大学幸福度量表。该量表包含了24个项目，试图从短期情感反应和长期情感体验两个方面全面地把握被测者的幸福感状况。[①]

自20世纪50年代以来，对主观幸福感的测量主要采用的是自陈量表法。大量研究表明，自陈量表测验具有较好的测量特性。量表得分与日常心境报告、私下报告、配偶报告呈中等相关。但是也有一些研究表明，主观幸福感的得分会随所使用量表、项目顺序、时间坐标、当时心境以及其他一些情景因素的变化而变化。[②] 而且，主观幸福感的自陈量表测量，似乎也更多地受到被测者反应倾向的影响。近年来，已经出现了一些不同于自陈量表的测量方法。其中较为引人注目的是经验样本测量方法。该方法通过搜集被试者在日常生活中随机出现的心境、情感以及其他感受的样本，来评价被测者的主观幸福感状况。由于这种方法可以减少记忆偏差对经验报告的影响，因而被认

[①] Kozma A. Stones M. J., "The Measurement of Happiness: Development of the Memorial University Newfoundland Scale of Happiness", *Journal of Gerontology*, 1980: 35 (6): 906-917.

[②] Schwar N. Strack F, "Evaluating One's Life: A Judgment Model of Subjective Well-being", In Margyle F. S. Schwarz N. (Eds), *Subjective Well-being: An interdisciplinary Perspective*, Oxford, England: Pergamon Press, 1991: 27-48.

为可以提供比自陈量表更为精确的测量结果。另外，对生活状况的定性描述打分、模糊情感刺激反应测量、微笑率测量、对生活事件回忆的记录等方法，以及一些生理反应测量方法（如唾液中的皮质醇水平测试），也被用于对主观幸福感状况的评估。[①]

2. 主观幸福感的影响因素

主观幸福感受个体自身特性与外界环境的双重影响。目前的理论解释有以下几种。

（1）遗传因素对主观幸福感影响的"幸福基因"理论。在幸福感研究早期，学者们对"幸福是天生的吗？"进行了探讨，他们从生理学的角度检验基因对主观幸福感的影响。明尼苏达大学的泰利根及其同事对不同家庭环境中的双生子进行了研究，发现同卵双生子的主观幸福感水平接近程度高于同一家庭中的异卵双生子，他们认为，40%的积极情绪变化、55%的消极情绪变化及48%的生活满意度都是由基因引起的。随后，李肯和泰利根又研究了遗传因素对幸福感稳定性的影响，结果显示，主观幸福感具有较高的稳定性，而基因决定了稳定性的80%。英国科学家还直接检测出了"幸福基因"，他们发现幸福感的强弱是由5-HTT基因（5—羟色胺转运体基因或血清基转运基因）所决定的。每个人都携带两个5-HTT基因副本，他们分别来自父体和母体，这两个基因副本有长短之分，于是形成三种基因类型：两个长基因副本、两个短基因副本、一长一短基因副本。英国伦敦政治学院的行为经济学家让－埃马纽埃尔·德内夫（Jan-Emmanuel De Neve）通过分析2500多名被试者的数据发现，携带两个长基因副本的人比携带其他基因副本的人更容易知足和幸福，感觉最不幸福的是携带两个短基因副本的人。[②]

（2）人格差异影响论。有学者认为，个人的幸福体验是由个体稳

[①] Diener ED. Diener R. B., "New Direction in Subjective Well-being Research: The Cutting Edge", *Indian Journal of Clinical Psychology*, 2000: 27 (1): 21-33.

[②] 孙健敏：《幸福社会：提升幸福感的多元视角》，中国人民大学出版社2014年版，第42—43页。

定的性格决定的。有学者研究了大五人格与幸福感的关系，即外倾性、神经质、经验的开放性、宜人性和公正性五种人格与主观幸福感的关系。科斯塔（Costa）和麦克雷（McCrae）的研究表明，五种人格全部与主观幸福感显著相关。其中，经验的开放性与正性情感和负性情感存在正相关，宜人性和公正性与 SWB 的关系模式是一致的，与生活满意度和正性情感存在显著正相关，与负性情感存在显著负相关，因此能够提高主观幸福感。[1] 迪乃武（DeNeve）和库珀（Cooper）检验了 137 项人格特质，指出，外向性与幸福感的相关系数是 0.17，随和性与主观幸福感的相关系统是 0.17，责任心与主观幸福感的相关系数是 0.21，情绪稳定性与主观幸福感的相关系数是 0.22，经验开放性与主观幸福感的相关系数是 0.11。[2] 有学者研究了自尊与幸福感的关系。有研究显示，低自尊和主观幸福感存在着内在的联系，达顿（Dutton）和布朗（Brown）发现，在面临失败时，低自尊个体比高自尊个体面临更强烈的情绪困扰，原因在于失败使得低自尊个体自我感觉糟糕，同时低自尊是导致个体抑郁的一个高危因素。[3] 有些研究认为，高自尊和高 SWB 之间有紧密联系。罗森伯格（Rosenberg）发现，个体总体自尊与快乐感的相关是 0.50，同消极情感的相关是 -0.43。[4] 迪纳（Diener）从跨文化角度系统讨论了自尊和人际关系对个体 SWB 的预测作用，研究发现，在个人主义文化中，自尊对 SWB 的预测作用要大于集体主义文化中的个体。[5]

---

[1] McCreae R. R., Costa P. T., "Adding Liebe and Arbeit: The Full Five-factor Model and Well-being", *Personality and Social Psychology Bulletin*, 1991, 17（2）: 227 – 232.

[2] Deneve, K. M., & Cooper, H., "The Happy Personality: A Meta-analysis of 137 Personality Traits and Subjective Well-being", *Psychological Bulletin*, 1988, 124: 197 – 229.

[3] Dutton, K. A., & Brown, J. D., "Global Self-esteem and Specific Self-views as Determinants of People's Reactions to Success and Failure", *Journal of Personality and Social Psychology*, 1999, 73: 139 – 148.

[4] Rosenberg, F., "Global Self-esteem and Specific. Self-esteem: Different Concepts, Different Outcomes", *American Sociological Review*, 1995, 60: 141 – 158.

[5] Diener, E., & Diener, M., "Cross-cultural Correlates of Life Satisfaction and Self-esteem", *Journal of Personality and Social Psychology*, 1995, 69: 851 – 864.

（3）经济因素论。早期的经济学家认为财富和收入是人们获得幸福的前提，收入水平高低影响着幸福水平的高低。但1974年美国南加州大学经济学教授理查德·伊斯特林（Richard Easterlin）研究发现，财富并不一定带来快乐？他在《经济增长可以在多大程度提高人们的快乐》中指出，居民收入达到某一值以后，收入与幸福之间的关系变得不再明显，二者之间不存在明显的正相关，甚至居民收入水平与幸福水平相背离，这就是著名的"幸福悖论"。幸福感与收入之间的关系因此变得复杂，也引起了更多学者的研究兴趣。当前，对于收入与幸福感之间关系的解释，主要有三种理论：一是"时间周期论"，即在较短的时间内，收入的提高可以增加幸福感，但由于适应性存在，时间长了，人们适应了较高的收入和较好的生活，期望值随着收入的提高而提高，幸福感便回到原来的状况，所以，长期来看，两者之间没有关系。二是"收入拐点论"，认为收入低于某个拐点时，收入的增加会提高人们的幸福感，当收入水平超过这个拐点时，收入的增加不仅不能带来更多的幸福，还有可能会减少幸福。三是"收入分类论"，该理论认为，相对收入而不是绝对收入影响着人们的幸福感。

（4）社会资本论。有的学者通过社会资本理论来解释主观幸福感的差异，强调社会环境中的个人社会网络对于主观幸福感具有重要影响。社会资本即个人通过与他人或组织的关联能够获得资源，包括社会资本、社会网络与社会归属等几个维度。信任是社会资本理论的重要组成部分，比约姆斯科夫（Bjomskov）通过对80多个国家的研究表明，社会信任水平越高，居民的主观幸福感也越高。对家庭成员的信任转向个人身体和情绪的健康，进而增进居民的主观幸福感。[①] 社会网络所提供的切实的帮助和照料能降低居民身体和心理的压力；社会网络还可能引起生理机制刺激个体的免疫系统，来抵御疾病和痛苦

---

① Bjomskov, C., "The Multiple Facets of Social Capital", *European Journal of Political Economy*, 2006, 22: 22-40.

压力。实证研究表明，与家人、朋友和邻居共处的时间越长，居民的幸福感水平越高。有研究认为，社会支持与主观幸福感存在显著相关，社会支持与生活满意度、积极情绪呈正相关，与消极情绪呈负相关。米汉（Meehan）等人的研究发现，社会支持与个体的积极情感存在显著正相关[1]；罗路（Luo Lu）也发现，社会支持与幸福感和生活满意度存在正相关[2]；凯－李·周（Kee-Lee Chou）的研究表明，个体对家庭成员和朋友关系的满意度可以预测主观幸福感及其所有维度。[3] 梅耶斯（Myers）从人类是怎样幸福的以及谁是幸福的人着手，用实证的方法证明了年龄、性别和收入等不是幸福的来源，只有社会支持、对未来充满希望、有明确的生活目标等集体层面和个体层面的积极品质才是幸福的真正来源。[4]

（二）国内关于幸福感的研究

国内幸福感的研究始于 20 世纪 80 年代。近年来，特别是 2011 年以后，越来越多的学者开始重视幸福感的研究，不少学者从社会学、心理学、经济学的角度对幸福感进行了探讨，研究的主要议题如下。

1. 幸福感的内涵和幸福感测量体系的建构

刘向东等人认为，幸福感是一种主观感受，受个人特质、家庭血缘、共同体亲密感、社会公平正义以及自然和谐共处五个逐级外推的圈子的影响，并根据"幸福圈"理论，构建了 5 个维度、16 个方面

---

[1] Meehan M. P. Durlak J. A. & Bryant F. B. ，"The Relationship of Social Support to Perceived Control and Subjective Mental Health in Adolescents", *Journal of Community Psychology*, 1993，21：（1）：49 – 55.

[2] Lu L. ，"Personal and Environmental Causes of Happiness. A Longitudinal Analysis"，*Journal of Social Psychology*，1999，139，79 – 90.

[3] Chou Kee-lee，"Social Support and Subjective Well-being among Hong Kong Chinese Young Adults"，*Journal of Genetic Psychology*，1999. 160（3）.319.

[4] 转引自张羽、邢占军《社会支持与主观幸福感关系研究综述》，《心理科学》2007 年第 6 期。

的幸福感测量体系。① 邢占军教授在《测量幸福：主观幸福感测量研究》一书中提出了体验论主观幸福感测量的观点，并编制了中国城市居民主观幸福感量表，量表包括知足充裕体验、心理健康体验、社会信心体验、成长进步体验、目标价值体验、自我接受体验、身体健康体验、心态平衡体验、人际适应体验、家庭氛围体验等 10 个维度。② 李晶从幸福与财富、心理、人格、文化、社会、家庭等角度出发，对广义的人类福利和幸福指数进行了探索，形成一套包含工作条件、休闲条件、不平等、社会关系、社区福利、心理福利、授权、政治自由、经济稳定、政治安全、环境条件等 11 项指标的全面反映国民福利的更为广泛的幸福指数体系。③ 张兴祥等采用新近发展的重要统计方法 LASSO 筛选构建了一套适合于测度我国国民幸福感的指标体系。④

2. 对幸福感影响因素的研究

近来，一些国内学者专门研究了幸福感的影响因素，如叶玲的《主观幸福感影响因素研究》、许远理的《主观幸福影响因素的整合趋向》、苗元江的《影响幸福感的诸因素》等。总体来看，国内学者认为，影响幸福感的因素主要有四个方面：一是人口学因素对个人幸福感的影响。如性别、年龄、婚姻状况、教育程度等变量对幸福感的影响。性别是最基本的个人特征，多数学者认为不同性别的人幸福感没有显著的差异。邢占军、何立华、孙健敏等学者的研究都显示，性别与幸福感没有直接的关系，幸福感在性别上的差异并不

---

① 刘向东、陶涛：《幸福感评价指标体系研究——基于"幸福圈层理论"的实证分析》，《中国人民大学学报》2012 年第 5 期。
② 邢占军：《测量幸福：主观幸福感测量研究》，人民出版社 2005 年版。
③ 李晶：《福利的多维测度与广义幸福指数体系的构建》，《辽宁工程技术大学学报》（社会科学版）2008 年第 4 期。
④ 张兴祥、钟威、洪永淼：《国民幸福感的指标体系构建与影响因素分析：基于 LASSO 的筛选方法》，《统计研究》2018 年第 11 期。

明显。但也有学者认为，女性的幸福感高于男性，[①] 女性比男性幸福感更强。[②] 关于年龄与幸福感的关系，研究结论有较大差异，主要有以下观点：其一，年轻人更容易感到幸福，随着年龄的增长，个人的幸福感会降低。其二，生活满意度随着年龄的增长而升高。其三，35 岁是幸福感变化的转折点，35 岁之前幸福感相对较低，35 岁以后幸福感较高，总体上，幸福感随年龄的增加而提高。[③] 有学者研究显示，年龄与幸福感呈"U"形曲线关系，中年时期幸福感最低。其四，年龄与幸福感没有关系。婚姻往往被认为是影响幸福的重要因素，但研究者得出的结论也并不一致。如罗楚亮调查发现，城镇居民的主观幸福感决定因素中，婚姻状况并不具有显著的影响，但农村"离异"或"丧偶"者的幸福感程度显著较低。[④] 孙健敏通过对 8994 名从业人员的调查发现，婚姻状况与幸福感显著相关，同居和初婚者的幸福感最高，其次为再婚者和未婚者，离异者的幸福感最低。[⑤] 一般认为，教育可能影响一个人的经济地位、工作或者增加获得社会支持的机会，因此对主观幸福感具有积极的影响。罗楚亮研究显示：受教育程度较高者的主观幸福感越强、不幸福感越低。[⑥] 有学者调查显示：大学本科及以上文化程度的被调查者幸福感最高，而职业高中、中专或技校学历的被调查者幸福感最低。[⑦]

二是个体内部因素，即人格、自尊、自我效能感和情绪智力等方

[①] 全国人大财经委员会中国民生指数课题组、王俊秀：《你幸福吗？——2010 中国城市居民幸福感调查》，《民主与科学》2010 年第 6 期。
[②] 张兴祥、钟威、洪永淼：《国民幸福感的指标体系构建与影响因素分析：基于 LASSO 的筛选方法》，《统计研究》2018 年第 11 期。
[③] 孙健敏：《幸福社会：提升幸福感的多元视角》，中国人民大学出版社 2014 年版，第 53 页。
[④] 罗楚亮：《城乡分割、就业状况与主观幸福感差异》，《经济学》2006 年第 2 期。
[⑤] 孙健敏：《幸福社会：提升幸福感的多元视角》，中国人民大学出版社 2014 年版，第 55 页。
[⑥] 罗楚亮：《教育、收入与主观幸福感》，《理工高教研究》2006 年第 1 期。
[⑦] 全国人大财经委员会中国民生指数课题组、王俊秀：《你幸福吗？——2010 中国城市居民幸福感调查》，《民主与科学》2010 年第 6 期。

面对幸福感的影响。我国学者认为，人格与幸福感具有相关性。张兴贵等研究了青少年大五人格与主观幸福感的关系，指出，大五人格维度中，宜人性与主观幸福感没有显著关系，开放性和严谨性通过神经质或外倾性与主观幸福感存在间接效应，神经质和外倾性则对主观幸福感有较强的直接预测力，外倾性对主观幸福感具有正面影响，可增加主观幸福感；神经质对主观幸福感具有负面影响，可降低主观幸福感。[1] 陈灿锐等人分析了主观幸福感与大三人格的关系，认为主观幸福感与外倾性为中等程度正相关，与神经质呈较高负相关、与精神质呈相对较小负相关。[2] 高淑燕等人通过对大学生的研究发现，大学生大五人格维度中的严谨性、外倾性以及宜人性与主观幸福感各维度具有一定的相关，严谨性与心理幸福感的自我接受、生活目的、情境把握维度具有显著负相关，外倾性与自我接受、良好关系、情境把握具有显著正相关，宜人性除了个人成长维度外，与心理幸福感其他几个维度都具有正相关。[3]

三是经济因素对幸福感的影响。收入与主观幸福感的关系是经济学家所关注的重要议题。罗楚亮研究发现，收入以及对收入变化的预期和生活改善状况对不同人群的主观幸福感程度都具有重要的影响。[4] 中国民生指数课题组调查结果发现，幸福感评价与家庭收入高低有线性关系，收入越高幸福感越高。[5] 邢占军通过对我国城市居民收入与幸福感的关系分析发现：在现阶段的中国，收入与城市居民幸福感之间具有一定的正相关；高收入群体幸福感水平明显高于低收入群体；

---

[1] 张兴贵、何立国、贾丽：《青少年人格、人口学变量与主观幸福感的关系模型》，《心理发展与教育》2007年第1期。

[2] 陈灿锐、高艳红、申荷永：《主观幸福感与大三人格特征相关研究的元分析》，《心理科学进展》2012年第1期。

[3] 高淑燕、孙继民：《大学生人格特质与心理幸福感的相关研究》，《首都师范大学学报》（社会科学版）2009年第S4期。

[4] 罗楚亮：《城乡分割、就业状况与主观幸福感差异》，《经济学》2006年第2期。

[5] 全国人大财经委员会中国民生指数课题组、王俊秀：《你幸福吗？——2010中国城市居民幸福感调查》，《民主与科学》2010年第6期。

从一段时期内考察，地区居民幸福指数并没有随国民收入的增长而同步增长；地区富裕程度与居民幸福感水平之间相关不明显。① 何立新等利用CGSS（2005）和CEIC（2005）的数据，分别对居民总体、各收入阶层和城乡居民的幸福感进行考察发现：（1）机会不均对居民幸福感存在普遍的负面影响，且对低收入者和农村居民幸福感的损害更为严重；（2）收入差距对居民幸福感也存在负面影响，但对不同收入阶层的影响存在差异，收入差距显著损害了低、中低和高收入阶层的幸福感，而对中上收入阶层的影响并不显著。② 有学者通过分析2008年广东省调查数据发现，收入是居民幸福感的经济基础，对居民幸福感起决定性的作用。绝对收入对居民的幸福感有正向作用，并与之呈倒"U"形关系，即绝对收入对幸福感水平的提高存在一个"拐点"。在我国人均收入较低的情况，多数人尚未达到这个"拐点"。但是考虑相对收入的影响后，绝对收入对幸福感的影响就不再显著。③

四是社会支持、文化等社会因素对幸福感的影响。宋佳萌等人研究指出，主观支持、客观支持和支持利用度与主观幸福感总体、生活满意度、积极情感之间存在中等程度的显著正相关，消极情感之间呈中等程度的显著负相关。④ 还有学者将社会支持分为情感支持、资讯支持和工具支持，研究不同的支持方式对主观幸福感的影响。研究显示，不同方式的社会支持、总社会支持均与主观幸福感存在显著的正相关，个体获得的社会支持越多，其主观幸福感越强。以主观幸福感为因变量，不同方式的社会支持为自变量进行逐步回归分析得出，情感支持、工具支持和资讯支持均对主观幸福感具有显著的预测作用，

---

① 邢占军：《我国居民收入与幸福感关系的研究》，《社会学研究》2011年第1期。
② 何立新、潘春阳：《破解中国的"Easterlin悖论"：收入差距、机会不均与居民幸福感》，《管理世界》2011年第8期。
③ 张学志、才国伟：《收入、价值观与居民幸福感——来自广东成人调查数据的经验证据》，《管理世界》2011年第9期。
④ 宋佳萌、范会勇：《社会支持与主观幸福感关系的元分析》，《心理科学进展》2013年第8期。

其影响作用大小依次为情感支持、资讯支持、工具支持。① 社会支持是一种社会关系的体现，从本质上可以分为两类：一类为客观的支持，这类支持是可见的或实际的，包括物质上的直接援助、团体关系的存在和参与，"是人们赖以满足他们社会、生理需求的家庭朋友和社会机构的汇总"。一类是主观的支持，这类支持指个体体验到的或情感上感受到的支持，是个体在社会中受尊重、被支持与理解的情感体验和满意程度，与个体的主观感受密切相关。池丽萍等对城市成年人的社会支持与幸福感的关系研究后发现，人际支持是影响其幸福感的认知指标——生活满意度的重要因素之一，而幸福感的情感指标积极情感、消极情感等则主要受人际支持、支持的利用度、亲密度等因素影响；同时，来自配偶、父母、儿女、朋友、邻居、同事等的人际支持对幸福感的各个指标都有至关重要的影响。②

此外，我国学者还对特定人群的幸福感进行了研究，如对大学生、教师、医生、老年人等特定群体幸福感的研究。

（三）国内外关于老年人幸福感的研究

作为幸福感研究的一个特定群体，老年人幸福感的研究也得到了国内外研究者的关注。国外关于老年人幸福感的研究主要探讨影响老年人幸福感的因素。莱文（Levin）等指出，老年人自评健康满意度能够更好地预测其主观幸福感。老年人的收入满意度与主观幸福感呈中等正相关关系。迪纳（Diener）和拉森（Larsen）等人的研究表明，老年人的婚姻状况对主观幸福感的影响是间接、较弱的。有学者研究指出，老年人的受教育程度与主观幸福感的相关也是间接、中度的。许多研究者认为，老年人参与社会活动与主观幸福感有着重要且复杂的关系。还有学者研究表明，老年人的主观幸福感与自尊之间有着稳定的正相关关系；

---

① 邢占军、张羽：《社会支持与主观幸福感关系研究》，《社会科学研究》2007年第6期。
② 池丽萍、辛自强：《幸福感：认知与情感成分的不同影响因素》，《心理发展与教育》2002年第2期。

人格特征的不同类型与主观幸福感有着显著相关等。

国内关于老年人幸福感的研究，开始于 2000 年，特别是 2011 年以后，呈快速增长趋势，以"老年人幸福感"为题名，研究内容主要集中在以下几个方面。

1. 老年人幸福感的测量

国内多采用纽芬兰纪念大学幸福度量表对我国老年人的幸福感进行测量，也有少数学者用自制的量表测量老年人的幸福感。从研究结果来看，我国老年人的幸福感总体不高，而且农村老人的幸福感低于城市。例如，陈彤通过对被试开放式问卷所作的回答并结合对个别被试的访谈信息，制定出包含 28 道题目的原始问卷，然后采取探索性和验证性因素分析进行检验，从自我完满感、生活满足感、家庭适意感三个维度，编制了包含 23 个题目的老年人幸福感问卷。[①] 王福兴等采用纽芬兰纪念大学幸福感量表和 UCLA 孤独感量表对 252 名老年人进行访谈式的问卷调查，结果显示，男性老年人在主观幸福感上显著高于女性，而孤独感低于女性；相比于初中、小学以及文盲文化程度的老年人，大学学历老年人的主观幸福感更高，而孤独感较低；在老年大学学习的老人相对于其他养老方式的老人感到更幸福，孤独感更低；有偶同居老人与其他婚姻状况的老人相比，主观幸福感更高，孤独感更低；拥有退休金的老人较少感到孤独，主观幸福感较高；老年人主观幸福感和孤独感之间存在显著的负相关。[②] 江虹等人探讨了不同年龄阶段老年人的幸福感和心理压力与心理弹性的关系，研究发现年龄、婚姻状况、收入、身体健康状况和心理弹性与幸福感显著相关，且心理弹性具有最大效应值；老年人的幸福感随年龄增加而降低，高心理弹性者幸福感高，心理压力和身体健康状况通过降低心理

[①] 陈彤：《中国老年人主观幸福感量表的编制》，《兰州学刊》2009 年第 6 期。
[②] 王福兴、徐菲菲、李卉：《老年人主观幸福感和孤独感现状》，《中国老年学杂志》2011 年第 13 期。

弹性影响老年人的幸福感。[1] 有学者指出，主观幸福感是一个比较的概念，其关键在于比较，社会比较和时间比较对老年人主观幸福感具有显著正向影响。[2]

2. 分析特定老年群体幸福感的状况

如农村老人的幸福感、老年公寓老人的幸福感、空巢老人的幸福感或某一特定地域老人的幸福感等。李德明等人依据北京大学老龄健康与家庭研究中心2002年《中国老年人健康长寿调查数据库》，以城镇老年人为参照，分析农村老年人的生活质量和主观幸福感。结果显示，农村老年人的生活质量较差和主观幸福感（包括生活满意度与情感体验）较低，且显著差于城镇老年人。[3] 刁春婷等调查指出，经济收入和居住方式在农村老年人社会支持对其主观幸福感的影响中起到了显著的调节作用。[4] 何安明等人探讨农村留守老人幸福感，结果显示，农村留守老人对他们的生活基本满意，农村留守老人的幸福感存在明显的子女联系状况和健康状况差异。[5]

3. 探讨某种因素对老年人幸福感的影响

如黄鹏的《子代情感支持选择对农村老年妇女主观幸福感的影响——基于安徽省的问卷调查分析》（2012）、宋宝安的《城镇老年人再就业对幸福感的影响——基于吉林省老年人口的调查研究》（2011）、郑宏志的《314名城市老年居民主观幸福感与社会支持的相关性研究》（2005）、李洁等的《老年人总体幸福感与人格特征、社会支持的关系》（2015）等。李洁的研究显示，老年人总体幸福感与

---

[1] 江虹、徐晶晶、王瑞等：《不同年龄阶段老年人的幸福感、心理压力与心理弹性研究》，《山东大学学报》（医学版）2017年第9期。

[2] 陈鑫、杨红燕：《社会比较、时间比较对老年人主观幸福感的影响研究》，《华中农业大学学报》（社会科学版）2020年第1期。

[3] 李德明、陈天勇、吴振云：《中国农村老年人的生活质量和主观幸福感》，《中国老年学杂志》2007年第12期。

[4] 刁春婷、孙锋丹、洪建中：《经济收入和居住方式在农村老年人社会支持与主观幸福感关系中的调节作用》，《老龄科学研究》2017年第11期。

[5] 何安明、惠秋萍：《农村留守老人幸福感及其影响因素》，《中国老年学杂志》2015年第1期。

内外倾向呈显著正相关，与精神质、神经质呈显著负相关。外向老年人在总体幸福感上显著高于内向老年人，低精神质老年人在总体幸福感上显著高于高精神质老年人，低神经质老年人在总体幸福感上显著高于高神经质老年人。良好的社会支持可以帮助老年人提高自信心和归属感，增加生活满意度，有助于提升老年人的幸福感。[①] 秦安兰等认为，中国老年人主观幸福感总体处于中等偏上水平，影响老年人主观幸福感的主要因素有生理因素、社会因素、心理因素、其他因素。[②] 张振亭分析城市老年人微信使用与主观幸福感的关系，研究发现：老年人微信信息连接功能的使用对其主观幸福感具有显著正向影响，而娱乐消遣、自我呈现、生活服务等功能的使用与主观幸福感的相关性不显著。[③] 刘鸣筝等分析了老年人的媒介使用与主观幸福感间的关系，结果显示，电视和广播的使用强度与老年人的主观幸福感之间具有显著的正相关关系。[④] 王磊基于2016年中国家庭幸福感热点问题调查数据，对城乡老年人的信任、幸福感以及二者之间的关系进行描述和比较，对老年人信任如何影响其幸福感进行分析，研究发现老年人的信任和被信任与其幸福感之间都存在明显的正相关关系。[⑤] 程新峰等基于2013年中国综合社会调查数据论述了丧偶对老年人主观幸福感的影响，调查显示，丧偶大大降低了老年人的主观幸福感；丧偶对老年女性主观幸福感的影响显著，对老年男性主观幸福感影响不显著；丧偶对城市老年人主观幸福感的影响显著，对农村老年人主观幸福感

[①] 李洁、姚迪、刘晓芹：《老年人总体幸福感与人格特征、社会支持的关系》，《中国健康心理学杂志》2015年第6期。
[②] 秦安兰、徐奕俊：《中国老年人的幸福密码——国内老年人主观幸福感影响因素研究与展望》，《老龄科学研究》2014年第1期。
[③] 张振亭：《城市老年人微信使用与主观幸福感的关系研究——以N市为例》，《西南民族大学学报》（人文社会科学版）2019年第10期。
[④] 刘鸣筝、董岳：《老年人的媒介使用与主观幸福感间的关系研究——基于CGSS2015的实证分析》，《东岳论丛》2019年第7期。
[⑤] 王磊：《老年人的信任与幸福感》，《人口与发展》2019年第4期。

的影响不显著。① 邓敏基于CGSS2015年度数据发现，夫妻、代际、邻里和亲戚关系对老年人主观幸福感具有显著影响。② 冷晨昕研究了子女数量与老年人幸福感的关系，结果表明：老年人幸福感与子女数量之间存在倒"U"形曲线关系，即在一定范围内，老年人幸福感随着子女数量增加而提高，但是超过某临界值后，老年人幸福感又会随着子女数量增加而降低。③

（四）国内外关于老龄政策的研究

随着人口老龄化的到来，国内外都非常重视对老龄问题的研究。在对人口老龄化的判断标准、特征、老龄化及其对社会的影响等理论探讨的基础上，积极探讨应对人口老龄化的政策。1987年，在世界卫生组织大会上，世界卫生组织首倡健康老龄化的主张。接着，来自医学、人口学、社会学、心理学、经济学等各学科的专家学者对"健康老龄化"的内涵、过程、策略等进行了全面探讨。1991年，第46届联大会议通过了《联合国老年人原则》，提出独立、参与、照顾、自我实现、尊严五项原则。1992年，第47届联大又通过了《联合国关于到2001年解决人口老龄化问题的全球目标》。1997年，西方七国在丹佛会议上提出了"积极老龄化"的主张。1999年，世界卫生组织提出"积极健康的老年生活"的口号等，为各国老龄政策的制定提供了依据和方向。

我国对老龄政策的重视和研究始于20世纪80年代。有学者认为，80年代之前，中国人口年龄结构尚处于年轻型社会，国家和社会各界对人口老龄化的过程和影响还没有足够的认识，老龄问题的研

---

① 程新峰、姜全保：《丧偶与老年人主观幸福感研究：性别差异与城乡差异分析》，《人口与发展》2017年第4期。
② 邓敏：《社会关系、心理健康水平与老年人主观幸福感改进——基于CGSS 2015数据的实证分析》，《人口与发展》2019年第3期。
③ 冷晨昕、陈前恒：《子女数量与老年人幸福感关系研究——基于CGSS 2013的实证分析》，《大连理工大学学报》（社会科学版）2019年第5期。

究基本上处于空白，基本没有现代意义上的老龄政策，只存在一些零散的老年人政策。1983年，国务院正式批准中国老龄问题全国委员会为常设机构。从此，中国开始了有组织、有领导、有计划的老龄工作，老龄政策进入形成期。但总体来说，老龄政策的学术研究和政策设计是相对滞后的。目前，国内学者更多的是研究养老保障政策，而不是老龄政策。在中国知网，以"老龄政策"为题搜索，研究文献寥寥无几。国内关于老龄政策的研究，主要立足于宏观层面的阐释。

1. 老龄政策的内涵

目前国内学者对老龄政策的界定有两种观点，一种观点认为老龄政策属于社会政策。如姚远认为，老龄政策是国家、政党以及公共权威性质的组织和机构为维护老年群体的合法权益而制定的行为规范，具有社会福利性质。[①] 另一种观点认为，老龄政策具有混合政策的特点，解决老龄问题需要综合整治，不仅需要对人口老龄化过程本身进行干预和治理，还需要针对人口老龄化对国家经济、社会、文化、政治领域发展所产生的各种后果进行干预与治理。原新教授认为，老龄政策是国家干预人口老龄化过程，调整人口老龄化与经济、社会、文化、政治发展的矛盾而采取的公共政策的总和。应从应对人口老龄化的国家战略、老龄事业发展中长期规划、养老、医疗等各种老龄制度安排以及其他操作性政策等方面构建中国老龄政策。[②]

2. 当前我国老龄政策存在的问题

原新等认为，中国老龄政策存在八大问题：政策内容过于狭隘；政策功能比较单一；政策对象定位不准；政策效力总体较低；政策视野偏重于短期；政策"碎片化"明显；政策过程不够规范；政策体

[①] 姚远：《老龄政策》，邬沧萍、姜向群《老年学概论》，中国人民大学出版社2006年版，第201—210页。

[②] 原新、李志宏、党俊武等：《中国老龄政策体系框架研究》，《人口学刊》2009年第6期。

系还需完善。① 有学者认为，当前我国老龄政策处于"救火队"的状态，存在三大问题：老龄政策缺乏顶层设计；老龄政策法律效力较低；老龄政策差异明显。② 陆杰华等认为，我国老龄政策面临执行难、忽视性别公平、混淆政策理念、地方政策零散等挑战，其主要原因是国家财政实力不足，政策缺乏动力；区域经济文化有别，痼疾难以根治；老龄工作初见成效，后期补缺补差。③ 全国老龄工作委员会办公室李志宏指出，老龄政策领域的主要矛盾体现为：经济领域的老龄政策发展不充分，与社会领域的老龄政策之间发展不平衡；"增权赋能"型的老龄政策发展不充分，与优待照顾型的老龄政策之间发展不平衡；事前干预型老龄政策发展不充分，与事后补救型老龄政策之间发展不平衡；法律法规发展不充分，与规范性文件之间发展不平衡；农村老龄政策发展不充分，与城镇老龄政策之间发展不平衡；政策实施不充分，政策制定与实施之间不平衡。④

3. 老龄政策制定的依据和原则

穆光宗认为，老年需求和老年价值是触及老龄问题的两个基本问题，并建构了老年需求结构的理论假说，认为老年人需求分为生存需求、感情需求、发展需求、价值需求和归宿需求五类十三种需求。⑤ 原新等认为，老龄政策体系的目标应当是多层次的目标链，其总体目标应当是解决人口年龄结构老龄化同经济、社会、政治、文化发展的矛盾，引导老龄社会的协调和可持续发展。在总体目标下，又分现实目标、长远目标和终极目标。现实目标是在人口老龄化的条件下，使有限的社会资源在老年群体和其他年龄群体之间"公平并有效率"地均衡配置，实现"不分年龄、人人共享"；其长远目标是全方位地

---

① 原新、李志宏、党俊武等：《中国老龄政策体系框架研究》，《人口学刊》2009年第6期。
② 赵丽：《老龄政策不能长期充当"救火队"》，《法制日报》2013年10月12日第4版。
③ 陆杰华、汤澄：《公平视域下的中国老龄政策体系探究》，《中国特色社会主义研究》2015年第1期。
④ 李志宏：《新时代中国老龄政策的创新方略》，《老龄科学研究》2018年第3期。
⑤ 穆光宗：《中国老龄政策思考》，《人口研究》2002年第1期。

做好应对人口老龄化高峰的各项准备，使整个国家平稳度过重度人口老龄化和高龄化平台期。终极目标应当促进和实现老龄社会人的终身发展和全面发展。从战略、规划、制度、操作性政策四个方面构建了中国老龄政策体系的基本框架：应对人口老龄化的国家战略、中国老龄事业发展规划、老龄制度安排、操作性政策。[1] 姚远等认为，尊老养老文化是我国制定老龄政策的重要文化依托之一，尊老养老文化的变化必然要求我国老龄政策的制定原则和理念进行相应的调整。[2] 陆杰华等从公平的视角，提出了构建老龄政策的思路，认为中国老龄政策体系再建构的政策设计着眼点是向老年人群体中的弱势群体倾斜，包括农村的老人、中西部落后地区的老人、高龄老人、失能老人以及部分老龄妇女，再建构的目标是公平且有效率地分配有限资源，缩小地区、城乡、阶层间的差异，为老年人口编织有效的社会安全网，全力做好应对人口老龄化高峰的制度安排，最终实现社会整体的可持续发展，并指出，老龄政策的构建要坚持四个原则：公平与效率相结合原则、区别对待原则、可行性原则、整体性原则。[3] 胡湛等人认为，我国老龄政策应从三个层面进行调整：个体的微观层次而言，老龄化政策应将个体生命周期的不同阶段和人口结构的各个层次联系起来考虑，并致力于创造支持性的社会、经济与文化环境；就群体的中观层次而言，老龄化政策应增强能动性，使老龄化问题成为全民参与的主题，帮助老年人群体更好地参与社会发展过程、共享社会发展成果；就国家的宏观层次而言，老龄化政策应支持中国经济的可持续发展，这是中国社会在老龄化前提下继续良性发展的重要保障。[4] 李志宏指出，老龄政策需在人口均衡发展、经济增长、金融创新、收入保障、

---

[1] 原新、李志宏、党俊武等：《中国老龄政策体系框架研究》，《人口学刊》2009年第6期。

[2] 姚远、范西莹：《从尊老养老文化内涵的变化看我国调整制定老龄政策基本原则的必要性》，《人口与发展》2009年第2期。

[3] 陆杰华、汤澄：《公平视域下的中国老龄政策体系探究》，《中国特色社会主义研究》2015年第1期。

[4] 胡湛、彭希哲：《老龄社会与公共政策转变》，《社会科学研究》2012年第3期。

健康老龄化、老龄服务业、老年人社会参与、老年宜居环境建设等八个重点领域进行创新。①

4. 对国外老龄政策的借鉴研究

李超介绍了国外老龄政策法规建设的情况，指出当今各国老年人保障立法主要存在两种不同的模式：一种是分散在其他法律中的老年人立法保障模式，这种模式下的老年人法律保护是从属于社会保障和社会福利制度之中的，比如有关养老保险、医疗保险以及社会救助的立法等；另一种是专门的老年人立法保障模式，这种模式下的老年人权利保护法针对老年人群体的特殊性，直接规定了老年人所应享有的一些权利，表现为单独的老年人法律。从老龄政策法规保障的内容上看，各国大都围绕着经济保障、健康维护以及身心调适等方面来保障老年人的权益。发达国家和地区老龄保障政策法规具有以下特点：立法先行，不断"赋权"于老年人，体现出重视老年人个人的自我决定权的倾向；侧重点从对老龄社会问题的事后治理转变为事前预防；将老年人权益的保障视为国家和社会的责任；"重新发现"家庭养老的价值。② 杜鹏等论述了芬兰以社会可持续发展战略应对人口老龄化的政策与实践及其对完善我国老龄政策的启示。芬兰政府减少公民在福利和健康方面的差异，提高社会中最弱势群体的生活状况和社会地位。在养老服务体系发展中，强调整合资源，重视发展社区服务和对老年人家庭照护者的支持，服务的评估与监督体制比较健全。芬兰的老龄政策对我国的启示有：建立健全老年法律和政策体系，将健康作为一项重要投资，建立高效严格的服务质量监督机制，加强对照护者的支持。③ 史薇介绍了荷兰养老保障、长期照护、老年住房保障政策

---

① 李志宏:《新时代中国老龄政策的创新方略》，《老龄科学研究》2018年第3期。
② 李超:《老龄政策法规的国际经验与教训》，载北京市社会科学界联合会、北京师范大学《和谐社会：社会建设与改革创新——2007学术前沿论丛》（下卷），北京市社会科学界联合会、北京师范大学，2007年，第10页。
③ 杜鹏、谢立黎:《以社会可持续发展战略应对人口老龄化——芬兰老龄政策的经验及启示》，《人口学刊》2013年第6期。

发展与改革的基本情况和创新经验。① 田香兰介绍了日本的积极养老政策，阐述了日本《老龄社会对策基本法》关于老人就业与收入、健康与福利、学习与社会参与、生活环境、调查研究等五个方面的具体政策措施。② 封婷阐述了日本老龄政策新进展及其对中国的启示，介绍了日本从 2015 年起出台了一系列新政策，在老年照料的劳动力来源、服务体系和科技产品等方面作出了整体规划部署，提出借鉴日本老龄化发展经验，我国可在基础数据和调查测算、社会保障制度、老龄相关产业发展和家庭能力建设四个方面加强老龄化应对政策体系。③

从以上介绍可以看出，无论是幸福感还是老龄化问题目前都是国内外关注的热点问题，关于老年人幸福感的研究，也取得了一些研究成果。但对老龄政策的研究，大部分立足于宏观的评价与原则、体系的构建，缺乏针对性和微观的分析，而且研究成果较少。而老年人幸福感的研究，往往侧重于特定人群幸福感的描述，在解释方面，主要立足于个人和家庭因素的微观层次，从经济学、社会学和心理学的角度进行研究，没有从社会政策和政府管理的层面进行分析。关于老年人幸福感与老龄政策的关系，在目前查阅的文献中，研究成果较少。

三 研究思路

本书从"幸福感是指人的生理、心理等客观需求的满足以及由此带来的主观愉悦感受"这一概念出发，构建老年人的需求体系，建立与老年人的需求相对应的政策供给体系，通过重建政府老龄政策的内容和改变政策供给方式提升老年人的幸福感（见图 0-1）。

---

① 史薇:《荷兰老龄政策的经验与启示》,《老龄科学研究》2014 年第 4 期。
② 田香兰:《日本积极养老政策研究》,《社会工作》（下半月）2010 年第 5 期。
③ 封婷:《日本老龄政策新进展及其对中国的启示》,《人口与经济》2019 年第 4 期。

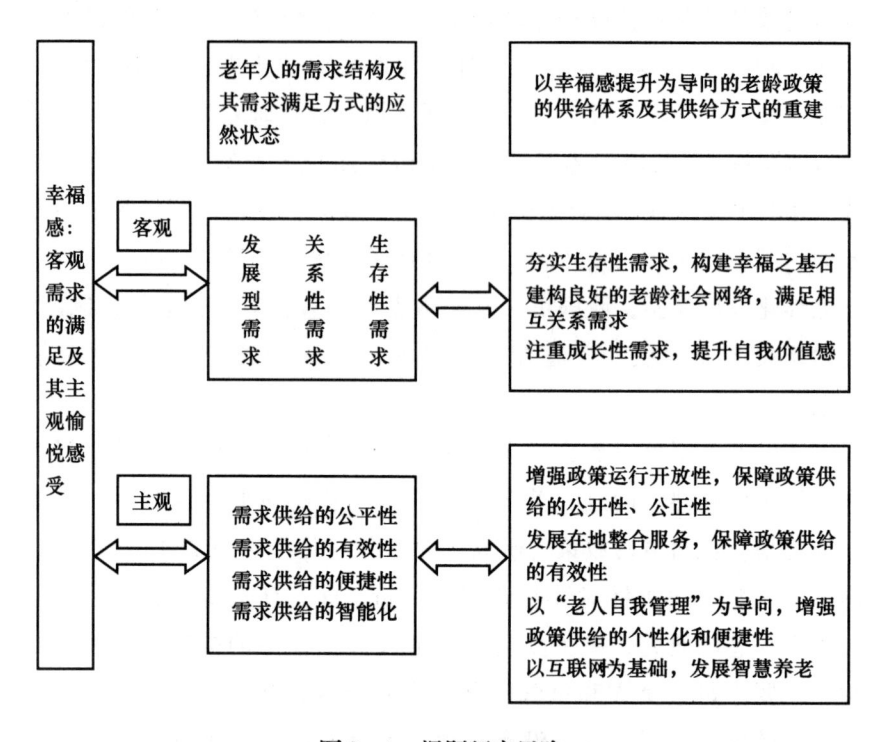

图 0-1 课题研究思路

课题研究从理论建构开始，探讨幸福感与需求、老龄政策的关系；设计老年人需求结构和需求满足方式的应然模式；然后以幸福感为导向，反思我国当前的老龄政策现状；最后，探讨提升老年人幸福感的政策供给内容、主体和方式等。

四 研究方法

本课题采用规范研究和实证研究相结合的方法。

规范研究方面，在研读相关文献的基础上，建立论文的框架体系，建立幸福感、需求以及老龄政策之间的逻辑联系，对照幸福感观照下的需求及其供给方式，构建老龄政策体系，建立老龄政策的运行机制。具体运用归纳、比较、历史分析等研究方法。

实证研究方面，运用2010年和2015年中国城乡老年人口状况追踪调查数据，分析老年人幸福感现状、社会保障状况，为构建老龄政策提供数据支撑。当前，国内关于老年人的调查数据主要有以下几个：(1) 中国高龄老人健康长寿影响因素研究。该数据是由北京大学老龄健康与家庭研究中心和北京美兰德公司合作开展的调查项目，主要针对80岁以上老年人开展问卷调查。(2) 中国健康与养老追踪调查。该调查由北京大学国家发展研究院中国经济研究中心主持，每两年追踪一次，主要收集45岁以上居民的数据，主要涉及家庭结构、健康状况和功能、医疗保健和卫生、工作、退休、养老金、家庭和个人收入、支出与资产等，是分析中国老龄化问题常用的数据之一。(3) 中国城乡老年人口状况追踪调查数据。该调查由全国老龄工作委员会办公室组织，由中国老龄科学研究中心负责实施，分别于2000年、2006年、2010年、2015年、2020年开展了五次老年人口状况追踪调查，调查对象是60岁以上的老年人，调查内容主要有基本信息、退休与再就业、经济保障与保险、住房与环境、社区服务与利用、家庭网络与社会参与、健康、自理能力与照料需求、医疗保障与卫生保健服务需求、心理健康、精神慰藉与生命观等。

通过对以上三组数据进行比较，结合本课题的研究内容，课题选用2006年、2010年、2015年中国城乡老年人口状况追踪调查数据作为分析的依据。选用此数据，主要基于以下理由：(1) 调查对象与本课题研究对象一致，都是针对60岁以上老人。(2) 数据内容与课题研究内容比较接近，涉及老年人的幸福感、生活满意度、需求以及养老保障、养老服务利用等内容。(3) 样本数量大、抽样科学，调查涉及20个省、自治区、直辖市的20000位60岁以上的城乡老人，能够反映我国老年人的基本生活状况，并且有分城乡、分性别、分年龄段等数据，有利于进行城乡、性别和不同年龄段老年人之间的比较分析。(4) 该数据也是学者们分析老龄问题常用的数据。《中国老龄事业发展报告》等重要文献均使用该数据。同时，学者们也常用此数据展开研究。如陆林、兰竹虹的《我国城市老年人就业意愿的影响因素分析——基于 2010 年中国城乡老年人口状况追踪调查数据》;周俊山的《城市老年人:住房和迁移愿望——基于 2006 年中国城乡老年人口状况追踪调查数据的分析》等。

另外,课题根据研究的需要,在广州市开展了小型的问卷调查。(1) 在广州海珠区选取 500 位 60 岁以上的调查对象,开展了老年人幸福感的影响因素及其对养老保障、老年城镇医疗等政策满意度的调查。(2) 在广州市越秀、海珠、荔湾三个区各选取一个社区,分别针对 20—30 岁、40—50 岁、60 岁以上群体开展了老、中、青三代人养老观的调查,运用 SPSS 对数据进行初步分析,包括描述性统计信息、各变量之间的相关分析,以期对未来老龄政策的构建提供依据。

五　创新之处与不足

1. 创新之处

(1) 从"幸福感"这一新的视角为老龄政策体系的构建提供依据。科学的政策制定,必须以正确的理念为先导。当前,国民幸福已成为检验和衡量一个国家和地区发展的重要指标,也理应成为老龄政策制定的依据和目标。以"幸福感"为导向,既可以增强老龄政策的针对性,又能增强政策的科学性和可持续性,推动老年幸福社会的建设。

(2) 研究的本土化。在借鉴国内外研究成果的基础上,探析影响我国老年人幸福感的主要政策因素,以此来反思我国老龄政策的缺失,建构具有中国特色的有助于幸福感提升的老龄政策。

(3) 观点的创新性。课题以"需求"为核心,从主、客观两个方面阐释需求的内涵。课题以马斯洛的需求理论以及布拉德肖的需求理论为基础,建构老年人的需求体系,发现老年人需求逐步从注重层次性需求转变为结构性需求,注重基础性需求到注重比较性需求。提出,以幸福感的提升为导向,重塑老龄政策构建的理念,克服老年歧视;重整老龄政策内容,满足老人多元需求;重理老龄政策运行机制，改变需求供给方式，重新建构我国的老龄政策体系，让老人度过一个有尊严且幸福的晚年。

2. 存在不足

（1）由于人力和资金等原因，问卷调查样本受区域和数量的限制，一手数据资料不够丰富，影响论证的说服力。

（2）老龄政策涉及面广，是一种"混合"的政策，需要行政管理、社会学、经济学、心理学等学科知识，需要收集和阅读的参考文献多，在课题的写作和理论的建构中，驾驭难度大，理论的高度和深度都有待进一步加强。本课题立足于老龄政策建构理念、政策内容、供给方式的阐述，具体内容有待下一步继续研究。

第一章　幸福感与老龄政策的理论阐释

老年人幸福感在很大程度上取决于老龄政策供给内容和方式满足老年人需求的程度及其主观感受。本章从概念入手，解析幸福感、需求、老龄政策的内涵和外延，阐释幸福感语境下老龄政策的主要理论：生命质量理论、活动理论、生命进程理论等。最后，从理论上阐述老年人幸福感与老年人需求、老龄政策之间的关系。

一　主要概念界定

（一）幸福感

幸福是一个历久弥新的话题，早期的学者更多的是从哲学的视角探讨幸福的内涵，随后，经济学家和心理学家更多地运用实证主义的方法从微观层面探讨幸福感的内涵及其影响因素。

1. 哲学视角的幸福感

（1）中国哲学视域的幸福

在中国古汉语中，"幸"与"福"本是两个相对独立的概念，在我国传统文化中较少谈及幸福，多谈论的是"乐"和"福"。

在我国传统文化中，"乐"的内涵不仅指表层身体上的乐，还包括精神上的享受和愉悦的心理体验，在今天看来，也就是基于经验的、内在的幸福感。如《论语》中"学而时习之，不亦说乎？有朋自远方来，不亦乐乎？"① 也就是说，远方的朋友来了，是一种幸福的体验。孟子认为，君子有三种获得"乐"的途径："君子有三乐，而王天下不与存焉。父母俱存，兄弟无故，一乐也；仰不愧于天，俯不怍于人，二乐也；得天下英才而教育之，三乐也。"② 而且，我国古代更强调通过道德的完善获得快乐和幸福。例如《论语》中说"不仁者不可以久处约，不可以长处乐"③ 以及"仁者无忧"④。

我国古代特别关注"福"，将"福"作为人生圆满的象征。传统文化中的"福"也有多种含义：福即无祸，"神莫大于化道，福莫长于无祸"⑤；福即简单，"福莫福于少事，祸莫祸于多心"⑥；福即顺，"福者，备也。备者，百顺之名也，无所不顺者谓之备"⑦。《尚书·洪范》提出"五福"的思想，将福的内容更加具体化，"一曰寿，二曰富，三曰康宁，四曰攸好德，五曰考终命"。我国古代思想家崇尚"德福"观，认为德是获得福的基础，有德才能有福，指出"行德为福""有德即福""君子致其道而福禄归焉"⑧。

（2）西方哲学视域的幸福

西方早期的学者主要是从哲学角度探讨幸福感的内涵。关于幸福感的探讨主要有两种观点：一是快乐幸福观；二是德性幸福观。

古希腊昔兰尼学派认为，最大的幸福就是追求快乐。伊壁鸠鲁认为，快乐是幸福生活的开始和目的，并认为感官的快乐是一切快乐的基础和源泉。洛克（John Locke）也指出："极度的幸福就是我们所能享受的最大快乐。"⑨ 莱布尼茨（Leibniz）分析了幸福与快乐的关

---

① 《论语·学而》。
② 《孟子·尽心章句上》。
③ 《论语·里仁》。
④ 《论语·子罕》。
⑤ 《荀子·劝学》。
⑥ 《菜根谭》。
⑦ 《礼记·祭统》。
⑧ 《淮南子》。
⑨ 转引自罗国杰、宋希仁《西方伦理思想史》（下卷），中国人民大学出版社1985年版，第91页。

系，指出，幸福是一种持续的快乐，而快乐是走向幸福的一步和上升的一个阶梯。他强调幸福的获得离不开理性的引导，"理性和意志引导我们走向幸福，而感觉和欲望只是把我们引向快乐。"① 费尔巴哈（Feuerbach）对快乐主义的幸福观进行了较为系统的论述，在他看来，幸福以健康为基础，以快感为标志，快乐与健康就是幸福。他提出："幸福不是别的，只是某一生物的健康的正常的状态，十分强健的或安乐的状态；在这一种状态下，生物能够无阻碍地满足和实际上满足为它本身所特别具有的、并关系到它本质和生存的特殊需要和追求……没有感觉就没有幸福……特别丰盛和美味的食物和饮料实际上是人们所追求的幸福的对象。"②

　　西方另外一些学者认为，幸福来自美德。德谟克利特明确指出："使人幸福的并不是体力和金钱，而是正直和公允。"亚里士多德从人与动物的区别入手，指出，幸福是心灵合于完全德性的活动。亚里士多德还把德性分为智慧、理解、明智等由训练而产生和增长的理智德性和宽大、节制等道德的德性。塞涅卡认为，真正的幸福建立在德性之上。奥古斯丁认为，幸福生活是"善意欢乐沉稳地、平静地、持久地滋养着灵魂时才会降临的"，因而，并不是每个人都能得到幸福。只有道德上的完善才能内在地包含着幸福的可能，如芝诺所说："幸福生活仅仅存在于美德之中。"③ 柏拉图阐述了个人幸福与国家幸福、幸福与正义的关系，他说："因为，我们建立这个国家的目标并不是为了某一阶级的单独突出的幸福，而是为了全体公民的最大幸福；因为，我们认为在一个这样的城邦里最有可能找到正义，而在一个建立得最糟的城邦里最有可能找到不正义。……当前，我认为我们的首要任务乃是铸造出一个幸福国家的模型来，但不是支离破碎地铸造一个

---

① ［德］莱布尼茨：《人类理智新论》，商务印书馆1982年版，第188—189页。
② ［德］费尔巴哈：《费尔巴哈哲学著作选集》（上），商务印书馆1984年版，第535—569页。
③ Annas, Julia. 1993. *The Morality of Happiness*, New York: Oxford Press, 1993: 434.

为了少数人幸福的国家，而是铸造一个整体的幸福国家。"① 苏格拉底进一步指出："最善者和最正义者是最幸福的人。他最有王者气质，最能自制。最恶者和最不正义者是最不幸的人。他又最有暴君气质，不仅对自己实行暴政而且对他的国家实行暴政。"② 康德也曾对幸福与德性的关系作出过探讨。他指出，幸福是经验的东西，很难有普遍的必然性，德性不一定带来幸福，但只有恪守德性才配享有幸福。他分析道："各人究竟认为什么才是自己幸福，那都由各人自己所独具的快乐之感和痛苦之感来定，而且甚至在同一主体方面由于他的需要也随着感情变化而参差不齐，因则他的幸福概念也随他的需要而定。……不幸的是，幸福是个很不确定的概念，虽然每个人都想要得到幸福，但他从来不能确定，并且前后一致地对自己说，他所想要的到底是什么。这种情况发生的原因在于：幸福概念所包含的因素全部都是先验的，它们必须从经验借来。……道德学就其本义来讲并不是教人怎样谋求幸福的学问，乃是教人怎样才配幸福的学说。……我们永远不该把道德学本身当作一个幸福学说来处理，即不该当作教人怎样获致幸福的教言处理；因为它只研究幸福的合理条件（必要条件），而不研究获致幸福的手段。"③

2. 经济学视域的幸福感

经济活动的最终目的是提高人们的生活质量和幸福感，因此，经济因素一直是考量幸福感的重要因素之一，其关注的焦点是收入与幸福感之间的关系。

传统经济学的核心概念是效用和偏好，其理论基于两种假设：一种是个体行为的目标在于最大化满足其偏好；另一种是偏好满足程度决定个人幸福感。其主要观点是，高收入会产生更大的效用和更大的偏好，收入水平影响着人的主观幸福感。

对效用的正统研究起始于边际效用学派的创始人杰文斯（William

---

① ［古希腊］柏拉图：《理想国》，郭斌和、张竹明译，商务印书馆1997年版，第133页。
② ［古希腊］柏拉图：《理想国》，郭斌和、张竹明译，商务印书馆1997年版，第366页。
③ ［德］康德：《实践理性批判》，邓晓芒译，人民出版社2003年版，第24、35、132—133页。

Stanley Jevons)。他从消费的角度研究幸福，认为人们消费的过程就是追求幸福和减免痛苦的过程，要用最小的痛苦换取最大的幸福。他还将边际效用理论运用到劳动时间的分配上，认为劳动是痛苦的，而劳动收益却具有正效用，均衡的劳动时间就是让劳动的边际效用等于边际成本。马歇尔在其经典著作《经济学原理》中，用"满足"代替了"快乐"，用"损害"代替了"痛苦"，研究在"人的日常生活事物方面最有力、最坚定地影响人类行为的那些动机"，同时注重除物品效用以外的其他影响幸福的因素，他在《经济学原理》导论中这样写道："的确，在宗教、家庭情感和友谊方面，即使穷人也可以找到发挥许多才能的机会，这些才能是无上幸福的源泉。"保罗·萨缪尔森（Paul Samuelson）提出了"幸福方程式"：幸福＝效用/欲望，即幸福感与欲望成反比，也就是说欲望越多越迫切，满足感就越低，在无限的欲望之下，幸福感便无从谈起。新古典经济学主要利用偏好满足（Preference Satisfaction）来测量和描述福利和幸福感，主张从个体行为和决策上去推断个人偏好。20世纪20年代，霍布斯和庇古建立了福利经济学，福利经济学用"福利"取代"幸福"对经济活动进行研究。庇古认为，福利是指人的心灵状态的满足，他把福利分为经济福利和非经济福利，并且认为经济福利可以用金钱衡量，非经济福利不能用金钱来衡量。庇古认为要增加经济福利，就要扩大生产、增加国民收入总量，使国民收入分配更加均等。而要增加非经济福利，就要满足公众的精神需要，实现个人自由等。

近年，幸福经济学得到了长足发展。澳大利亚华裔学者黄有光在其著作《经济与快乐》中指出："金钱并不是我们的最终目的，快乐才是最终目的。如果经济增长不能增加人们的快乐，则经济增长并不重要，如何增加快乐才重要。"[1] 大多数经济学家都认为，幸福与收入之间是相辅相成的，两者之间存在正相关性，"各种研究向人们提供了信服的证据，平均起来讲，那些生活于富足国家的人们往往比那

---

[1] 黄有光：《经济与快乐》，东北财经大学出版社2000年版，第85页。

些生活于贫穷国家的人们更幸福。"① 但有的学者指出，对于一个人来说，最重要的不是他的绝对收入水平，而是他和别人比较的相对收入。调查显示，绝对收入水平对幸福几乎不会产生任何效应，恰恰相反，相对收入却起着重要作用：所比较的人群的收入水平越低，人们的满意度越高。在幸福与经济学研究中，通货膨胀与失业之间的关系也是人们关注的焦点之一，认为失业和通货膨胀影响着人们的幸福感。有学者指出，政府可以通过以下措施来提高人们的幸福指数：降低人们的工资报价、接受水平（最低工资预期水平）和通货膨胀预期；运用高科技减少信息不对称，提高搜寻效率，降低辞职率、临时解雇率以及辞职与临时解雇率的比例。其中重要一点是对低技能工人进行职业技能培训，进行更强的激励，保持他们的工作力量，减少临时解雇率。②

3. 心理学视域的幸福感

自 20 世纪 80 年代以来，心理学家在幸福感的研究方面取得了较丰硕的成果。心理学家认为，幸福感在很大程度上是一种心理体验，表现为产生于基本生活满意度基础上的一种积极的心理体验。它不仅是一种对客观生活条件和所处状态的事实判断，也是一种对生活的主观意义和满足程度的价值判断。一个幸福的人首先在于其拥有心理上的健康，而这种健康状态主要反映在人们的情感方面。因此，有研究者认为，人们的幸福感状况取决于一定时期内积极情感和消极情感的权衡。如果人们较多体验到愉快的情感而较少体验不愉快的情感，便可推定他们是幸福的，否则就不幸福。但也有研究者对短期情感反应能否用来说明一个人整体的幸福感状况表示怀疑，他们试图从短期情感反应和长期情感体验两个方面全面地反映

---

① 孙友祥：《社会公平在社会主义初级阶段的实现路径》，《当代世界与社会主义》2007 年第 3 期。

② 吴振球：《论如何同时降低通货膨胀率和失业率——菲利普斯曲线的微观经济基础及其移动研究》，《财贸研究》2007 年第 6 期。

人们的幸福感状况。① 有学者认为，满意感、快乐感和价值感逐渐成为幸福感的维度。其中满意感是人最基本的需要，具体包括人最基本的衣食无忧和身心健康是否能够得到满足；快乐感是在生活中经历的多数事情能够给单个的人带来快乐的感觉；价值感是幸福感的高层表现，也就是在具备了满意感和快乐感的基础上增加了个人发展的因素，比如目标价值和成长进步等因素都能使个人潜能得到发挥。②

现在一般认为，主观幸福感由情感成分和认知成分组成。情感成分指个体生活中的情感体验，包括愉快、轻松等积极体验和焦虑、紧张等消极情绪。认知成分指个体对生活质量的认知评价，即总体上对个人生活作出的判断。即幸福感由较高的生活满意度、较多的积极情感和较少的消极情感构成。幸福感具有主观性、稳定性和整体性等特征。主观性，以评价者内定的标准而非他人标准来评估；稳定性，主要测量长期而非短期情感反应和生活满意度，这是一个相对稳定的值；整体性，是综合评价，包括对情感反应的评估和认知判断。

总之，幸福感既具有客观真实性，也具有主观体验性。幸福感是由主客观因素相互作用的一种心理体验，它既是对生活的客观条件和所处状态的一种事实判断，又是对生活的主观意义和满足程度的一种价值判断，幸福的客观条件具有基础性。因此，幸福感是建立在需求满足基础上的个体对自身生存与发展状况的一种积极的心理体验。

（二）需求

需求的内涵外延可谓众说纷纭，不同学者对需求有不同的解读。心理学的观点认为，需求是指感受到的匮乏状态。需求是人的一种主观心理状态，是人们为了延续生命和发展自身，并以一定方式适应生

---

① Stones M. J., et al., "Short Happiness and Affect Research", *Social Indicators Research*, 1996: 37 (1): 75-91.

② 高良等：《当代幸福感研究的反思与整合——幸福感三因素模型的初步构建》，《华南师范大学学报》（社会科学版）2011 年第 5 期。

存环境而产生的对客观事物的要求和欲望;[1] 需求是人们心里感到的正常生活的某个或某些方面被剥夺的状态;[2] 需求是客观刺激通过人体感官作用于人脑所引起的某种缺乏状态。[3] 经济学的观点认为,需求是以购买力为支持的欲望;需求是购买者的希望状态与实际状态之间存在缺口的产物。所谓消费需求是指人们为了满足物质和精神文明需要而对物质产品或劳务产品所具有的有货币支付能力的需求,具有可诱导性。[4] 从社会学的视角来看,需求是"为了生存、福祉和自我实现的生理、心理、经济、文化和社会要求"[5]。

与此同时,学者们在探讨需求的概念时,还往往与"欲望"和"需要"这两个概念相区分。我国古代思想家们对需求问题的研究往往蕴含在对"欲望"的探讨中,欲望是主体对需要的一种体验形式。孔子把人的需要分为物质需要和精神需要两个层面。他认为:"饮食男女,人之大欲存焉。"荀子采取比孔孟更积极的态度来论述"欲望"。他指出"欲"是人的天性,并提出"以礼养欲"思想,把满足欲的方法理性化、制度化。他说:"人生而有欲,欲而不得,则不能无求,求而无度量分界,则不能不争。争则乱,乱则穷。先王恶其乱也,故制礼义以分之,以养人之欲,给人之求。使欲必不穷乎物,物必不屈于欲,两者相持而长,是礼之所起也。"[6] 意思是说,人天生具有欲望,如果欲望得不到满足,就会引起争斗,最后无法收拾。所以先王制定礼义,以满足人们的欲望和要求,制定礼义是为了平衡欲望和外物。

古希腊时期著名的哲学家伊壁鸠鲁指出,"欲望"是人的本性,"快乐"是人生的最终目标。要获得人生的快乐,应当满足人的"正

---

[1] 冯丽云:《现代市场营销学》,经济管理出版社1995年版,第171页。
[2] 吴照云:《市场营销学》,经济管理出版社2001年版,第204页。
[3] 龙璇:《市场营销学》,对外经济贸易大学出版社2002年版,第39页。
[4] 张承津:《论市场消费需求流行》,《商业研究》2005年第3期。
[5] Macarov, D., *Social Welfare Structure and Practice*, California: Sage, 1995: 18.
[6] 《荀子·礼论》。

当欲望",克服人的"无限制的欲望",最终达到全身心的快乐。伊壁鸠鲁从"趋乐避苦"的感性论出发,认为人人都有追求快乐的欲望,人们所向往的快乐包括身心的快乐,即"身体的无痛苦和灵魂的无烦恼"①。人们在追求身心快乐的时候,总会遇到"欲望"的影响。"欲望"包括两种,一种是"必要的欲望",这种欲望不仅有助于"摆脱痛苦"②,而且有助于"维系生活本身"③。也就是说,必要的欲望它能够消除痛苦、达到快乐,它是人类生活中所不可缺少的。因此,这种"欲望"应当加以提倡,而另一种是由于缺少节制而产生的"无限制的欲望",由于这种欲望"无法解决灵魂的紊乱,也无法产生真正意义上的欢乐"④。所以,对于这种欲望,应当加强自身修养,把握好欲望的度,并通过实际行动来战胜和克服它,最终达到全身心的快乐。

也有学者探讨了欲望与需求的区别,有学者指出,"与需求不同,欲望从根本上经过了文化的塑造",认为"需求是自然的,是维持人作为生物存在所必需的;但欲望是文化、价值观、意识形态和社会习俗等塑造的结果"⑤。还有学者认为,欲望与需求不同,是没有饱和状态即完全满足的状态的。当需求在消费文化的塑造下成为欲求之后,就已经超越了生存必需的界限,变成了没有饱和边界的欲望。赫伯特·马尔库塞在《单向度的人》中提到,人们并不清楚自己真正的消费需求是什么,在欲望的驱动力下,人们不加限制地追求那些因高质量的外观而变得非常具有购买诱惑性的商品,沉浸在商品包装所

---

① [古希腊]伊壁鸠鲁、卢科莱修:《自然与快乐——伊壁鸠鲁的哲学》,包利民等译,中国社会科学出版社2004年版,第33页。
② [古希腊]伊壁鸠鲁、卢科莱修:《自然与快乐——伊壁鸠鲁的哲学》,包利民等译,中国社会科学出版社2004年版,第32页。
③ [古希腊]伊壁鸠鲁、卢科莱修:《自然与快乐——伊壁鸠鲁的哲学》,包利民等译,中国社会科学出版社2004年版,第32页。
④ [古希腊]伊壁鸠鲁、卢科莱修:《自然与快乐——伊壁鸠鲁的哲学》,包利民等译,中国社会科学出版社2004年版,第50页。
⑤ 转引自董璐《伪造的需求和坦塔罗斯的幸福》,《南京社会科学》2012年第12期。

制造的幻象当中。①

有学者分析了需求与需要的区别,认为"需求"是一个经济学的概念,指消费者在一定时期内,在某一价格水平下,愿望而且能够购买的商品的数量,认为"需求"和"需要"的共同点是"愿意",但需求须考虑价格和收入,而需要不考虑支付能力。② 需求的主要聚焦点是效用,以客户偏好为基础。而需要主要在社会政策中使用,主要聚焦点是公平。也有学者认为,需求是指在特定条件下人们具有支付能力的需要,需求是经济学的概念,而需要是社会政策所关注的,社会政策关注人的基本需要,即对个人来说,为了达到一个社会中基本的生活水平而必须满足的条件,并认为如果本人没有能力满足基本需要,则应得到社会的帮助。③

从幸福感的角度来看,公共政策不仅要满足人的基本需要,也要满足人们发展的需要,不仅要关注有支付能力的需要,更要关注没有支付能力的基本需要。在此,统一使用需求的概念,而不仅仅限于社会政策的需要概念。所谓需求,是指人们所感知到的匮乏状态,这种匮乏可以是物质的,也可以是精神的;既是客观存在的,也是主观能够感知的。

(三) 老龄政策

关于老龄政策,主要有两种观点:一种观点认为,老龄政策属于社会政策。如全国老龄委办公室编写的《老龄工作读本》中指出:"老龄政策的属性是指党和政府为解决老龄问题而制定的行为规范和行为准则或开展的老龄工作和活动过程。"还有学者认为,老龄政策就是党和政府为了解决老龄问题,根据社会发展目标对全社会公共利

---

① [美]马尔库塞:《单向度的人——发达工业社会意识形态研究》,刘继译,上海译文出版社2006年版,第49页。

② 曹艳春、吴蓓、戴建兵:《我国需求导向型老年社会福利内容确定与提供机制分析》,《浙江社会科学》2012年第8期。

③ 关信平:《社会政策概论》,高等教育出版社2009年版,第66页。

益在老龄人群和其他人群之间进行选择、融合、分配和落实的过程中所制定的行为规范和行为准则,并在这些行为规范和准则指导下开展老龄工作的活动和过程的总称。① 穆光宗将老龄政策界定为"老龄问题方面的政府意见和行为,它反映的是社会或者说是政府的老年价值观"。他认为:"老龄政策的目标不仅仅是要使老年人群过上人道的、有尊严的生活,而且更重要的是要激发人口老龄化的正面效应,在人口不断老化的同时实现代际互助、互惠和社会持续发展的目标。"② 姚远认为,老龄政策就是党和政府根据社会发展目标对全社会公共利益在老龄人群和其他人群之间进行选择、整合、分配和落实的过程中所制定的行为规则,是重要的社会公共政策。

另一种观点认为,老龄政策不仅是社会政策,而且是解决老龄问题的经济、社会、文化等政策的总和。李兵等认为,老龄政策是政府为了解决人口老龄化问题而采取的,包括经济的、社会的、政治的和法律的等多项行动计划和干预措施,最终目的是促进和提高人口的终身福利和全面发展,引导老龄社会的健康协调发展。③ 原新等认为,老龄政策是国家干预人口老龄化过程与调整人口老龄化与经济、政治、文化、社会发展的矛盾而采取的公共政策的总和。④

与此同时,我们要将老龄政策与养老保障政策加以区分(见表1-1)。养老保障政策是指给予老年人基本生活保障的一种制度安排。养老保障政策属于社会保障政策,而老龄政策涉及政治、经济、社会和文化等各类政策。

鉴于人们对老龄政策内涵和外延的不同理解,我们将老龄政策分为广义、中义和狭义三个层次。广义的老龄政策是指为应对老龄社会

---

① 原新、党俊武、李志宏等:《政策科学与我国老龄政策体系的构建》,华龄出版社2014年版,第37页。
② 穆光宗:《中国老龄政策反思》,《市场与人口分析》2005年第S1期。
③ 李兵、张恺悌:《中外老龄政策与实践》,中国社会出版社2010年版,第31页。
④ 原新、党俊武、李志宏等:《政策科学与我国老龄政策体系的构建》,华龄出版社2014年版,第44页。

而制定的政治、经济、文化、社会等政策的总和,其涉及国家人口结构、经济结构等的调整,其目的是解决老龄社会带来的各种问题。中层意义上的老龄政策是指为让老人过上幸福有尊严的生活而制定的政治、经济、文化、社会等政策的总和,其主要解决老年人的需求问题,也就是老年人政策。狭义上的老龄政策是指养老保障政策,其政策目的是满足老年人的基本生活需求。狭义上的养老保障政策难以体现老年人的幸福感,而广义的老龄政策涉及面广,调整范围大,其目的在于促进社会的和谐发展,属于国家发展战略层面的基本政策,已超越本课题研究范围。本课题所指老龄政策,是指中层意义的老龄政策,其目标不仅仅是为老年人提供基本生活保障,更是为促进老年人的成功老化,提高其幸福感。

表1-1　　　　　　老龄政策与养老保障政策的关系

老龄政策	养老保障政策
整体	部分
永恒性	历史性
主体性	基础性
高级	低级
社会性	物质性
社会性	个体
面对所有公民	面向弱势群体
未来取向	现实
积极	消极

资料来源:作者自己整理。

二　幸福感语境下老龄政策的主要理论

追求幸福是每个人的权利,也是每个人的梦想和愿望,幸福感视角下,老人不仅要健康地生活,而且要有意义愉快地生活。因此,提升老人的幸福感，必须以积极的态度看待老龄化，拓展老年人的社会参与，实现老年人的价值，提高老年人的生命和生活质量。

（一）生命历程理论

生命历程理论于20世纪六七十年代由埃尔德（Elder）创始，所谓生命历程指"个体在一生中会不断扮演的社会规定的角色和事件，这些角色或事件的顺序是按年龄层级排列的"[1]，也就是说，个体的生命历程是一个由多个生命事件构成的序列，同样一组生命事件，排序不同，对一个人人生的影响也会截然不同。埃尔德在《大萧条的孩子们》一书中概括了生命历程的四个基本分析范式：（1）时空原理：个人的生命历程嵌入了历史的时间、地域空间和他们在生命岁月中所经历的事件之中，同时也被这些时间和事件所塑造着。（2）生命时机原理：生命事件对个体的影响取决于该事件在其生命历程中发生的时间，这一原理认为，某一生活事件发生的时间甚至比事件本身更具意义。（3）相互关联原理：个体并非独立存在，其生活镶嵌于具体的社会关系中，个人正是通过一定的社会关系，才被整合入特定的群体，每代人注定要受到在别人的生命历程中所发生的生活事件的巨大影响。（4）个体能动性原理：个体并非完全被结构所决定，即便受限于各种约束，个体仍具有能动性，个体能够通过自身的选择和行动，利用所拥有的机会，克服历史与社会环境的制约，从而建构他们自身的生命历程。[2] 生命历程关注个体生活、结构和社会变化之间的相互作用，强调受社会变迁影响的一系列生活事件随时间推移在个体生活中出现的先后顺序和转换过程，以及这一过程对个体以后生活的影响，其核心观念在于，"社会机制与个体特质的交互影响所形塑的累积性作用力，将不同的个体带往不同的生命轨迹"。

---

[1] 包蕾萍：《生命历程理论的时间观探析》，《社会学研究》2005年第4期。
[2] Elder, G. H., "The Emergence and Development of Life Course Theory", Mortimer, J. T. & A. Michael J. (eds.), *Handbook of the Life Course*, New York: Springer, 2003.

生命历程理论告诉我们：要用毕生发展的观点来看待老龄问题，用多学科的观点来探讨老龄政策；要将老龄问题放在特定的时空背景，分析不同年代、不同地域历史事件和自然环境对老人的影响，探讨不同年代老人的不同特点和需求，关注老人特殊经历，用联系和发展的眼光看待和解决老龄问题；要注视老人社会网络的建设，充分整合社会网络资源，应对老龄问题；要注重发挥老年人的主观能力性，积极看待老龄问题，实现成功老化。

（二）活动理论

活动理论是罗伯特·哈维格斯特及其同事，在对堪萨斯市300名50—90岁身体健康的白人中产阶级调查研究的基础上发展起来的。这种理论认为，社会活动是生活的基础，人们对生活的满意度是与社会活动紧密联系在一起的，主观幸福感来源于有价值的活动本身。因此，有活动力的老年人比没有活动力的老年人更容易感到满意和更能适应社会。老年人因年龄大参与社会活动不足从而失去原有角色功能，导致身心健康危机，如孤独感、疏离感和被抛弃感等，失去对生活的信心与意义。要克服"老年"危机，就要鼓励这些老年人积极参与和融入社会，促使老年人将部分生活内容向家庭之外扩展，设法从扮演一些新的社会角色过程中重新得到生活的满足感和成就感，促使老年人重新认识自我，保持生命的活力（见表1-2）。

表1-2　　　　　　　　　　　　**活动理论的内涵**

项目	内　涵
提出	美国学者罗伯特·哈维格斯特（R. Havighurst）与艾玉白（R. Albrecht）合撰的《老年人》（*Older People*）
假设	认为老人们如何想象自己，基于各种社会角色或所从事之活动考虑自己的社会参与。社会如何界定我们？如何界定老人？就是根据我们所从事的活动，根据老人们更积极地参与活动（We are what we do）

续表

项目	内　涵
观点	老年人应积极参与社会。只有参与，才能使老人重新认识自我，保持生命的活力。如果老人们更积极地参与社会活动，他们的生活将过得更令人满意
要点	1. 老年期角色与成年期不同，老年期角色属非强制性的，更符个人意愿。 2. 非强制性角色有益于改善老年人的精神状态。 3. 非强制性角色的数量与老年人的精神状态呈正相关。 4. 生活满意度源于清晰的自我认识，自我认识源于新的角色，新的角色源于参与社会的程度
基础	1. 老年人的角色丧失越多，参与活动越少。 2. 老年人的自我认识需要在社会活动中形成和证明。 3. 自我认识的稳定性源于角色的稳定性。 4. 自我认识越清楚，生活满意度越高

资料来源：叶至诚：《高龄者社会参与》，新北：扬智文化事业股份有限公司2012年版，第10页。

活动理论告诉我们：广泛地参与社会活动，对于老年人来说非常重要，对于主观幸福感的提高有很大作用。因此，在制定老年人的群体发展政策中，要综合考虑如何为老年人创造社会参与的机会，通过参与来提升个体的行动资源并获得自我独立性和重新赋予老年角色意义，通过增进老年人在社会关系网络中的行动能力来增强老年人的幸福感。

（三）生命质量理论

生命质量概念来自美国经济学家加尔布雷斯（Galbraith J. K.），他认为经济增长不是社会的迫切需要，国民生产总值已经日益失去衡量社会发展程度的价值，现在所应追求的是和谐、悠闲和有保障的生活。生命质量既是对一个社会中人们总体生活水平的综合描述，同时也是衡量一个社会整体发展水平的重要指标。生命质量理论不仅关注GDP、工资和收入等客观指标，同时考虑个体层面的快乐、幸福感和个人需要的满足等主观指标。

随着经济社会条件的提升和发展，老年人对于个人生活有了更高的需求和期待，老年人的需求不再局限于基本需求，而是呈现出多元化、多层次化。对于老年人来说，生命质量的高低不仅是个体的主观体验，同时也是身体与社会之间不断建构的结果。老年人生命质量的提高离不开社会经济保障、医疗服务、教育等社会条件因素方面的改善和提升，这些相关服务的可获得性、经济性和及时性将极大地影响着老年人的生命质量。

此外，对于老年人来说，由于自理能力和生活控制能力的下降，降低了其对于环境的影响和自我价值的维持，这在很大程度上影响了其生命质量。因此，赋权对于老年社会政策的制定来说非常重要。在生命质量理论中，赋权作为一个重要的维度，其强调公民自身的能力，并把社会关系当成最有价值的资源。赋权不仅仅意味着形成良好的自我意识，同时也意味着在与环境的关系中得到关键性能力以及为社会、政治行动培育个人与集体资源的要素。[1] 由于社会参与能够帮助人们提升社会权利和认知权利，因而社会参与被当作赋权的主要途径。[2] 老年人的再就业、文化体育娱乐活动、社会公益和志愿者活动、家务劳动等有助于提高老年人的自我认知能力并提升社会权利意识，提高老年人的生活自我控制能力，从而提高其生命质量并改进社会质量。传统的基本生存保障、福利权利以及再分配的社会政策，无疑不能回应老年人对生命质量的诉求和愿望，政府必须建立完善的老年服务体系、提高自我能力、拓展老年人的社会关系网络，为保持和提升老年人的生命质量提供政策和行动上的支撑。

三 幸福感与需求、公共政策的关系

幸福感取决于需求的满足程度及其满足方式，幸福感的提升是公

---

[1] 姚进忠、巨东红：《立体赋权：农村留守儿童社会支持网络的建构》，《当代青年研究》2012年第12期。
[2] 林卡：《社会政策、社会质量和中国大陆社会发展导向》，《社会科学》2013年第12期。

共政策所追求的目标，而人们的需求又是公共政策制定的依据，通过公共支出的扩大和公共物品的供给满足人们的需求从而提升人们的幸福感（见图1-1）。

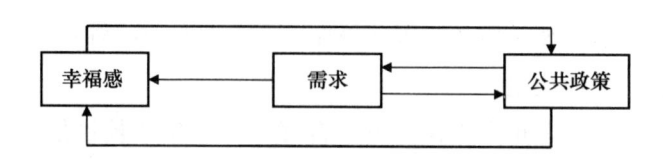

图1-1　幸福感、需求、公共政策的关系
资料来源：作者自制。

（一）幸福感的获得取决于需求的满足

幸福感是需求满足基础上的一种主观体验，幸福感的获得取决于需求的满足程度以及满足方式。弗洛伊德（S. Freud）采用早期人格理论中所提出的快乐原则解释幸福问题，他认为，"决定生活目的的只是快乐原则的满足"，而"我们所说的幸福（相当突然地）产生于被深深压抑的那些需要的满足"[①]。美国人本主义心理学家马斯洛提出了人类所具有的五种基本需要：生理需求、安全需求、归属与爱的需求、尊重需求、自我实现需求，并指出需求与幸福感之间的关系。马斯洛称，"基本需要的满足会导致各种各样的后果：产生有益的、良好的、健康的、自我实现的效应"[②]。每个人都有自我发挥和自我完成的欲望，人们会为自己趋于完美而竭尽所能，而自我实现的过程，就是获取幸福的过程。心理学中的自我决定理论（self-determination theory, SDT）也指出，人们能否体验到幸福，取决于那些与人的自我实现需要密切相关的一些基本需要的满足情况。也就是说，人们能否体验到幸福，取决于他们的需求是否得到满足，衡量人们某些方面需求满足程度的满意感被作为主观幸福感的重要指标。当然，主观幸福感不仅

[①]　［奥］弗洛伊德：《文明及其缺陷》，安徽文艺出版社1987年版，第16页。
[②]　［美］马斯洛：《动机与人格》，华夏出版社1987年版，第108页。

关注人们现实物质需要的满足所带来的心理体验，也强调人生价值与自我潜能的实现所伴随的心理体验。幸福感是基于物质需要和精神需要的满足而产生的一种持久而深刻的心理状态和心理体验。

（二）实现最大多数人的最大幸福是公共政策追求的目标

国民幸福感是经济社会发展和公共政策的终极目标。改革开放前期，我国的政策目标主要是经济高增长。但经济的增长并没有带来幸福感的增加，收入差距过大、机会不均等、环境污染、安全危机、集体焦虑等社会问题，影响着国民的幸福感。幸福学的研究表明，公共政策的终极目标是幸福最大化，而不是财富最大化。因此，公共政策应该将幸福感的提升作为终极价值取向。

国内外的研究也表明，政府公共开支的增加和公共供给的完善与幸福感存在正相关关系。公共物品供给是国家"再分配"的重要途径与内容，能够在市场经济条件下有效弥补"市场失灵"，防止市场从社会系统中"脱嵌"。具体来说，政府通过税收杠杆将部分引起社会比较的私人消费转移到不存在比较的、人人可共享的公共物品上来，从而减少了过多的"显性消费"带来的个体主观幸福感损失，有利于幸福感的提升。[①] 莱姆（Ram）使用145个国家的大样本数据，在控制了人均GDP、社会信任、投资物品的价格、国家开放程度以及后共产主义国家虚拟变量后，研究发现政府支出水平（用政府财政支出占GDP的比重来度量）与居民幸福之间显著正相关。[②] 澳大利亚莫纳什大学经济学教授黄有光认为，政府通过提供公共产品之所以能够提高居民的幸福感，原因在于，政府支出利用税收对资源的重新配置，能够将竞争性十分激烈的私人消费转移到几乎人人都能共享的公共支出，降低了由攀比效应带来的幸福损失。更重要的是，它在较大

---

① Ng. "Happiness Studies: Ways to Improve Comparability and Some Public Policy Implications", *The Economic Record*, 2010, (84).

② Ram, R., "Government Spending and Happiness of the Population: Additional Evidence from large Cross-Country Samples", *Public Choice*, 2009 (3), 483 – 490.

程度上减少了居民生活上的后顾之忧，提高了居民自由消费的能力，有利于提升幸福。尤其在物质生活日益丰富之后，人们对健康、教育、环保、安全等基本公共事业的需求越来越大，这些方面是影响人们幸福的日益重要的因素，而这些公共产品的提供正是社会组织或政府的能力所在。国内学者也研究了公共支出、社会保障等与幸福感的关系。鲁元平等利用2001年与2007年世界价值观数据的中国部分研究发现，亲贫式支出对于居民的幸福感有显著的促进作用，它可以作为解决幸福悖论的重要手段。所谓亲贫式支出主要包括教育医疗和社会保障支出，这些公共支出降低了攀比效应带来的幸福损失，它能够促进国民幸福感的持续增加。一般认为，教育、医疗和社会保障等公共支出具有典型的亲贫式特征，它们有利于穷人脱贫。[1] 赵新宇等基于2011年吉林省公众幸福感问卷调查数据研究表明，公共支出对吉林省公众主观幸福感的促进作用还有待发挥，科学技术、医疗卫生、教育、农林水事务和环境保护支出对公众幸福感有着明显的正面作用。[2] 谢舜等研究发现，从支出结构看，政府用于科教文卫支出和社会保障支出对居民的主观幸福感有显著的正向效应。[3] 毛小平、罗建文利用CGSS 2005年数据，研究了社会保障政策对我国居民幸福感的影响，发现在社会保险方面，城市有社会保险的居民的幸福水平比没有社会保险的居民显著要高。社会政策与个体幸福息息相关。[4] 总之，政府保障与改善民生的支出增进了居民的主观幸福感。因此，政府应通过公共政策增加公共支出，完善社会保障，实现社会资源的再分配，从而实现幸福感提升的目标。

---

[1] 鲁元平、张克中：《经济增长、亲贫式支出与国民幸福——基于中国幸福数据的实证研究》，《经济学家》2010年第11期。

[2] 赵新宇、高庆昆：《公共支出与公众主观幸福感——基于吉林省问卷调查的实证研究》，《财政研究》2013年第6期。

[3] 谢舜、魏万青、周少君：《宏观税负、公共支出结构与个人主观幸福感兼论"政府转型"》，《社会》2012年第6期。

[4] 毛小平、罗建文：《影响居民幸福感的社会因素研究——基于CGSS 2005数据的分析》，《湖南科技大学学报》（社会科学版）2012年第3期。

(三) 公共政策必须回应人的需求

公共政策的实质是满足需要的社会安排与制度设计，公共政策间接或直接地回应人类的需求，需求是公共政策的出发点和基本依据。公共政策通过"权威性的价值分配"来决定哪些人的哪些需求能否以及如何得到满足的问题。理想的公共政策可以通过以下途径来满足人们的需求：(1) 提供人类需求满足所缺乏的资源，特别是提供针对特别需要帮助的弱势群体的资源；(2) 通过能力的建设，增加社会成员的能力，从而更好地满足需求；(3) 提供机会，减少社会生活的障碍，促进经济与社会协调发展，保障社会成员权利和自我价值的实现，从而满足需求。人类的不同需求由不同的公共政策来满足，政治政策主要满足人类民主和参与的需求，经济政策主要满足人们再生产和物质生活的需求，文化政策主要满足人们精神生活的需求，社会政策主要满足人们教育、健康等方面的需求。而且，人类需求满足的渠道也不同，绝大多数公众通过市场就业赚取"生活工资"，以购买本人及其家庭成员生活所需商品和服务的方式满足其需求。而一些无劳动能力者，则通过政府的福利政策来满足其需求。诚如著名学者布兰德肖（Bradshaw）所说："社会服务的历史就是承认社会需要和组织社会去满足需要的历史。"[①] 从需求的提供者来看，国家、市场、家庭、社区和社会组织都是社会成员需求的提供者（见表1-3）。从这个意义上说，公共政策是决定由谁通过什么途径来满足哪些对象的什么需求的制度安排。老龄政策发展要充分评估居民的养老需求及其需求的异质性、多元化，将分层分类的原则融入政策思维中，形成以需求为导向的综合性老龄政策体系。[②]

[①] Bradshaw, J., "The Taxonomy of Social Need", *New Society*, No. 495, 1972, 460 – 463.
[②] 王殿玺：《城市社区居民养老需求变化与老龄政策发展——基于北京市的调查研究》，《老龄科学研究》2017年第9期。

表 1-3　　　　　　　满足社会成员需求的政策安排

政策内容 \ 需求提供者	国家	市场	家庭/社区	社会组织
满足对象	公民	消费者	家庭成员 社区成员	组织成员 社会成员
满足需求内容	基本生活需求 安全环境需求 健康需求 教育需求	经济需求 职业培训需求 服务需求 自我实现需求	归属和爱的需求 安全需求 照顾需求 社区教育需求	归属和爱的需求 公民教育需求 互助和照顾需求 安全需求
满足需求的原则	科层制 国家责任	竞争 个人责任	自助互助 个人责任 社会责任	志愿互助 社会责任
满足需求的形式	社会保险 社会救助 社会服务	有偿服务	社会互助 社会服务	社会互助 社会服务

资料来源：作者自行整理。

第二章 老年人需求结构及其变化

"老有所需"是老龄政策的出发点和基本依据,老年人幸福感取决于老年人需求满足的程度和方式。今天,随着社会的发展和人们生活质量的提高,老年人需求已由低层次需求转变为多元化需求,由层次性需求转变为结构性需求,必须根据老年人需求结构的变化重构老年人的需求体系。

一 需求理论回顾

(一)马克思的需求理论

人是马克思关注的中心,马克思也非常重视人的需求在社会生产中的作用。马克思的需求理论主要有以下几个方面的内容:(1)需求是人的本质属性。人的需求是人的基本存在方式,只要人存在就必然产生需求,人的自我实现过程就是需求—劳动—消费—需求满足的过程。没有需求,人类社会就无法存在,更谈不上发展。因此,需求是人类社会存在和发展的基本动力。马克思明确指出:"我们首先应当确定一切人类生存的第一个前提,也就是一切历史的第一个前提,这个前提是:人们为了能够'创造历史',必须能够生活。但是为了生活,首先就需要吃喝住穿以及其他一些东西,因此第一个历史活动就是生产满足这些需要的资料,即生产物质生活本身……"[1](2)需

---

[1] 《马克思恩格斯选集》第1卷,人民出版社2012年版,第158页。

求具有社会性和历史性。每个人都存在于社会整体之中，社会性是人的本质属性，人的需求在社会实践活动中产生并在社会实践活动中得到满足，因此，人的需求具有社会性。同时，人类的需求具有时代性，人的需求是随着时代的推移而相应发生改变的。当基本的生存需求满足后，已经得到满足的第一个需求本身、满足需求的活动和已经获得的为满足需求而用的工具又引起新的需求，因此，人的需求具有多样性和复杂性。（3）人的需求通过社会分配来满足。马克思提出了满足人的需求的两个分配原则，即按劳分配和按需分配。（4）资本主义生产关系下需求的异化。马克思认为，在资本生产关系的抽象逻辑统治下，人的需要和人的本质都是片面的。因为在私有制范围内，"每个人都力图创造出一种支配他人的、异己的本质力量，以便从这里面找到他自己的利己需求的满足"[①]。这种异己的本质力量就是商品所抽象出来的货币力量。在私有条件下，货币成为衡量人的需求的唯一尺度，人的需求变成了异化需求。一方面，将工人的需求畜生般的野蛮化和最彻底的、粗陋的、抽象的简单化，和动物的需求没有了本质的差异；另一方面，资本利用精致性的需求去刺激人的感官欲望和享受能力，这不仅使富有者挥霍财产的欲望膨胀，也使资本家对货币的贪欲膨胀，但富有者需求欲望的病态性膨胀并不是人的真正需求。所以，无论富人的需要还是穷人的需求都被工业资本的需求所利用，人的需求都异化为对货币的需要。马克思的需求理论告诉我们，在分析老年人需求时，应处理好需求的普遍性与特殊性、需求的稳定性与动态性的关系，甄别真正需求与异化的需求，实事求是地回应老年人的需求。

（二）马斯洛的需求理论

美国心理学家马斯洛（Abraham H. Maslow）把人的需求划分为五个层次，即生理需求、安全需求、社交的需求、尊重的需求、自

[①] ［德］马克思：《1844年经济学哲学手稿》，人民出版社2000年版，第120页。

我实现的需求，后来马斯洛又补充了两个层次：认识和理解的需求、审美的需求。马斯洛还将人的需求按重要性和层次性排成一定的次序，从诸如食物和住房等基本需求到复杂的自我实现、自我价值等需求。当下一级的需求获得相对满足以后，追求上一级的需求就成为驱动行为的动力；而低级需求（生理、安全）仅要求从外部使人得到满足，高级需求（社交、尊重、自我实现）则是从内部使人得到满足。

美国耶鲁大学的克雷顿·埃尔德弗（Clayton Alderfer）对马斯洛的需求层次理论进行了概括、改进，提出 ERG 理论，即生存需求（Existence needs）、相互关系需求（Relatedness needs）和成长发展需求（Growth needs）是人类三大核心需求。其中，生存需求与人们基本的物质生存需求有关，包括马斯洛的"生理需求"和"安全需求"；相互关系需求是指保持重要人际关系的要求，它与马斯洛的"情感需求"和"尊重需求"分类中的外在部分是相对应的；成长发展需求是人们不断自我发展和完善的愿望和要求，它对应了马斯洛"尊重需求"的内在部分和"自我实现需求"。除了用三种需求替代了五种需求之外，与马斯洛的需求层次理论不同的是，埃尔德弗还提出了"受挫—回归"理论，认为，人在同一时间可能有不止一种需求起作用，如果较高层次的需求受到抑制，人们对较低层次需求的渴望就会变得更加强烈；他还认为，多种需求可以同时作为激励因素而起作用，而且各类需求层次不是刚性结构，即一个人的生存和相互关系需求尚未得到充分满足时，他仍然可以为成长发展的需求工作。

马斯洛和埃尔德弗的需求理论告诉我们，老年人的需求具有多样性，生存需求是老年人获得幸福感的基础，相互关系需求和成长发展需求是提升幸福感的重要变量，老年人的需求具有弹性且各种需求相互联系，因此，要建立具有弹性和开放性的老龄政策体系，以满足老年人的多种需求。

(三) 布兰德肖的需求理论

英国著名学者布兰德肖 (Bradshaw) 将需求分为感受性、表达性、规范性和比较性需求四种类型。(1) 感受性需求 (felt needs)。即个人感觉到的需求，个人根据感觉与经验所反映出的对于某种状况想要满足的需求，但尚未通过任何方式或行动表达出来。(2) 表达性需求 (expressed needs)。指将感觉到的需求转变为行动，在行动上表现有某种"要求"。也就是人们将他们内心或潜在的"感受需求"通过言语和行为表达出来，使其他人明白他们的意愿与要求。(3) 规范性需求 (normative needs)。即根据规范或标准来确定的需求，这种规范通常由一些专家或专业人员根据某一状况界定的需求，而不是由当事人自己主观地感受到或主动地提出，假如某些人或群体低于这个标准，他们就是处于需求状态中的人或群体。这种需求是个人或群体的实际生活状况与该社会业已建立的标准比较之下产生的。(4) 比较性需求 (comparative needs)。即人们通过横向的比较产生的需求。假定社会上存在两个群体，他们在各方面的条件、背景都大致相同，但如果一个群体的某种需求得到满足，而另一群体还没有，则后一个群体则产生了在公平原则下的"比较需求"。

布兰德肖需求类型理论提醒我们，在满足老年人的需求时，首先，我们应科学确定老年人的规范性需求，并优先满足规范性需求；其次，要注重老年人的表达性需求，要拓展老年人需求的表达渠道，鼓励老年人将感受性需求转化为表达性需求，以更好地了解老年人的需求。同时，要增强需求满足的公平性，减少老年人"比较性需求"带来的"剥夺感"。

(四) 马尔库塞的"真实需求"与"虚假需求"

在马尔库塞 (Herbert Marcuse) 看来，人的需求有真实性与虚假性之分。马尔库塞认为，所谓"真实需求"是指那些无条件需要满足的"需求",那些生命攸关的"需求",那些满足人们的健康生存的需求。而"虚假需求"是指,那些"为了特定的社会利益,从外部强加在个人身上的那些需求,使艰辛、侵略、痛苦和非正义永恒化的需求,是'虚假的'需求"[1]。他认为,现在的大多数需求,诸如休息、娱乐、按广告宣传来处事和消费都是属于虚假的需求。

相对于"真实需求",马尔库塞更多的将关注点放在"虚假需求",其阐述了"虚假需求"的产生及其危害。马尔库塞认为"虚假需求"的产生是技术进步条件下导致生产过剩,加上大众传媒诱导的结果。在现代工业社会技术不断进步,生产力不断提高,因此也随即出现了生产过剩的现象。而资本家们为了保证自己的利益不受损害,于是便将消费变成了一种新的生产力,并通过大众传媒和广告提供商品信息,竭尽所能地激发消费者的消费欲望,不断唤醒人们的需求去争购商品,不断地扩大人的"基本需求",将奢侈品转化为"必需品"。假如一个人无法将真实的需求与虚假的需求区别开来,就会将别人的需求、社会的需求移植成自身的需求,把浪费变成了正常的需求,导致"异化消费",而不去深层次地思考自己是否喜爱这样的消费,适不适合如此方式的消费。

马尔库塞之所以揭露"虚假需求",是因为"虚假需求"是由统治利益培养并加之于人们的,是有私心的资本家塞给人们的需求,而不是自由地自我决定的。如果一个人执迷不悟地去追求"虚假需求"和"异化消费"所带来的物质享受,不仅不会带来快乐和幸福,还会带来痛苦的无尽煎熬,不仅使人的主体地位丧失,失去了自主能力,变成商品和工业文明的奴隶,而且还会使人们在虚假的需求得以满足的情况下过着安定的生活,逐渐失去了对现实问题的反思、超越、否定、批判、拒绝的能力,成为"单向度的人"。

马尔库塞"虚假需求"理论对于分析老年人的需求问题也具有一

---

[1] [美]赫伯特·马尔库塞:《单向度的人——发达工业社会意识形态研究》,刘继译,上海译文出版社2006年版,第6页。

定的意义，在崇尚消费主义、广告传媒无孔不入的今天，面对众多的老年服务产品，老年人群体也要理性区分"真实需求"与"虚假需求"，避免"不适消费""技术欺骗"和"过度消费"。

（五）显性需求与隐性需求

需求既是一种客观存在，也是一种主观感知。有些需求虽然客观存在，但不一定被需求者自己所感知；有些需求者感知到的需求也不一定是客观需要的。因此，根据人们自己是否意识到为标准，学者们将需求分为显性需求与隐性需求。范晓屏认为，显性需求是人们自己已经意识到的、能够明确清楚表达出来的、有明确的抽象或者具体需要满足物的一种内在要求；而隐性需求是人们尚未意识到的、朦胧的、没有明确抽象满足物的内在要求，介于基本需要和欲望满足之间的一种中间状态。[①] 老年群体的显性需求是老年人为了满足其基本日常生活或已经意识到、能够清晰表达出来并有比较明确的价值评判标准，得到充分体验的获得满足感的一种内在要求和行为状态。老年群体的隐性需求是老年群体没有抽象满足物和不能够准确清楚地表达并开发的内在要求；是老年群体尚未自觉意识到的、朦胧的、没有明确偏好的内在要求；社会总体发展水平没有达到或体验不充分的内在要求；是老年群体的一种感觉缺失状态。[②]

由于我国大部分老年人尤其是对相当数量的农村老年人来说，他们对各种可获取的服务没有概念，从而认为自己没有相应的服务需求。一些老年人忍辱负重，总认为不应该向政府和社会索求太多，而应该自食其力，使得老年人的部分实际服务需求被自觉或不自觉地"抑制"和"隐性化"。事实上，一些老年人没有意识到自身需要服务或"不接受"服务，并不等于他们"事实上不需要"服务。因此，在制定老龄政策时，要考虑到文化和社会因素对老年人寻求和接受外

[①] 范晓屏：《基于隐性需要的消费倾向及其营销启示》，《商业研究》2003 年第 16 期。
[②] 罗永泰、卢政营：《需求解析与隐性需求的界定》，《南开管理评论》2006 年第 3 期。

部服务的主动性和意愿的影响,既要重视老年人的显性需求,又要重视老年人的隐性需求。

二 老年人的需求及其特点

需求是公共政策制定的起点,通过合适的方式最大限度地满足需求是政策的目标。只有掌握老年人需求的特殊性,才能增强老龄政策的针对性。

(一) 老年人需求的内容

20世纪80年代以后,老年群体需求受到了国内外的高度关注。国外,有人运用Z-R需求框架模型对老年群体需求状况进行了调查研究,发现人们放在第一位的需求首先是经济需求,其次分别是身体健康需求、居住环境需求、活动需求、心理健康需求和自我发展的需求。[1] 芭芭拉 (Barbara) 等人使用生存质量量表 (SF-36) 对马萨诸塞州就诊老年病人进行了社会服务需求调查,结果表明:生理功能需求占49.48%,情感角色需求占54.50%,缓解疼痛需求占54.46%,心理健康需求占65.74%,社会功能需求占63.66%,保持一般健康需求占52.50%,保持生命活力需求占46.10%。[2] 瓦尔基拉 (Valkila) 等人研究了芬兰老年人社会养老服务需求和消费习惯,指出老年人对重度家务活、户外活动、协助处理个人事务及休闲服务的需求比较强烈。[3] 中国台湾地区的学者叶至诚系统分析了老年人的福

---

[1] Beatrie, H. Z., "Inlplementation of the Zuluaga-Raysmith (Z-R) Model for Assessment of Perceived BASIC Human Needs in Home Health Clients and Caregivers", *Public Health Nursing*, 2001 (5): 317 - 324.

[2] Barbara B., Susan C., William H. et cl., "Standardized Screening of Elderly Patients' Needs for Social Work Assessment in Primary Care: Use of the SF - 36", *Health & Social Work*, 1999 (1): 9 - 16.

[3] Valkila, Noora, etc, "Consumer Panel Study on Elderly People's Wishes Concerning Services", *Archives of Gerontology and Geriatrics*, Vol. 51, No. 1, 2010.

利需求结构,将其分为健康面、安全面、友善面三个面向(见表2-1)。

表 2-1　　　　　　　　　老年人福利需求结构

项目	意 义	内 涵
健康面	持续维持高龄者身心健康,保有社会参与的活力	1. 提倡健康生活概念,促进高龄者成功老化。 2. 结合少子化后闲置空间,建构高龄者"可近性"终身学习环境。 3. 建立高龄者"人力资源中心",活络人力再用。 4. 建构高龄者休闲参与环境,透过参与维持其心理健康。
安全面	因应高龄者不同健康程度的需求,提供安全的家庭生活及社会参与环境	1. 建构适合高龄者的智慧型永续居住环境。 2. 以通用设计原则,打造无障碍的行动空间。
友善面	营造社会悦龄亲老的观念,形塑认同高龄者的社会参与空间	1. 高龄化知识纳入全民教育,营造悦龄亲老社会。 2. 除去老年歧视,消除世代间的冲突。

资料来源:叶至诚,《高龄者社会参与》,新北:扬智文化事业股份有限公司2012年版,第8页。

在国内,很多学者对老年群体需求进行了研究,学者们有的探讨老年人需求的种类,有的探讨老年群体某一类的需求,有的探讨某一类老年群体的需求,还有的对城乡老年群体的需求进行了比较。国内关于老年人需求的研究比较有代表性的观点如下。

穆光宗将老年人的需求分为生存性需求、发展性需求和价值性需求三个大类五个层面。(1)老年人的生存性需求,也就是追求基本需求的满足,例如,健康和安全就属于生存性需求,让老人"老有所养、衣食无忧"和"老有所医、身心健康",这是老年人需求的最基本层面；(2) 广义的发展性需求（含感情需求），包括老有所爱、老有所伴、老有所乐、老有所亲、老有所学和老有所美；(3) 广义的价值性需求（含归宿需求），包括老有所为、老有所用、老有所成和老有善终（见图 2-1）。①

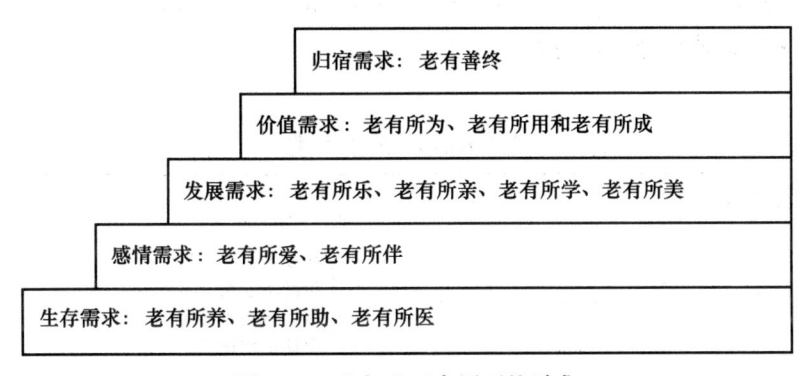

```
归宿需求：老有善终
价值需求：老有所为、老有所用和老有所成
发展需求：老有所乐、老有所亲、老有所学、老有所美
感情需求：老有所爱、老有所伴
生存需求：老有所养、老有所助、老有所医
```

图 2-1 老年人五个层面的需求

资料来源：穆光宗：《中国老龄政策思考》，《人口研究》2002 年第 1 期。

还有学者将老年人需求分为四大类，分别是经济提供、生活照顾、医疗护理和精神慰藉。② 阴国恩等则将老年人的需求划分为物质需求、健康需求、性需求、安全需求、归属需求、尊重需求、知识需求、美的需求和成就需求等九类，并通过对 300 名五十岁以上人群的调查研究指出，老年人物质需求水平较低，而尊重需求和健康需求水平最高，而且老年人需求受年龄、性别、职业、工作状况、文化程度、健康、经济、挫折状况等因素的影响。③ 吴捷等人认为，城市低龄老人需求包含人际、经济、亲情、认知、尊重、价值和保健等七个

---

① 穆光宗：《中国老龄政策思考》，《人口研究》2002 年第 1 期。
② 徐新、张钟汝：《城市老龄社会政策的演进及挑战》，广西师范大学出版社 2012 年版，第 25 页。
③ 阴国恩、丁新萌、杨红：《老年人需要及相关因素的研究》，《天津师范大学学报》（社会科学版）2001 年第 5 期。

因子。① 薛敏将老年人的需求分为保障、交往、自主、健康、亲情、参与、求知、求助需求等八个方面。② 郭竞成基于对浙江省的调查，根据需求强度、迫切性和不可或缺性将居家养老服务的 14 个项目划分为可舍弃类、强弹性类、弱弹性类、无弹性类 4 类（见表 2-2），认为对各类项目可确定轻重缓急不同的工作策略，政府应优先满足老人最迫切、最重要的需求。

表 2-2　　　　　　　　　老年人需求的弹性分类

类别	特点	项目
可舍弃类	具有一定程度的可舍弃性	帮助做饭或送饭 帮助洗衣服、打扫卫生 帮助购买生活用品 定期电话探访
强弹性类	需求弹性强、不可或缺性差	定期上门探访精神慰藉 健康咨询、心理疏导 法律咨询和法律援助
弱弹性类	需求弹性弱、不可或缺性强	提供聚会、娱乐场所 健康教育、健康档案 陪伴就医、帮助配药
无弹性类	刚性需求、不可或缺	紧急情况有人及时援助 失能康复治疗上门服务 行动不便后的长期照顾 便利的纠纷调节机制

资料来源：郭竞成：《农村居家养老服务的需求强度与需求弹性——基于浙江农村老年人问卷调查的研究》，《社会保障研究》2012 年第 1 期。

---

① 吴捷、程诚：《城市低龄老年人需要问卷的编制》，《天津师范大学学报》（社会科学版）2011 年第 4 期。
② 薛敏：《依据老年人需求实现"六个老有"与"积极老龄化"》，《边疆经济与文化》2007 年第 9 期。

在借鉴以上学者分类的基础上，根据埃尔德弗（Clayton Alderfer）的需求 ERG 理论，我们根据需求的功能将老年人需求分为三大类：生存性需求、关系性需求和成长性需求（见表 2-3）。

表 2-3　　　　　　　　　　　老年人需求结构

需求类型	内容	目标
生存性需求	衣食住行 医疗保障和保健、照料 安全保障	较高的生活水平 健康的身体 安全的环境、权益维护
关系性需求	家庭关系 社会关系	和睦的家庭环境 尊老敬老的社会氛围
成长性需求	第三龄教育 老龄就业 老年志愿服务 老年娱乐活动	自我提升 自我实现

资料来源：作者自己整理。

生存性需求主要包括老年人良好的衣食住行、健康、安全（人身、财产、信息安全）等需要，主要满足老年人健康生活的需求。生存性需求是老年人获得幸福感的基础，没有良好的生活保障、健康的身体和安全的生活环境，就谈不上幸福感。关系性需求包括良好的家庭关系（包括配偶和代间关系）、良好的社会关系、良好的同龄群体关系（包括亲戚朋友、社区），以满足老年人尊重、爱和归宿感的需求。人际关系需求是老年人幸福感获得的重要途径，是提升老年人幸福感的重要因素。成长性需求指通过有针对性的老年教育、适度的老龄就业体系以及老龄志愿服务，提升老年人的自我价值感，让老人不断成长，真正让老年成为人生的"第二个春天"。

（二）老年人需求的特点

进入老龄期，人的生理器官逐渐衰退，免疫功能下降，对外界和体内环境改变的适应能力减低,无用感明显增加,对他人的依赖性增加,同时,老年期必然面临退休、儿女离家、丧偶、丧亲等重大人生事件,导致社会关系网络收紧、萎缩,社会交往范围变窄,人际关系淡化,容易出现孤独感。老年期的以上特性决定了老年人需求的内容和满足方式有其独特性。

1. 老年人需求的差异性和有限性

由于年龄、经历、身份、职业和受教育程度等不同,老年人的需求具有差异性。老年人需求的差异性主要表现为城乡老年人需求的差异和不同年龄段老年人的差异。例如,有人比较了城乡老年人的心理需求,指出,城乡老年人在交往需求上差异显著,城市老年人表现出强烈的交往需求,而农村老年人对此需求相比之下比较被动。城乡老年人在尊重需求上差异不显著。城市老年人和农村老年人都需要晚辈的关注和尊重。城乡老年人在价值需求上,差异显著,城市老年人和农村老年人都对价值需求有主观上的要求,但在"进一步学习,改善文化生活"文化教育方面,农村老年人得分比较低,而城市老年人要求较高,组内差异显著。[1]

根据2015年中国城乡老年人口状况追踪调查结果,在日常生活照料需求上,城乡老年人和不同年龄的老年人都表现出差异性,农村老年人日常生活照料的需求高于城市老年人,而且随着年龄的增长,照顾需求不断增加(见表2-4)。

表2-4　　城乡、不同年龄段日常生活照料需求比较　　单位:%

	城市	农村	79岁以下	80岁以上
照料需求	14.2	16.5	11.2	41.0

资料来源:根据中国老龄科学研究中心2015年中国城乡老年人口状况追踪调查数据整理。

---

[1] 袁桂:《城乡老龄人口心理需求差异研究》,硕士学位论文,湖南师范大学,2014年,第31—32页。

老年人需求的有限性首先表现在需求内容的有限性上，老年人的需求，一般主要集中于饮食、医疗保障和文化娱乐方面，相对于年轻人来说，老年人的需求类型相对集中。另外，由于我国目前老年人收入水平不高，也在一定程度上限制了老年人的需求（见表2-5）。

表2-5　　　城乡、不同年龄段老年人个人年平均收入　　　单位：元

	60—69岁	70—79岁	80岁以上
城市	24124	22699	25707
农村	9061	5817	5354

资料来源：根据中国老龄科学研究中心2015年中国城乡老年人口状况追踪调查数据整理。

2. 老年人需求的务实性和习惯性

随着年龄的增长，老年人的需求观念也发生变化，消费和需求心理也日趋理性和成熟，虚假性的需求和过度的需求减少，需求表现出真实性和务实性，突出商品和服务的实用性以及需求满足的实效性。对于老年人来说，在消费方面主要考虑两大因素：一是商品和服务的质量，一般老年人追求"实惠性消费"，讲究经济、实用和耐用，不喜欢"华而不实"的东西，注重产品的质量和服务的可靠性。二是价格是否合理。"节俭"是老年人的优秀品质，加上退休后老年人经济收入有所减少，而我国的养老金标准也不是很高，老人"储蓄养老"以备不时之需的需求上升，和中、青年人相比，老年人在消费时更多地表现出对价格的敏感性。因此，老年人不会买"质量差"的，但"价格高"的可能也不会买。另外，老年人在考虑自己的需求时，还会兼顾家庭的需求，会从家庭整体的需要和利益出发考虑，甚至有时会因为照顾家庭其他成员的需求而牺牲自己的需求。根据中国老龄科学研究中心2010年中国城乡老年人口状况追踪调查数据显示，约40%的老人有给子女特别是孙子女开销的情况，在城市约50%的老

人有给子女特别是孙子女开销的情况，其中给孙子女开销的情况高达40%。[1]

此外，老年人的需求还表现为习惯性，受以前需求的影响较深。老年人基本已形成相对固定的生活习惯、行为习惯和消费习惯，不会轻易改变放弃，因此，在需求导向上比较固定，在选择商品和服务时，喜欢依据过去的经验和体会来判断，他们往往钟情于"老牌子"，对新生的商品和服务接受较慢。

3. 老年人需求的依赖性和便利性

进入老年期，老年人的自我照顾能力下降，也因此对外界的依赖和照料需求就相应增加，特别是在生活照料和精神慰藉等方面，由于行动不便、孤独寂寞对得到配偶、子女、亲属以及社区或社会的照顾和帮助的需求强化，对他人的依赖程度加强，需求满足的方式由依靠"自身的内力"慢慢转向寻求"外界的帮助"。

另外，由于生理机能下降，精力有限，社会应对能力下降，所以，老年人在需求的满足方式上对便利性的要求较高。因此，针对老年人的商品和服务，地点设置要近，要方便老人通行，另外，在办理流程方面要尽可能简单。对于一些特殊服务，可以送服务上门或运用综合服务平台，减少程序和接转，让老人能及时便捷地获得相应服务。

三　当代老年人需求结构的变化

穆光宗认为，成功人生至少包括两个方面：一是追求"健康长寿"；二是要开创"价值人生"。对于老年人来说，不仅要注重寿命的长短，更要注重生命的质量。在新的"寿命质量"的概念框架中，老年人的生活有了更丰富的色彩、更深刻的意义，而不再仅仅简单地

---

[1] 吴玉韶等：《2010年中国城乡老年人口状况追踪调查数据分析》，中国社会出版社2014年版，第112—115页。

与"健康长寿"画等号。他认为,在新的世纪,单纯追求"健康长寿"的历史终将过去,而崇尚"寿命质量"和"价值人生"、追寻"老有所为、老有所用、老有所成"的新时代必将到来。① 因此,在新的时期,老年人的需求结构也会相应地发生变化。王殿玺认为,城市居民的养老需求变化特征主要体现在:养老的替代性趋势明显;养老需求多元化及情感需求凸显;由以养为主向医养结合发展;由满足基本养老生活需求向寻求养老质量转变。②

(一) 从生存性需求到多元化需求

改革开放前,我国经济发展程度较低,人们收入和生活水平较低,因此,改革开放后,首先要解决"温饱"问题。因此,有学者认为,我国民众的需求主要表现为低层次的需求,即生理需求和安全需求。原因有二:一是长期贫困状态的影响,"几千年来,人们穷怕了,不会再去计较其他事情,他们一生的智慧和精力都被用在生存的追求和满足上"③。二是从社会氛围来看,对于公众追求自身需求特别是高层次的需求一直缺乏正面引导和鼓励,使得公众追求高层次需求的动力不足。这种观点有一定的道理,应该说反映了改革开放初期一些公众的心理。社会需求是一个动态的变化过程,随着生活水平的提高,新的社会需求不断产生,对提升生活质量的社会福利的需求更加强烈。当前,我国人民的生活从以基本的"吃穿"为重点,向以"提高文化素质及健康水平"为重点的多层次需求转变,人们越来越注重生活质量,我国公众需求观念和需求结构都发生变化。我国老龄消费不再满足于吃饱穿暖的传统消费需求,他们对满足基本生存需要以外的更高层次的需求正在增加,而且现在的中年人和年轻人在年老后对高层次需求的要求更高。这

---

① 穆光宗:《中国老龄政策思考》,《人口研究》2002 年第 1 期。
② 王殿玺:《城市社区居民养老需求变化与老龄政策发展——基于北京市的调查研究》,《老龄科学研究》2017 年第 9 期。
③ 申晓纪:《低层次需求:中国民众的特征、问题和自我改造》,学林出版社 2004 年版,第 1 页。

种变化可以用两组数据来说明：一是 2010 年中国城乡老年人口状况追踪调查数据，在问到"您是否觉得能够吃饱穿暖就是很幸福？"时，近 90% 的老年人回答了"否"（见图 2-2），不同年龄组、不同性别以及城乡并没有显著差异，这说明，这种观点已成为老年人的普遍观点，目前老年人已超越了仅满足生存性需求的阶段，开始追求多元化的需求。二是根据老、中、青不同年龄组的调查数据发现，中年人、青年人对自己在老年后的娱乐和自我提升的需求增加，特别是在青年一代身上表现特别明显（见表 2-6）。

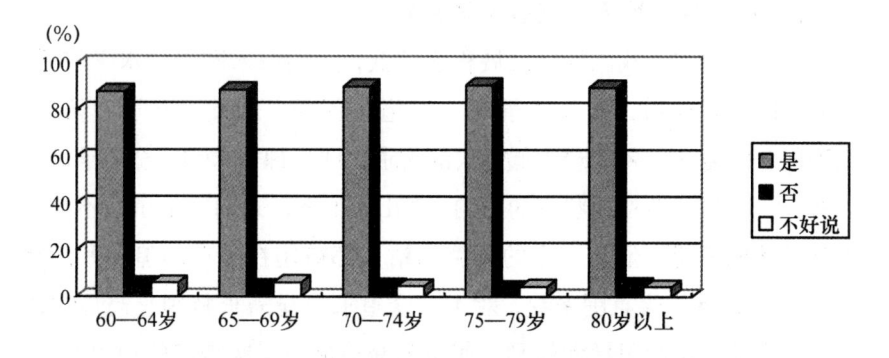

图 2-2　老人是否觉得吃饱穿暖就是幸福

资料来源：中国老龄科学研究中心 2010 年中国城乡老年人口状况追踪调查数据。

表 2-6　　　　老、中、青三代娱乐和自我提升需求比较　　　　单位：%

	需求的重要程度（娱乐活动）					需求的重要程度（自我提升）				
	不重要	不太重要	重要	比较重要	非常重要	不重要	不太重要	重要	比较重要	非常重要
20—30 岁	1	19	68	100	112	6	29	62	90	113
	0.3	6.3	22.7	33.3	37.3	2.0	9.3	20.7	30.0	38.0
40—50 岁	5	38	95	89	73	19	65	76	72	68
	1.7	12.7	31.7	29.7	24.3	6.3	21.7	25.3	24.0	22.7
60 岁及以上	4	17	79	125	75	13	82	83	79	43
	1.3	5.7	26.3	41.7	25.0	4.3	27.3	27.7	26.3	14.3

资料来源：作者在广州市开展问卷调查统计数据。

此外，老年人的需求也不再仅仅满足于需求本身，而是更多地希望通过需求的满足实现社会交流和自我表达、自我实现的目的。老年人的需求由功能型日益转向功能型和体验型兼顾，也就是说在满足需求的同时，应注重"心灵体验"、享受生活的乐趣、展示自我的个性。如发展兴趣爱好、追求时髦的服装、重拍婚纱照、老年旅行等。

（二）从层次性需求到结构性需求

根据马斯洛的需求理论，将人的需求由低到高分为五个层次：生理需求、安全需求、归属和爱的需求、尊重需求和自我实现需求。对于老年人来说，生理需求即对食物、衣服、睡眠等方面的需求，以满足其基本生活；安全需求包括居住环境安全、交通安全、医疗；归属和爱的需求，指老年人渴望在家庭中得到关爱和温暖，需要参与社会活动和组织，与他人交流；尊重需求，指老人渴望得到社会和他人的尊重和认可，不希望被社会认为是负担；自我实现需求，指老年人虽然退出职业生涯，但仍渴望有所建树，自我实现，有成就感。

马斯洛的需求层次理论认为，五种需求像阶梯一样从低到高，按层次逐级递升，但次序不是完全固定的，可以变化，也有种种例外情况。但不管次序如何变化，其结构终归是层次性的。这五个层次的需求是从低到高的，只有先满足了低层次的需求以后，人们才会产生更高层次的需求，并认为，低层次需求的人较多而高层次需求的人较少。其中生理需求、安全需求以及归属和爱的需求都属于低一级的需求，通过外部条件就可满足；而尊重需求和自我实现需求属于高层次需求。

根据马斯洛的需求层次理论，我们将养老需求分为五大类：生理需求、安全需求、社交需求、尊重需求和自我实现需求。将"良好的饮食""良好的居住条件""良好的穿着""方便的出行""良好的医疗条件"归为"生理需求"；将"人身安全""财产安全""信息安全"归为"安全需求";将"配偶相伴""子女孝顺""自己的朋友圈""丰富的娱乐活动"归为"社交需求";将"获得社会尊重"归为"尊重需求";将"继续贡献社会"和"自我提升"归为"自我实现需求"。每个需求项分别设置:非常重要(5分)、比较重要(4分)、重要(3分)、不太重要(2分)、不重要(1分)5项。调查结果见表2-7。

表2-7　　　　老年生活各种需求的重视程度(N=900)

		N	均值	均值的95%置信区间 下限	均值的95%置信区间 上限	极小值	组间显著性
需求的重要程度（良好的饮食）	20—30岁	300	4.63	4.56	4.70	2	0.000
	40—50岁	300	4.48	4.39	4.57	2	
	60岁及以上	300	4.11	4.01	4.22	1	
	总数	900	4.41	4.35	4.46	1	
需求的重要程度（良好的居住条件）	20—30岁	300	4.42	4.34	4.50	2	0.000
	40—50岁	300	4.27	4.17	4.36	1	
	60岁及以上	300	3.87	3.76	3.97	2	
	总数	900	4.19	4.13	4.24	1	
需求的重要程度（良好的穿着）	20—30岁	300	3.73	3.61	3.84	1	0.000
	40—50岁	300	3.32	3.20	3.45	1	
	60岁及以上	300	3.04	2.93	3.15	1	
	总数	900	3.36	3.29	3.43	1	
需求的重要程度（方便的出行）	20—30岁	300	4.23	4.13	4.33	1	0.054
	40—50岁	300	4.08	3.97	4.19	1	
	60岁及以上	300	4.07	3.97	4.17	1	
	总数	900	4.13	4.07	4.19	1	
需求的重要程度（良好的医疗条件）	20—30岁	300	4.73	4.66	4.80	2	0.000
	40—50岁	300	4.57	4.47	4.66	1	
	60岁及以上	300	4.84	4.78	4.89	2	
	总数	900	4.71	4.67	4.75	1	

续表

		N	均值	均值的95%置信区间 下限	均值的95%置信区间 上限	极小值	组间显著性
需求的重要程度（人身安全）	20—30岁	300	4.70	4.63	4.77	1	0.000
	40—50岁	300	4.40	4.30	4.50	2	
	60岁及以上	300	4.70	4.62	4.77	1	
	总数	900	4.60	4.55	4.65	1	
需求的重要程度（财产安全）	20—30岁	300	4.44	4.35	4.52	2	0.023
	40—50岁	300	4.26	4.16	4.36	2	
	60岁及以上	300	4.26	4.15	4.38	1	
	总数	900	4.32	4.26	4.38	1	
需求的重要程度（信息安全）	20—30岁	300	4.20	4.10	4.31	1	0.000
	40—50岁	300	3.95	3.84	4.06	1	
	60岁及以上	300	3.63	3.52	3.74	1	
	总数	900	3.93	3.86	3.99	1	
需求的重要程度（获得社会尊重）	20—30岁	300	4.43	4.34	4.52	2	0.000
	40—50岁	300	4.08	3.97	4.19	1	
	60岁及以上	300	4.23	4.12	4.33	1	
	总数	900	4.25	4.19	4.31	1	
需求的重要程度（配偶相伴）	20—30岁	300	4.48	4.39	4.57	2	0.672
	40—50岁	300	4.54	4.44	4.63	2	
	60岁及以上	300	4.51	4.41	4.60	1	
	总数	900	4.51	4.45	4.56	1	
需求的重要程度（子女孝顺）	20—30岁	300	4.48	4.40	4.57	2	0.484
	40—50岁	300	4.48	4.39	4.57	1	
	60岁及以上	300	4.55	4.46	4.64	1	
	总数	900	4.50	4.45	4.56	1	
需求的重要程度（自己的朋友圈）	20—30岁	300	4.44	4.36	4.52	2	0.000
	40—50岁	300	4.05	3.94	4.15	1	
	60岁及以上	300	4.29	4.19	4.39	1	
	总数	900	4.26	4.20	4.32	1	

续表

		N	均值	均值的95%置信区间 下限	均值的95%置信区间 上限	极小值	组间显著性
需求的重要程度（丰富的娱乐活动）	20—30 岁	300	4.01	3.90	4.12	1	0.000
	40—50 岁	300	3.62	3.51	3.74	1	
	60 岁及以上	300	3.83	3.73	3.94	1	
	总数	900	3.82	3.76	3.89	1	
需求的重要程度（继续贡献社会）	20—30 岁	300	3.65	3.52	3.78	1	0.000
	40—50 岁	300	3.30	3.16	3.44	1	
	60 岁及以上	300	2.91	2.79	3.03	1	
	总数	900	3.29	3.21	3.37	1	
需求的重要程度（自我提升）	20—30 岁	300	3.93	3.81	4.05	1	0.000
	40—50 岁	300	3.35	3.21	3.49	1	
	60 岁及以上	300	3.19	3.06	3.32	1	
	总数	900	3.49	3.41	3.57	1	

资料来源：作者在广州市开展问卷调查统计数据。

从调查数据来看，居民的养老需求并不存在明显层次性，只是存在一定的差距。老、中、青三组纵向比较，三个组中重要程度最高的都是"良好的医疗条件"，老、中、青均值分别为4.84、4.57、4.73，"人身安全""良好的饮食""配偶相伴""子女孝顺"等均值都较高。重要程度最低的都是"继续贡献社会"的需求，均值分别为2.91、3.30、3.65；均值差异程度较大的分别是"良好的穿着""继续贡献社会"和"自我提升"，差异值在0.6—0.7；而"配偶相伴""子女孝顺"三组并没有明显的差异。但值得注意的是，"良好的穿着""继续贡献社会"和"自我提升"三组重要程度均值差却在缩小。在青年组中，各类需求的重要程度更趋向均衡。这说明，城市居民的养老需求已从层次性需求变为结构性需求，也对当前的以基本保障为主的养老政策提出了挑战，今后的养老政策应完善内容体系，在优先满足医疗、饮食、安全、陪伴需求的基础上，发展多元化服务供给体系以满足老年多元化的需求，为老年人提供"量身定制"的整合服务，实现老人"有所养、有所医、有所学、有所为、有所乐"。

第三章　幸福感视角下老龄政策的反思

改革开放以来，我国经济快速发展，但公民幸福感却未能随之提升，学者们将这一现象命名为新的"中国之谜"。根据2015年联合国发表的《世界幸福报告》，我国居民幸福感在全球158个国家和地区中排名第84位。[①] 可见，我国公民的幸福水平有待提升。

一　我国老年人幸福感的现状

（一）老年人总体幸福感分析

老年人的幸福感也是学者关注的问题之一。我国关于老年人幸福感的测量通常运用《纽芬兰纪念大学幸福度量表》或进行主观程度测试。中国老龄科学研究中心2015年中国城乡老年人口状况追踪调查主要运用主观自我测评法，对老年人的幸福感进行测量。问卷将老年人的幸福感分为非常幸福、比较幸福、一般、比较不幸福、非常不幸福五个选项。从老年人自评幸福状况来看，约60.9%的老年人认为自己比较幸福，只有6.3%的老人认为自己比较不幸福或非常不幸福，城市老年人的幸福感高于农村，城市中认为自己比较幸福的老人占68.1%，而农村仅占53.1%（见图3-1）。

---

① 胡声桥：《2015年全球幸福指数报告出炉》，中国社会科学网（http://www.cssn.cn/dybg/gqdy_sh/201504/t20150425_1601977.shtml），2015年4月25日。

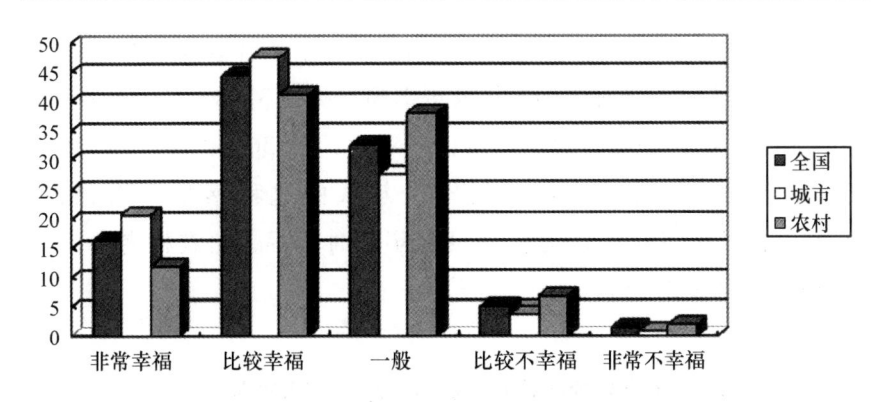

图 3 - 1 老年人觉得自己幸福状况（%）

资料来源：根据中国老龄科学研究中心 2015 年中国城乡老年人口状况追踪调查数据整理。

同时，农村老年人认为比较不幸福的比率也高于城市 4 个百分点。老年人幸福感的性别差异并不明显，女性略低于男性，但不同年龄段老年人的幸福感有一定差异，年老的老年人的幸福感低于年轻的老年人（见表 3 - 1）。

表 3 - 1　　　　　　不同年龄段老年人幸福感对比　　　　　　单位：%

	合计	60—64 岁	65—69 岁	70—74 岁	75—79 岁	80—84 岁	85 岁及以上
非常幸福	16.4	17.0	16.6	16.8	15.6	15.7	14.2
比较幸福	44.5	45.3	45.1	44.0	43.7	43.3	41.5
一般	32.7	32.0	32.2	32.4	33.4	33.7	36.7
比较不幸福	5.1	4.6	4.8	5.4	5.8	5.9	5.8
非常不幸福	1.3	1.2	1.3	1.4	1.4	1.5	1.8

资料来源：根据中国老龄科学研究中心 2015 年中国城乡老年人口状况追踪调查数据整理。

（二）老年人幸福感的纵向比较

从现状来看，老年人的生活满意度和幸福感较高，但从纵向比较来看，情况不容乐观。无论是现在的老年人与过去的老年人比较还是现在的老年人与自己年轻时比较,老年人的幸福感都在降低,近90%的老年人认为,过去的老年人更幸福(见表3-2),而且这种看法基本是城乡老年人的共识。与自己对比,64.36%的老年人认为,自己没有年轻时幸福,而且城市老年人的这种感觉更为强烈,71.54%的城市老年人认为自己没有年轻时幸福,比农村老年人高12.84%(见表3-3)。

表3-2 按年龄分的老年人是否认为过去的老年人没有现在的老年人幸福　　　单位:%

	合计	60—64岁	65—69岁	70—74岁	75—79岁	80岁及以上
合计	99.30	99.44	99.41	99.31	99.05	98.96
否	89.58	90.10	89.35	90.15	89.53	87.71
是	3.97	3.64	4.83	3.74	3.33	4.35
不好说	5.75	5.70	5.23	5.42	6.19	6.90

资料来源:根据中国老龄科学研究中心2010年中国城乡老年人口状况追踪调查数据整理。

表3-3 按年龄分的老年人现在是否和年轻时一样幸福　　　单位:%

	合计	60—64岁	65—69岁	70—74岁	75—79岁	80岁及以上
男女						
合计	99.14	98.28	99.13	99.32	98.93	98.78
否	64.36	68.33	64.52	63.75	61.44	57.22
是	19.92	17.93	18.86	21.02	22.04	23.42
不好说	14.86	13.01	15.74	14.55	15.45	18.14
城市						
合计	99.26	99.40	99.13	99.21	99.12	99.38
否	71.54	77.01	68.42	71.05	69.48	65.13
是	13.29	10.32	13.80	15.49	13.96	16.46
不好说	14.44	12.07	16.91	12.67	15.68	17.78

续表

	合计	60—64岁	65—69岁	70—74岁	75—79岁	80岁及以上
农　村					
合计	99.05	99.18	99.12	99.41	98.78	98.33
否	58.70	61.41	65.51	57.82	55.08	51.24
是	25.15	24.01	22.77	25.51	28.43	28.67
不好说	15.20	13.77	14.83	16.08	15.27	18.41

资料来源：根据中国老龄科学研究中心2010年中国城乡老年人口状况追踪调查数据整理。

（三）老年人对未来生活的担忧度

回首过去，现在老年人认为自己没有过去的老年人幸福，且没有自己年轻时幸福。展望未来，老年人对未来的生活也充满了担忧。老年人担心自己未来没有生活费、担心有病无钱医治或治愈不了、担心子女不孝，甚至担心自己的子女失业，对自己的未来缺乏安全感。没有安全感、没有保障的未来就更谈不上幸福。城市中有27.31%的老年人担心自己没有生活费来源，而农村50.75%的老年人担心没有生活费来源，越年轻的老年人越担心未来的生活费（见表3-4）。

表3-4　　　　按年龄、城乡分的老年人是否担心没有生活费来源　　　　单位：%

	合计	60—64岁	65—69岁	70—74岁	75—79岁	80岁及以上
城　市					
合计	99.40	99.51	99.49	99.01	99.20	99.75
毫不担心	38.70	34.69	38.89	39.74	42.86	43.32
不太担心	24.87	26.58	23.06	26.13	22.82	23.81
一般	8.52	7.93	9.31	9.18	8.02	8.16
比较担心	15.20	18.69	15.11	11.81	13.10	13.31
非常担心	12.11	11.61	13.11	12.14	12.39	11.14

续表

	合计	60—64岁	65—69岁	70—74岁	75—79岁	80岁及以上
农 村							
合计	99.47	99.57	99.47	99.78	99.61	98.58
毫不担心	16.78	13.66	16.42	18.55	18.01	21.96
不太担心	22.47	20.65	23.98	23.86	22.54	22.37
一般	9.46	8.09	9.66	10.01	11.31	9.93
比较担心	28.90	34.16	26.77	26.09	25.73	26.51
非常担心	21.85	23.02	22.64	21.27	22.02	17.81

资料来源：根据中国老龄科学研究中心2010年中国城乡老年人口状况追踪调查数据整理。

老年人身体机能下降，健康问题突出，在老年人的衣食住行基本解决的今天，"老有所医"成为老年人关注的焦点。但问卷调查显示，53.82%的城市老年人担心生病时治愈不了，农村老年人担心率高达63.42%（见表3-5），且低年龄组的老年人更为担心。虽说现在家庭的养老功能减弱，但子女依然是老年人的依靠和寄托。子女是否孝顺，是否有稳定的工作和经济来源，直接影响老年人的幸福感。但问卷调查显示，城市有17.21%的老年人担心子女不孝，农村有高达31.67%的老年人担心子女不孝（见表3-6），而且有约50%的老年人担心自己的子女失业，城乡比例相近，且低龄组老年人的担忧高于高年龄组（见表3-7）。

表3-5 按年龄分城乡老年人是否担心生病时治愈不了　　　　单位：%

	合计	60—64岁	65—69岁	70—74岁	75—79岁	80岁及以上
城 市							
合计	98.61	98.95	98.93	97.90	98.02	98.83
毫不担心	16.31	14.15	14.16	17.30	18.36	22.83
不太担心	14.78	14.50	13.80	16.27	16.11	13.57
一般	13.68	14.62	13.33	13.93	11.58	13.74

续表

	合计	60—64岁	65—69岁	70—74岁	75—79岁	80岁及以上
比较担心	28.17	28.46	32.85	26.77	25.04	24.01
非常担心	25.65	27.21	24.80	23.63	26.93	24.67
农 村						
合计	96.56	98.07	96.23	96.76	96.25	93.12
毫不担心	9.17	8.19	7.23	11.23	11.23	10.19
不太担心	14.91	13.11	15.73	15.65	15.72	16.19
一般	9.06	8.55	9.26	9.55	7.93	10.56
比较担心	29.67	33.87	27.51	28.21	27.35	27.19
非常担心	33.75	34.35	36.49	32.12	34.03	29.00

资料来源：根据中国老龄科学研究中心 2010 年中国城乡老年人口状况追踪调查数据整理。

表 3-6　　**老年人是否担心子女不孝的城乡对比**　　单位：%

	合计	60—64岁	65—69岁	70—74岁	75—79岁	80岁及以上
城 市						
合计	98.22	97.70	98.69	98.15	98.38	98.73
毫不担心	47.53	48.15	46.78	45.28	49.42	48.70
不太担心	24.70	23.09	24.75	28.30	23.06	25.29
一般	8.77	9.46	8.47	8.92	8.58	7.38
比较担心	9.85	10.63	11.16	7.33	9.14	9.99
非常担心	7.36	6.38	7.52	8.31	8.19	7.37
农 村						
合计	98.52	98.71	98.11	98.67	99.07	97.99
毫不担心	24.13	21.78	24.09	24.58	25.61	28.33
不太担心	29.69	29.33	29.13	30.72	30.77	29.01
一般	13.02	13.74	13.44	12.51	11.05	13.22
比较担心	17.29	19.29	18.44	15.61	15.39	14.32
非常担心	14.38	14.57	13.01	15.26	16.25	13.11

资料来源：根据中国老龄科学研究中心 2010 年中国城乡老年人口状况追踪调查数据整理。

表3-7 老年人是否担心子女失业　　　　　　　单位：%

	合计	60—64岁	65—69岁	70—74岁	75—79岁	80岁及以上
合计	98.12	97.91	98.24	98.14	98.43	98.09
毫不担心	16.23	13.88	15.62	17.26	17.73	20.65
不太担心	18.40	16.70	17.37	20.66	19.74	20.05
一般	13.04	14.03	12.94	12.99	10.48	13.49
比较担心	27.98	28.32	29.50	27.66	27.99	24.53
非常担心	22.48	24.98	22.81	19.58	22.49	19.36

资料来源：根据中国老龄科学研究中心2010年中国城乡老年人口状况追踪调查数据整理。

（四）老年人自杀问题

近年，老年人自杀问题相当严重，特别是农村老人自杀问题更为严重，甚至在有的乡村老人自杀成为村民见怪不怪的现象，认为老人自杀是"觉悟高"的体现，是为子代减轻负担，为子代着想。而不选择自杀，因病等拖累子女不能打工挣钱，则是没有"觉悟"的体现。[①] 有学者利用2010年全国疾病监测系统的人口及死亡资料，分析了中国人群自杀死亡状况。结果显示，2010年，中国人群自杀死亡率为10.15/10万，自杀死亡率随年龄增长而增高，因此老年人是自杀干预的重点人群。在各个年龄段，农村人群的自杀死亡率均高于城市人群，差别最大的是60岁及以上的老年人，农村老年人群的自杀死亡率是城市老年人群的2.59倍。[②]

据《中国青年报》报道，近年来我国农村老人的自杀现象，已经严重到触目惊心的地步。香港大学的调查报告进一步显示，

---

① 陈柏峰：《代际关系变动与老年人自杀——对湖北京山农村的实证研究》，《社会学研究》2009年第4期。
② 蔡玥、胡楠等：《中国人群2010年自杀死亡现状分析》，《中国预防医学杂志》2012年第6期。

2002—2011年我国70—74岁的农村老人自杀率一直居高不下，2011年达到每万人41.7例，是世界平均水平的4—5倍，跃居世界第一位。①

关于老人自杀的原因，主要有生存困难、疾病折磨与孤独寂寞、绝望无奈等，常常是物质和精神双重问题叠加的结果。陈柏峰2008年基于湖北省京山县六个村30年来发生的206起自杀案例为分析对象，将老年人自杀分为甘愿型自杀、激愤型自杀、绝望型自杀、孤独型自杀四类。研究发现，老年人的自杀与代际关系的变迁有密切的关系，现在农村老年父母已经边缘化，代际关系逆转，农村出现的子女对父母的不孝行为越来越公开化，有些不孝行为突破了底线，以致父母的基本生存条件都无法保证，最终导致父母自杀。②贺雪峰等从价值层面分析了农村老年人自杀的原因，他将每个人的价值感分为本体性价值、社会性价值、基础性价值，并认为，家庭是一个体现基础性价值的生活单位，还是一个体现本体性价值的宗教单位和体现社会性价值的人情单位。一些地方农村老年人自杀就是本体性价值解体的后果，以前，农村实现本体性价值、满足超越性需要的最重要途径是"传宗接代"，如果子女不再是支撑他们活下去的信念，更不是他们幸福生活源泉的时候，他们的本体性价值丧失，转向追求社会性价值。但老年人已经丧失或正在丧失劳动能力，不可能像年轻人一样从更广泛的地方获取人生意义和生活成功感，同时，也会因缺少超越性意义的支撑而难以面对当下生活的困境。如果子女不孝、生活难以自顾，村庄舆论力量的削弱，老年人因生活无着落而绝望自杀的情况就容易出现。③杨华等人认为，中国底层社会的绝大部分问题，通过城

---

① 杨华、欧阳静：《阶层分化、代际剥削与农村老年人自杀——对近年中部地区农村老年人自杀现象的分析》，《管理世界》2013年第5期。
② 陈柏峰：《代际关系变动与老年人自杀——对湖北京山农村的实证研究》，《社会学研究》2009年第4期。
③ 贺雪峰、郭俊霞：《试论农村自杀的类型与逻辑》，《华中科技大学学报》（社会科学版）2012年第4期。

乡二元结构与资源积聚机制转嫁给了农村。在农村内部，这些问题则通过阶层分化与竞争机制，被分配到了农村的某些阶层，而非均质地分布在各个阶层。同时，农村社会又通过家庭内部的代际分工与剥削机制，将被分配到某些阶层的底层问题，转嫁到了这些阶层的老年人身上。研究发现，农村阶层地位越低的老年人，代际剥削越严重，如果老年人失去剥削价值，就只能自杀。这个过程在农村下层阶层间的同情性理解与合谋的沉默中，被重新定义与论证，老年人自杀逐渐合理化。[1]

（五）影响老年人幸福感的因素

在经济不发达和生活水平不高的情况下，人们往往认为，吃饱穿暖就是幸福，而在生活水平不断提高的今天，人们对幸福的理解和评价维度也发生了变化，影响老年人幸福感的因素越来越多，比如，研究发现，性别、年龄、教育程度、退休单位类型等外在社会特征，对老年人的主观幸福感没有显著的影响。在家庭状况方面，家庭关系是否和睦、子女数量的多寡，对老年人的主观幸福感都有显著的正向影响。在社会层面，除了社会公共设施之外，社区卫生、社会购物和邻里交往都对老年人主观幸福感有显著的正向影响。[2] 我们的问卷调查结果表明，现在影响老年人幸福感的主要因素是健康状况、经济收入和家庭关系，特别是健康状况的影响非常明显，有高达77.31%的老年人认为健康是幸福感的主要来源，有些老年人直接表明，只要身体健康就是最大的幸福。同时，居住环境、得到照顾和受尊重的程度也在一定程度上影响老年人的幸福感（见图3-2）。

---

[1] 杨华、欧阳静：《阶层分化、代际剥削与农村老年人自杀——对近年中部地区农村老年人自杀现象的分析》，《管理世界》2013年第5期。

[2] 付光伟：《城市老年人主观幸福感的影响因素：豫省例证》，《重庆社会科学》2014年第8期。

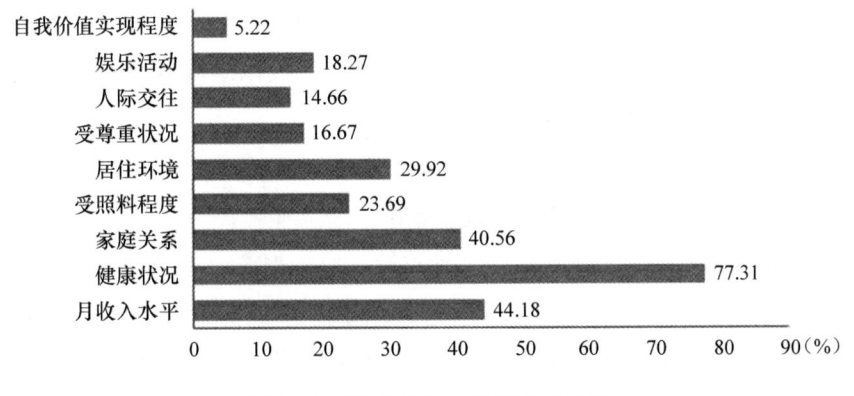

因素	数值
自我价值实现程度	5.22
娱乐活动	18.27
人际交往	14.66
受尊重状况	16.67
居住环境	29.92
受照料程度	23.69
家庭关系	40.56
健康状况	77.31
月收入水平	44.18

图 3-2 影响老年人幸福感的因素

资料来源：根据作者在广州市调查结果整理。

从总体来看，我国老年人的生活满意度和幸福感较高，但这个看似乐观的数据背后，还有一些现象值得关注和深思。一是现在的老年人认为自己没有以前的老年人幸福，更没有自己年轻时幸福。二是老年人对自己的未来没有安全感，比较担忧。三是老年人自杀率居高不下，且自杀率随着年龄的增长而增长。此外，当前影响老年人幸福感的因素增多，若想提高老年人的幸福感需多方面的努力和多层次的提升，需政府、市场、社会、家庭共同努力，在健康、安全、情感等方面给予老年人更多的关注。

二 我国老龄政策的发展

新中国成立以来，我国的老龄事业有较大的发展，老龄政策经历了从无到有、逐步完善的过程。目前，我国初步形成以《中华人民共和国宪法》为基础，以《中华人民共和国老年人权益保障法》为主体，包含相关法律、行政法规、地方性法规、国务院部门规章、地方政府规章及具体政策，涉及养老保障、医疗卫生、老龄服务、文化教育、社会参与、权益保障等为具体内容的老龄政策体系框架。有学者根据我国经济社会发展的过程，将老龄政策的发展分为起步期

(1949—1977)、调整期(1978—1999)和发展期(2000年至今)三个阶段。① 我们根据老龄工作机构的发展,将我国老龄政策的发展分为初创期、形成期、发展期、完善期四个阶段。

(一) 1949—1981年,政策初创期

这一阶段,我国虽没有"老龄政策"这一概念,但也出台了一些与老年人有关的政策文件。20世纪50年代初期到70年代中后期,我国政府关注的焦点是人口数量控制,老龄问题尚未引起足够重视。除《中华人民共和国宪法》等有关法律明确规定保护老年人合法权益外,老龄政策与法规主要体现在国家机关和国有企事业单位的社会养老保障和医疗保障制度中。1951年2月,政务院颁布的《中华人民共和国劳动保险条例》规定了退休金的领取额度,但这一条例仅在具备条件的部分行业实施。1955年12月,国务院颁布了《国家机关工作人员退休处理暂行办法》,首次建立了国家机关工作人员的退休制度。1958年,国务院颁布实施了《关于工人、职员退休处理的暂行规定》,该规定的实施标志着中国除农村地区之外,在城市普遍实行退休制度,社会养老保障和医疗保障体系在城镇地区基本建立。但是当时农村尚未推行社会养老保障制度,仅以"五保户"供养制度支撑农村养老工作的运转。也是从这个时候开始,中国城镇与农村的老龄工作产生分化,这种分化一直持续到今天,构成了城乡二元养老体系。1958—1966年是我国社会保障制度不断改进的阶段,包括统一退休、退职制度等。1966—1976年我国老龄工作因"文化大革命"陷入停滞和倒退。1978—1982年,国务院先后颁布实施了《关于安置老弱病残干部的暂行规定》《关于工人退休、退职的暂行规定》等6项规定,较好地保障了"城市""公有制"体制下的老年群体的利益。这一阶段是我国老龄政策体系的起步发展时期,由于老龄化趋势

---

① 陆杰华、汤澄:《公平视域下的中国老龄政策体系探究》,《中国特色社会主义研究》2015年第1期。

尚不明显，老龄政策的相关工作并没有引起政府足够重视，进展缓慢，但这一时期的摸索也为后期的调整完善积攒了宝贵经验，为老龄政策体系的建立奠基了基础。

(二) 1982—1998 年，政策形成期

1982 年，联合国在维也纳召开第一次老龄问题世界大会，呼吁世界各国认识人口老龄化问题，极大地推动了我国老龄工作的发展。当年，国务院正式批准中国老龄问题全国委员会作为常设机构，标志着国家和社会开始关注老龄化问题，并提出了"老有所养、老有所医、老有所为、老有所学、老有所乐"的工作目标。从此，我国开始了有组织、有领导、有计划的老龄工作，老龄政策进入形成期。老龄委是由有关部门和群众团体、科研机构组成的社会团体，其任务是：对有关老龄问题的一些重大问题进行调查研究，综合规划、组织协调、督促检查，参加有关老龄的国际性和地区性的专业会议，开展多边或双边的技术援助和技术合作等外事活动。随后，各省市先后成立了老龄问题委员会、老干部局、离退休职工管理委员会等机构。1983 年全国第一所老年大学在山东成立。1986 年 4 月中国老年学会成立。1989 年 3 月中国老龄科学研究中心成立，为老龄事业提供了强有力的"智力支持"。

1991 年，国务院在总结各地经验的基础上，发布了《关于企业职工养老保险制度改革的决定》，标志着我国基本养老保险制度开始建立，并经过 6 年的建设与完善，于 1997 年 7 月，国务院出台了《关于建立统一的企业职工基本养老保险制度的决定》，意味着我国基本养老保险制度改革的讨论、试点和争议结束，制度设计趋于完成。1994 年 12 月，国家计委、民政部等部门联合制定了《中国老龄工作七年发展纲要（1994—2000）》，各地区根据当地实际也制定了老龄事业发展的中长期计划，初见规模的老龄政策体系致力于帮助老年人群体更好地共享社会发展成果，从制度上保障了日益庞大的老年人群体的基本生活。

1996年8月，全国人大常委会审议通过了《中华人民共和国老年人权益保障法》，该法是我国针对老年人实施的第一部专门性法律，在依法维护老年人权益方面发挥了重要的作用，成为老年人权益保障的坚强后盾。《中华人民共和国老年人权益保障法》确定了老龄工作和老龄政策的地位，标志着老年人权益保障工作和老龄工作的开展已走上法制化、正规化的道路。《中华人民共和国老年人权益保障法》分为五个部分：一是立法宗旨部分，重点阐述了立法目的、年龄界定和保障内容三个方面的法律规定及其依据；二是家庭养老部分，重点阐述了坚持以家庭养老为主要形式的"三种根据"、老年人需要特别保护的"六种权益"、赡养人需要履行的"六项义务"，禁止赡养人对老年人的"六种侵权行为"等有关法律规定；三是社会保障部分，重点阐述了建立老年社会保险制度、保障"三无老人"的助养办法、兴办老年社会福利设施和制定属地敬老优老政策等方面的有关规定；四是积极养老部分，重点阐述了"养为结合"和"以为促养"的有关法律制度；五是法律援助部分，重点阐述了老年人诉讼优先受理，诉讼费用可缓、减、免，可以获得法律援助和依法裁定先于执行等四项援助内容。至此，我国老龄政策体系初步形成。

（三）1999—2012 年，政策发展期

1999 年 10 月，由 23 个部委组成的老龄工作委员会正式成立，老龄工作机构的构建初步形成网络化。2000 年，国务院颁布了《关于加强老龄工作的决定》，明确提出了未来老龄工作的指导思想、方针和原则，为老龄事业的发展指明了方向。2001 年 7 月，国务院制定《中国老龄事业发展"十五"计划纲要（2001—2005）》，加快了老龄事业的发展步伐，健全了老龄工作体系。2002 年 4 月，中国政府派出高规格代表团参加第二次世界老龄大会，与各国政府讨论并通过了《2002 马德里老龄问题世界行动计划》和《政治宣言》，向全球承诺中国政府迎接人口老龄化挑战解决老龄问题的立场和对策。2003 年，开展了以"老有所为"为主题的老年人活动和项目——"银龄行动",希望以基层老年组织等为载体,鼓励更多的老年人加入志愿服务队伍;积极开展老年互助志愿活动,通过结对帮扶、志愿服务等形式,鼓励低龄老年人服务高龄老年人、健康老年人帮助失能老年人,组织老年互助队,为老年人提供志愿服务。2006 年,我国首次发布了《中国老龄事业的发展》白皮书,介绍了我国老龄事业国家机制、养老保障体系、老年医疗保健等情况。同年,出台了《关于加快发展养老服务业意见的通知》、2008 年颁布了《关于全面推进居家养老服务工作的意见》。2011 年国务院印发了《中国老龄事业发展"十二五"规划》,对"十二五"时期老龄事业面临的形势作出了客观的预判,并制定了未来 5 年的主要任务。2011 年 6 月,国务院正式颁布了《关于开展城镇居民社会养老保险试点的指导意见》,其中不仅在原则上明确规定了城镇居民参保办法,更提出"有条件的地方,城镇居民养老保险应与新农保合并实施,其他地方应积极创造条件将两项制度合并实施"。这标志着城市和农村的社会养老保障制度逐步走向一体化,在推进"构建覆盖城乡居民的社会保障体系"进程中取得了重大阶段性成果。

2012 年 12 月,《中华人民共和国老年人权益保障法》经全国人大常委会第三十次会议修订通过,将每年农历九月初九定为老年节。修订后的老年人权益保障法从 6 章 50 条扩展到 9 章 85 条,新法主要突出以下四个部分:在家庭赡养与扶养方面,进一步明确了赡养人对患病和失能老年人给予医疗和照料的义务,规定老年人养老以居家为基础,家庭成员应当尊重、关心和照料老年人。家庭成员应当关心老年人的精神需求,不得忽视、冷落老年人,与老年人分开居住的家庭成员,应当经常看望或者问候老年人;在护理保障方面,规定国家逐步开展长期护理保障工作,鼓励、引导商业保险公司开展长期护理保险业务,对生活长期不能自理、经济困难的老年人,地方政府应视情况给予护理补贴;在社会救助方面,新法规定对经济困难的老年人应当给予生活、医疗、居住等多方面的救助和照顾,还对流浪乞讨、遭受遗弃等生活无着的老年人的救助作了专门规定;在社会福利方面,规定国家建立和完善老年人福利制度，国家根据经济发展以及职工平均工资增长、物价上涨等情况，适时提高养老保障水平，并吸收地方的实际做法，规定了高龄津贴制度。法律明确规定，要发展城乡社区养老服务，地方各级人民政府和有关部门应当采取措施，发展城乡社区养老服务，鼓励、扶持专业服务机构及其他组织和个人，为居家的老年人提供生活照料、紧急救援、医疗护理、精神慰藉、心理咨询等多种形式的服务。此外，新的老年人权益保障法确立了对常住在本行政区域内的外埠老年人实行同等优待的原则，倡导全社会优待老年人。这一统领性原则优化了户籍不在本地的流动老年人口的生活环境，避免跨区域受歧视的情况。

随着2012年《中华人民共和国老年人权益保障法》的修订以及我国老龄化速度加快，老龄政策的制定与出台也更加紧凑、频繁。2012年出台《关于鼓励和引导民间资本进入养老服务领域的实施意见》，提出到2020年，全面建成以居家为基础、社区为依托、机构为支撑的，功能完善、规模适度、覆盖城乡的养老服务体系。

（四）2013年至今，政策完善期

2013年国务院出台《关于加快发展养老服务业的若干意见》（以下简称《意见》），标志着养老服务体系建设纳入国家战略。《意见》从国家战略高度提出完善养老服务配套体系：政策上，健全养老服务政策法规体系、行业规范；服务上，生活照料、医疗护理、精神慰藉、紧急救助等养老服务覆盖所有老年群体；产业上，以老年生活照料、老年产品用品、老年健康服务、老年体育健身、老年文化娱乐、老年金融服务、老年旅游等为主的养老服务业全面发展。

2014年9月，财政部、发展改革委、民政部、全国老龄办联合下发《关于做好政府购买养老服务工作的通知》，加快推进政府购买养老服务工作，明确了购买养老服务的基本原则和工作目标，要求以老年人基本养老服务需求为导向，将政府购买服务与满足老年人基本养老服务需求相结合，重点安排与老年人生活照料、康复护理等密切相关的项目，优先保障经济困难的孤寡、失能、高龄等老年人的服务需求。建立健全由购买主体、养老服务对象以及第三方组成的综合评审机制，加强购买养老服务项目绩效评价，绩效评价结果要向社会公布。

2015年4月，发展改革委、民政部、全国老龄办联合印发了《关于进一步做好养老服务业发展有关工作的通知》，落实养老服务业发展政策、切实加大养老服务体系投入力度、积极谋划"十三五"养老服务体系建设，强调要统筹推进养老服务业综合改革试点、扎实推进健康与养老服务重大工程建设、积极推动养老服务业创新发展，要求探索建立多元化投融资模式，有力维护养老服务业发展环境。2015年11月，国务院办公厅转发了卫生计生委、民政部等部门《关于推进医疗卫生与养老服务相结合的指导意见》，以满足老年人医疗卫生服务和生活照料叠加的需求。2017年，国务院办公厅颁布《关于制定和实施老年人照顾服务项目的意见》（以下简称《意见》），提出制定和实施老年人照顾服务项目，要从我国国情出发，立足老年人服务需求，整合服务资源，拓展服务内容，创新服务方式，提升服务质量，让老年人享受到更多看得见、摸得着的实惠。要重点关注高龄、失能、贫困、伤残、计划生育特殊家庭等困难老年人的特殊需求。《意见》明确提出20项老年人照顾服务的重点任务，包括全面建立针对经济困难高龄和失能老年人的补贴制度，发展居家养老服务，80周岁及以上老年人自愿随子女迁移户口，推进老年宜居社区建设，支持城市公共交通为老年人提供优惠和便利等内容，涵盖了老年人医、食、住、用、行、娱等民生的各个方面。

2019年9月，民政部印发《关于进一步扩大养老服务供给 促进养老服务消费的实施意见》，提出了全方位优化养老服务有效供给、繁荣老年用品市场、加强养老服务消费支撑保障、培育养老服务消费新业态、提高老年人消费支付能力、优化养老服务营商和消费环境6个方面共17条措施，解决当前存在的养老服务有效供给不足、养老服务消费政策不健全、营商和消费环境有待改善等突出问题，更好地满足广大老年人多样化多层次养老服务需求。2019年10月，国家卫生健康委、民政部、国家发展改革委和全国老龄办等12部门联合印发《关于深入推进医养结合发展的若干意见》，提出强化医疗卫生与养老服务衔接、推进"放管服"改革、加大政府支持力度、优化保障政策、加强队伍建设等5个方面15项政策措施，深入推进医养结合发展，更好满足老年人健康养老服务需求，进一步完善居家为基础、社区为依托、机构为补充、医养相结合的养老服务体系。

总之，进入21世纪以来，我国政府先后制定了200多个涉老政策，反映出政府对老龄政策从初步重视到高度重视的转变。这些政策法规的出台，有力推动了中国老龄事业的健康发展，将中国的老龄事业推向了一个新的发展阶段，建立了较为完善的老龄政策框架和养老服务体系。当前，我国的老龄政策体系包括养老保障政策、老年医疗卫生政策、老龄服务政策、老年体育教育政策、老年权益保护政策、老年社会参与政策等。同时，城乡养老服务机构和设施也快速发展，截至2018年年底，全国有各类养老机构和设施16.8万个，养老床位合计达到727.1万张，比上年增长3.3%，每千名老年人拥有养老床位29.1张。其中：全国共有注册登记的养老机构2.9万个，比上年增长10.0%，床位379.4万张，比上年增长3.9%；社区养老照料机构和设施4.5万个，社区互助型养老设施9.1万个，社区留宿和日间照料床位达到347.8万张。①

三 幸福感视角下老龄政策的检视

改革开放以来，我国的老龄事业得到较快发展，老龄政策框架已经基本形成，老年人的权益和福利得到了基本保障，但从建立幸福老龄社会的角度来看，老龄政策的系统化、人性化、公平性、操作性等还有待加强和完善。

---

① 中华人民共和国民政部：《2018年民政事业发展统计公报》，2019年8月15日。

（一）社会关注度不足，老龄政策的满意度有待提升

老龄事业的发展和老龄政策的完善，不仅需要政府的作为和投入，更需要全社会的关注，需举全社会之力，共同行动。但当前社会思维仍然是"青年社会"的思维，重小轻老、青年崇拜，老年人被隔离和边缘化，对老年人的关注远远不足。中国老龄科学研究中心中国城乡老年人口状况追踪调查数据显示，现在87%的老年人认为社会对老年人问题关注不够，仅有3%的老年人认为现在社会越来越关心和重视老年人（见图3-3）。

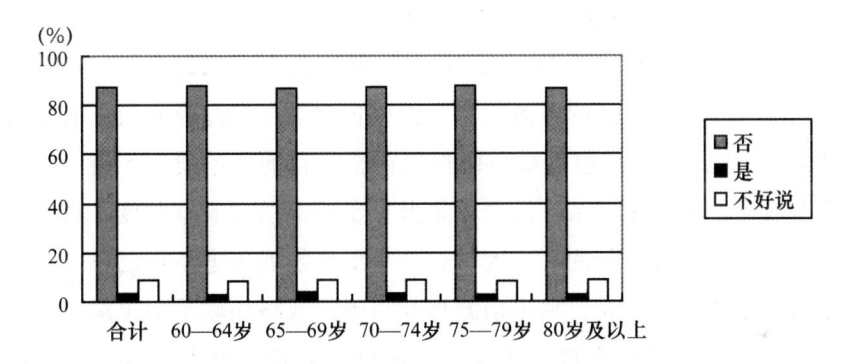

图3-3 老年人是否认为现在社会越来越关心和重视老年人问题

资料来源：根据中国老龄科学研究中心2010年中国城乡老年人口状况追踪调查数据整理。

虽然近年我国老龄政策不断完善，但对于居民来说，对政策的满意度有待提高。而且从年龄段来看，越年轻者对目前老龄政策的满意度越低。老年人对老龄政策的满意度为31.3%，而青年人和中年人群体对政策的满意度仅为10.6%和18.0%。60岁及以上老人中有约26.6%对老龄政策不太满意和不满意，而青年组和中年组的不太满意和不满意率分别为33.6%和32.3%。这一方面说明，我们的老龄政策与居民的期望尚有一定的差距；另一方面也说明，年轻人对老龄政策的要求越来越高（见表3-8）。

表 3-8　　　　　　　　居民对老龄政策的满意度

年龄		非常满意	满意	一般	不太满意	不满意	总计
20—30 岁	计数（人）	1	31	167	64	37	300
	年龄中的百分比（%）	0.3	10.3	55.7	21.3	12.3	100.0
40—50 岁	计数（人）	15	39	149	57	40	300
	年龄中的百分比（%）	5.0	13.0	49.7	19.0	13.3	100.0
60 岁及以上	计数（人）	7	87	126	52	28	300
	年龄中的百分比（%）	2.3	29.0	42.0	17.3	9.3	100.0

资料来源：根据作者在广州市调查结果整理。

（二）政策碎片化，系统性需加强

应对人口老龄化是国家的一项长期战略任务，人口老龄化所引起的问题涉及社会经济的方方面面，需要顶层设计和综合考量。有学者认为："老龄政策目前需要系统性地调整。目前体系设置不健全，没有形成完整的政策体系。涉老政策散见于各部门的规章制度，覆盖面狭窄。设立相关政策的背景大多是处于形势发展到迫不得已，才匆忙出台一个政策以应对，缺少前瞻性和与国家战略相联系的全局观，也缺少统筹意识和统筹制度性设计，使得老龄政策处于'救火队'的状态。"[1]

当前老龄政策的碎片化主要体现在以下三个方面。

一是部门化。为应对老龄化，21 世纪以来，我国先后出台了 200 多项老龄政策，但这些涉老政策散见于各部门的规章制度，缺乏长远的战略性视野，缺少统筹意识和统筹制度性设计，缺乏相互之间的回应。2012 年以来，我国颁布的老龄政策中除《中华人民共和国老年人权益保障法》属国家法律，《国务院关于加快发展养老服务业的若干意见》和《国务院关于建立统一的城乡居民基本养老保险制度的意见》由国务院颁布外，其余各政策都由各部门颁布或由多个部门联合发布，出现

---

[1] 赵丽：《老龄政策不能长期充当"救火队"》，《法制日报》2013 年 10 月 12 日第 4 版。

一个事项多个部门管理或多个部门管理一个事项的情况。在政策形式上，大部分老龄政策以"通知""意见""决定"等规范性文件的形式出台，效力较低，执行过程和结果缺乏监督。例如，如果要办理民办养老院的优惠事宜，土地优惠政策、税收优惠政策、水电费优惠政策等分别由国土局、税务局和水业、电力公司等执行，而《关于进一步加强老年人优待工作的意见》由 24 个部门共同发布和负责执行，每个部门执行得如何，由哪个部门来检查监督，都没有明确的规定，影响了政策的效力。

二是区域化。老龄政策的区域化首先表现为城乡的差异，城镇化过程中，城镇特别是大城市一直是政府相关政策的重点关注区域，多数政策首先在城市特别是大中城市实施，然后再推向农村，而有的政策规定仅涉及或落实到城市。同经济实力雄厚的城市相比，农村老龄政策浅尝辄止。从中国城乡老年人口状况追踪调查数据可以看出，城市和农村老年人平均养老保障水平相差巨大，城市 60—64 岁男性的平均年养老保障收入是农村的 25.7 倍（见表 3-9）。其次表现为地域的差距，东部发达地区的老龄政策相对丰富多样，中西部则相对缺失，养老金标准也各不相同。从社会政策的角度来看，在中国没有"中国人"的概念，而只有"地域＋户籍人"的概念，如广州城市人、广州农村人。

表 3-9　　　　　按城乡、年龄分的老年人个人年平均养老保障收入分布　　　　　单位：元

	60—64 岁	65—69 岁	70—74 岁	75—79 岁	80 岁及以上
男性	7902.57	8875.39	10125.47	10714.53	12013.51
女性	5080.94	5582.36	5885.76	6050.12	4763.96
城　　市					
男性	17184.24	18519.27	21437.73	22553.51	24460.60
女性	10683.41	11676.25	11983.44	13065.62	10851.16

续表

	60—64 岁	65—69 岁	70—74 岁	75—79 岁	80 岁及以上
农 村					
男性	669.24	1678.85	1183.54	1121.42	1782.05
女性	500.25	714.31	799.36	624.88	434.99
城市与农村相差倍数比					
男性	25.7	11	18.1	20	13.7
女性	21.4	16.4	15	21	24.9

资料来源：根据中国老龄科学研究中心2010年中国城乡老年人口状况追踪调查数据整理。

三是身份化。当前，我国的社会保障体制，是一个针对不同人群设计的制度分割的体制，甚至可以说，我国现行的社会政策体系实际上是"多轨制"的框架安排。[1] 因为，同样是城市的老年人群，又有退休和离休之分，在退休的人群中，由于退休前的职业、身份等不同，退休政策包括退休金差别很大，目前城镇退休人员又可细分为政府机关退休人员、事业单位退休人员、企业退休人员等，退休时的身份不同，养老待遇亦不相同。就医疗保险来说，城镇职工与城镇居民的基本医疗保险又不相同。

（三）着力于生存保障，缺乏能动性

当前，我国老龄政策的设计理念是将老年人群体假设为一个被照顾被扶助的弱势群体，老年人被形塑为社会的依附者、社会的负担，着眼于老年人的社会保障特别是对老年人群中失能者以及贫困者的基本生存保障，仅仅满足于老年人的生存性需求，忽视了老年人的发展性需求和价值性需求，忽视了老年人参与社会生活和社会发展的权利，忽略了老年人的价值，缺乏对老年人能力建设和作用发挥的支

---

[1] 岳经纶：《演变中的国家角色：中国社会政策六十年》，载岳经纶、郭巍青《中国公共政策评论》（第4卷），上海人民出版社、格致出版社2010年版，第56页。

持。事实上，老年人也是社会建设的推动性和建设性力量，老年人也是社会的财富。当前政策忽视了老年人的正面效应和产能，突出表现在老年就业扶持政策、志愿服务和社会参与的实质性措施的严重匮乏，造成老年人力资源的严重闲置和浪费。[1]

从政策功能来看，当前的老龄政策功能比较单一，主要用于保障老年人的基本生活，是针对老年人陷入生活困境时的一种事后补救政策，缺乏事前干预的措施，着重于对高龄老人、病残老人和贫困老人群体的医疗、赡养及社会保障。即使是在生活保障方面，保障水平也很低。据《法制日报》记者 2014 年 12 月统计，2014 年我国平均基础养老金额度每人每月 90 元，其中安徽、江西、陕西等 5 省基础养老金为 55 元，是国家规定的最低标准，上海的基础养老金标准位于全国之首也仅为 540 元[2]，这样的养老金标准难以保障老年人的基本生活。再就最低生活保障线来看，2014 年全国城市低保平均标准 411 元/人、月；全国城市低保月人均补助水平 286 元。全国农村低保平均标准 232 元/人、月；全国农村低保月人均补助水平 129 元。[3] 老龄政策的目标和功能应该是复合的，而不应该是单一的。从个体层面来看，老龄政策的目标不仅要满足老年人的生存需求，而且要满足老年人的关系性需求和价值性需求，应该让老年人有尊严有质量地生活。从社会层面来看，老龄政策的目标既要维持社会的秩序和稳定，又要能推动社会的进步和发展。从这个意义上说，老龄政策不是"不幸者的慈善"或"救济型福利"，而应该是"普惠型福利""发展型福利"。

从政策内容来看，老龄政策存在"一刀切"的现象，缺乏"个性化"。以养老服务政策为例，2013 年 9 月，国务院颁布《关于加快发展养老服务业的若干意见》后，各省、市都制定了相应的政策，但

---

[1] 原新、党俊武、李志宏等：《政策科学与我国老龄政策体系的构建》，华龄出版社 2014 年版，第 86 页。
[2] 李文姬、蔡月悦：《27 省出台城乡养老金制度》，《法制晚报》2014 年 12 月 2 日。
[3] 中华人民共和国民政部：《2014 年社会服务发展统计公报》，2015 年 6 月 10 日。

政策目标、政策内容和政策措施大同小异，缺乏特色。以浙江省为例，2014年出台的《浙江省人民政府关于加快发展养老服务业的实施意见》提出，2020年实现"9643"养老服务格局，即96%的老年人居家接受服务，4%的老年人在养老机构接受服务，不少于3%的老年人享有养老服务补贴。接下来，浙江省舟山、嘉兴、温岭、台州等市提出了"9643"的养老服务目标，舟山市辖区的两区两县，即定海区、普陀区、岱山县、嵊泗县也提出了同样的目标，这样的目标定位显然不能体现不同地区老人年龄结构、健康状况、养老方式选择的差异，不能因地制宜、因人而异。具体到养老服务内容也缺乏分层、分类意识，基本提供的都是"笼统式"服务。目前的居家养老服务基本上都是送餐送汤服务、个人护理、家居清洁、洗衣服务、保健咨询、购物送递、关怀探访等内容，忽视城乡、地区之间的差异，忽视老人之间的差异，忽略了老人的个性化需要，缺乏针对性，难以满足老人们的不同需求，既造成了服务的浪费，也削弱了服务的效果。

（四）政策的可操作性差，政策执行刚度不足

无论多么完美的政策设计，关键是要落到实处，才能产生社会效益，造福于公众。政策执行刚性不足，原因诸多，从政策本身的层面来看，政策过于原则化，缺乏相应的配套措施，政策的接转迁移不便等是导致政策难以实施的主要原因。

1. 配套措施不足。就老龄政策而言，我国的老年人权益保障法更多的是原则性的规定，需要相应养老保险、老年医疗保健、老年福利等方面的配套法律法规以及各地相应的实施细则，以保障其落实，但目前缺乏相应的配套措施，影响了政策的执行力。例如，《中华人民共和国老年人权益保障法》第18条规定："与老年人分开居住的家庭成员，应当经常看望或者问候老年人，用人单位应当按照国家有关规定保障赡养人探亲休假的权利。"这就是我们通常所说的"常回家看看"。无疑这一条文的规定有利于解决空巢老人的精神空虚、孤独等问题，有利于弘扬敬老、爱老的文化传统，但由于缺乏相应的职业人员休假制度、缺乏监督和强制力，再加上经济条件和交通条件的限制，"常回家看看"对于很多人来说仍然是一种奢望。我们的问卷调查结果也显示，虽然大家对这一规定的认同度比较高，但由于"工作压力大、太忙""假期太短""路程远、花费大"等原因，让这一规定的现实可执行性大打折扣，特别是老年人组对这一规定的现实意义存在疑虑（见表3-10）。

表3-10　　城市居民对"常回家看看"这一规定的看法

		对"常回家看看"看法					合计
		其他	认同	缺乏现实意义	无所谓	小题大做	
年龄	20—30岁 计数（人）	199	83	11	6	1	300
	年龄中的百分比（%）	66.3	27.7	3.7	2.0	0.3	100.0
	40—50岁 计数（人）	184	70	30	16	0	300
	年龄中的百分比（%）	61.3	23.3	10.0	5.3	0.0	100.0
	60岁及以上 计数（人）	147	110	30	13	0	300
	年龄中的百分比（%）	49.0	36.7	10.0	4.3	0.0	100.0

资料来源：根据作者在广州市调查结果整理。

2. 政策的转、续措施有待加强。现代社会是个高度流动的社会，信息、资源、人员快速广泛流动，但目前我国的老龄政策有些仍停留在静态社会的范式，严重影响了政策的执行力。

（1）"老漂族"难以享受在地公共服务。当前随着年青一代的流动，跟随儿女到异地养老的"老漂族"不断增加，《中华人民共和国老年人权益保障法》也规定，对常住在本行政区域内的外埠老年人要给予同等优待，而且各级人民政府和有关部门应当为老年人及时、便利地领取养老金、结算医疗费和享受其他物质帮助提供条件，但由于我国医疗和养老保险统筹层次低，各地区和各种保障模式中缴费年限与补贴金额不同,地方间的利益分割问题影响了相关政策的转、续。目前,由于户籍的限制,很多"老漂族"难以享受当地的优待。例如,广州市户籍年满60周岁不满65周岁的长者可以办理公共交通老人优惠卡,享受半价优惠,年满65周岁的长者乘坐公共交通工具则免费。然而,在穗生活的外地老人需要全价搭乘公共交通工具,很多"漂族老人"为了省钱,减少出行的次数或者选择用步行的方式出行。访谈中有老人谈道:"现在老了,腿脚不灵活了,每次去'新丁香'喝早茶都要走上一站路,有时真的吃不消。想去坐车吧,想想只坐一站路就要花两块钱又觉得划不来。如果外地老人也可以免费就可以坐车去喝早茶了。"①

(2)养老金领取转接不够人性化。"老漂族"养老金的异地领取目前面临生存认证麻烦。由于冒领养老金的事情时有发生,所以各地政府均出台了养老金生存认证的相关规定以及时了解异地居住退休人员的生存状况,防止冒领、多领养老金行为的发生。每年,异地居住的退休人员都需要回到养老金发放地办理养老金生存认证手续,资格认证成功后才能在现居住地继续领取养老金。目前全国只有部分地区建立了养老金网上资格认证系统,没有该系统的地区,异地养老者领取养老金就需要本人亲自回到养老金发放地进行生存认证。访谈中有老人谈道:"每年都这样来回跑,就是为了证明自己还活着。来回路费要一千多元,还要去这儿、去那儿盖章,折腾人啊!"② 为了认证,不仅让"老漂族"饱尝来回奔波之苦,而且因为要证明"自己还活着"让老人们心里很不是滋味。

(3)医保报销政策统筹层级低,医保关系转接缺乏双向性。医疗政策是老年人最为需要和关注的问题,但由于我国的医疗保险主要由市级或县级统筹,只有少数发达地区实现了省级统筹或直辖市统筹,而且各统筹地政策不统一、医疗保险待遇标准也不一致,各地的医疗

---

① 根据访谈资料整理。
② 根据访谈资料整理。

保险结算起付线、自付比例、封顶额度等计算标准、医保报销的药品目录均不相同，造成了异地医保结算难问题。老人在异地看病，先由医保所在地开具转诊证明，住院期间先由个人垫付医药费，收集并保存相关票据，然后凭票据回到原医保关系所在地进行报销，手续比较麻烦。不同地区、不同身份养老和医疗等政策接转续的缺失，增加了政策的执行成本和执行难度，也增加了政策目标群体的负担，影响了政策的可及性。访谈中有老人谈道："年纪大了，病也多了，经常要去医院，唉！以后就更跑不动了，报销的事情该怎么办啊？"[①] 还有的老人说："看个感冒只要一百来块，来回路费七八百块，路费比药费花的钱还要多。遇到小病的话，我们一般都是自费，回去报销实在太麻烦了。"[②] 这无疑加重了"漂族老人"的医疗负担，影响了医疗政策的社会效益。

[①] 根据访谈资料整理。
[②] 根据访谈资料整理。

第四章 重塑老龄政策构建的理念 从生存走向乐活

政策理念是政策活动中所秉持的价值观，是政策科学的基础问题，也是政策最本质的规定性，决定着政策设计的目标、原则和内容，有什么样的思想观念就会制定什么样的政策。而政策理念的确立又来自政策制定者对政策目标群体和政策问题的认识和判断。科学的老龄政策的设计必须以科学合理的政策理念为指导，而科学合时宜的政策理念又取决于人们对当前人口结构和老年人群体的客观科学认识以及对当前我国老龄问题的正确判断。因此，改变对老年人的刻板印象，克服老年歧视，正确认识并对待老龄社会及其带来的正、负效益，确立正确的政策理念，是建构老龄政策体系的前提和基础。

一 老年人：负担还是财富

虽然进入新的世纪，人类社会已由年轻社会变为老龄社会，但我们的价值观和政策理念仍停留在年轻社会，崇尚年轻和效率，在家庭中呈现出"重小轻老"的倾向，特别是独生子女家庭，对子女疼爱有加，对年老父母却漠视不管，甚至对老人的关心不如对宠物的宠爱，老年人被隔离、被歧视、被牺牲，认为老人是家庭和社会的负担，甚至产生了"三怕"现象，即"怕自己变老，怕老人，怕照顾老人"。

(一) 当前社会的老年意象

虽然衰老是每个人迟早要面临的人生阶段，老年并不等于"退化"，但社会上仍将老年人与"衰、朽、残、病、保守、顽固"等相提并论，充满着负面色彩，老年歧视现象严重。

所谓歧视是指一个人或一组人因其年龄、种族、肤色、出生国或所属族裔、性别、怀孕或婚姻状况、残疾、宗教、性取向或其他重要特质而受到另一人或另一组人不公平的待遇。[1] 歧视可分年龄歧视、性别歧视、种族歧视等类型，老年歧视是年龄歧视中的一种。老年歧视（Agism）一词最早由美国的罗伯特·巴特勒（Robert Butler）提出，专指针对老年人的偏见，主要包括制度歧视、社会歧视和家庭排斥，既包括对老年人病态、丧失性能力、丑陋、缺乏力量、累赘等刻板印象，也包括心理上和事实上对老年人的不公平待遇，致使老年人在社会上处于劣势地位，不能得到公平地对待和发展的机会。

学者们将老年歧视按照不同的标准进行了划分，从不同角度展现老年歧视的发展特点。有学者将老年歧视划分为认知性歧视、情感性歧视、行为性歧视与制度性歧视等四种类型。[2] 认知性歧视主要基于人们的偏见、认知偏差和传统观念所引起的歧视；情感性歧视体现为人们在情感上对某个群体产生疏离或排斥所导致的歧视；行为性歧视是在行为层面造成事实上的不公正对待；制度性歧视是指一个社会（或组织）针对某一社会群体（或成员）的不公正、否定性、排斥性或忽视性的制度安排。[3] 学者蒋兆平等按照年龄阶段划分为儿童的老年歧视、青年人的老年歧视、老年人的老年歧视。从社会心理层面划分为

---

[1] 澳大利亚人权与机会平等委员会（Australian Human Rights Commission）网站（https://humanrights.gov.au/quick-guide/12030），2016年2月20日。

[2] 吴帆：《中国老年歧视的制度性根源与老年人公共政策的重构》，《社会》2011年第5期。

[3] 黄家亮：《论社会歧视及其治理——一个社会学视角的理论分析》，《华东理工大学学报》（社会科学版）2008年第3期。

刻板印象认知、情感偏见和行为歧视。从积极和消极方面划分为积极老年歧视和消极老年歧视。从意识和无意识方面划分为外显的老年歧视和内隐的老年歧视。[1] 还有学者从制度、社会、家庭三个层面分析了老年歧视现象：制度层面，表现为资源的不合理分配、法律的不健全和强迫性退休制度等；社会层面，表现为人们对老年群体不合理的负面塑型和偏见；家庭层面，表现为对老年人的忽视、排挤等负面态度与不履行赡养老人的义务等。[2] 从我国当前来看，社会上对老年人的负面意象和歧视表现在以下几个方面。

1. 老年人"无用"

一直以来，社会存在着对老人的病态、迟暮、乏力、累赘等刻板印象，认为在生理上退化，如身体变差了，记忆力也退化了，呈现痴呆状态，没有办法照顾自己，需要照顾；心理上孤单寂寞、可怜落寞，最大的幸福是含饴弄孙、对老人要像孩子一样哄着，需要同情和安慰；在老人自主方面，认为老人的想法已经落后，与当前社会脱离，因此要帮老人决定，形成老人过时了、没有能力了、无用了的判断，将老年人贡献贬值化、价值边缘化，最后将老年人排斥在社会和经济生活之外（见表4-1）。

表4-1　　　　　　　　现代社会对老人的刻板印象

事项	内涵
贡献贬值化	由于老年易呈现退缩、痴呆、身体机能衰退的现象，常被视为无生产竞争力；老年属缺乏经济价值的阶段
价值边缘化	社会中老年人既非居于社会的主导地位，亦非社会消费的主流；老年时失去工作，同时失去尊严；当商业广告、消费趋势、社会需求完全不以老年为重心，而以创新、时尚、新颖为特色，老年人形同消费市场、社会经济的边缘者，亦属价值递减人口

---

[1] 蒋兆平、周宗奎：《老年歧视的特点、机制与干预》，《心理科学进展》2012年第20期。

[2] 易勇、风少杭：《老年歧视与老年社会工作》，《中国老年学杂志》2005年第4期。

续表

事项	内　涵
生涯偏见化	老年时期生理方面由于身体器官的老化，慢性疾病逐渐出现；心理方面，智力、记忆力的减退，容易造成适应不良，表现出无助和依赖，易被认为生活自理功能不佳的人口
角色标签化	在标签化的结果下，对六十岁以上仍在职场者，形成强制退出的压力，容易造成老年真实需求与内心感受不被尊重

资料来源：叶至诚：《高龄者社会参与》，新北：扬智文化事业股份有限公司2012年版，第190页。

2. 老年人是"负担"

许多人认为人老了，就没用了，不能创造财富，只是家庭的拖累和社会的负担，而且许多老年人自己也这么认为。学者陈柏峰在湖北京山农村调查时发现，京山农村之所以形成老年人自杀的"秩序"，就是因为老年人认为，自己老了，对年轻人没用了，不能再给儿女带来利益，而是给他们带来负担和压力。更可怕的是，在这里"老了就该死"不仅是老年人自己的共识，也是年轻一代人的共识。村里的年轻人常常说："老人动不得，需要人照顾，耽搁事，子女确实希望他们快点死。"更有甚者，很多人将老年人自杀看作"觉悟高"的体现，而不选择自杀，拖累子女不能打工挣钱，则是没有"觉悟"的体现。有"觉悟"的老人会得到人们的赞赏，成为他人的榜样，而没有"觉悟"、贪生怕死的老人则经常受儿子媳妇谩骂。[①]

中国老龄研究中心中国城乡老年人口状况追踪调查数据也显示，仅有41.87%的老年人认为自己不是社会的负担，有39.99%的老年人认为自己是社会的负担（见表4-2）。

---

① 参见陈柏峰《代际关系变动与老年人自杀——对湖北京山农村的实证研究》，《社会学研究》2009年第4期。

表 4-2　　　　按年龄、性别分的老年人是否认为
老年人是社会的负担　　　　单位：%

	合计	60—64 岁	65—69 岁	70—74 岁	75—79 岁	80 岁及以上
男　女
合计	98.38	98.08	98.68	98.63	98.45	98.20
否	41.87	38.30	43.69	42.00	44.19	45.40
是	39.99	44.56	37.87	39.21	37.89	35.00
不好说	16.52	15.21	17.12	17.42	16.37	17.79
男　性
合计	98.56	98.48	98.71	98.67	98.46	98.35
否	40.54	36.65	42.74	41.03	42.70	44.85
是	42.18	47.82	40.48	39.00	38.71	37.43
不好说	15.84	14.01	15.49	18.64	17.06	16.07
女　性
合计	98.22	97.66	98.65	98.60	98.44	98.08
否	43.15	40.02	44.66	42.96	45.53	45.80
是	37.90	41.20	35.21	39.43	37.16	33.26
不好说	17.18	16.45	18.77	16.21	15.75	19.02

资料来源：根据中国老龄科学研究中心 2010 年中国城乡老年人口状况追踪调查数据整理。

从年龄看，这种负面的自我认识，并不是随着年龄的增长而增加，反而在年轻的老年人中最为普遍，特别是 60—64 岁这个年龄段，感觉最为明显，可能与这个年龄段的老年人刚刚退出工作岗位有关。从性别看，男性的这种自我负面认识高于女性近 4 个百分点，这可能与女性善于家务劳动有关，她们从职业领域退出后仍可在家庭中发挥重要的作用。从城乡看，城市老年人认为自己是社会负担的比例高于农村近 20%（见表 4-3），这可能与城市老年人的退休制度有关，而农村的老年人没有退休之说，一直可以从事一些力所能及的农业和家务劳动。

表4-3 按年龄、城乡分的老年人是否认为老年人是社会的负担

单位：%

	合计	60—64岁	65—69岁	70—74岁	75—79岁	80岁以上
城市						
合计	98.41	97.91	98.63	98.69	98.59	98.76
否	30.18	26.88	31.25	31.65	31.79	33.29
是	50.34	54.58	47.73	49.75	50.92	43.58
不好说	17.89	16.46	19.65	17.29	15.88	21.89
农村						
合计	98.36	98.21	98.72	98.58	98.34	97.77
否	51.08	47.42	53.30	50.41	54.00	54.56
是	31.84	36.58	30.26	30.65	27.59	28.52
不好说	15.44	14.22	15.16	17.52	16.76	14.69

资料来源：根据中国老龄科学研究中心2010年中国城乡老年人口状况追踪调查数据整理。

事实上，认为老年人是家庭和社会负担的论调是需要澄清的，从社会的横截面看，确实是"年轻人在养活老年人"，但如果从社会的纵深角度思考，人类社会的发展是少儿、青年、老年之间代际传承的结果，少儿只不过是提前预支他们即将创造的价值和财富，而老年人则是获得他们年轻时已经创造出来的劳动成果，年轻人则既要用自己的劳动补偿自己少儿时的消耗，又要养活自身并为老年生活积累财富。因此，在历史发展的链条上，每个人都是依靠自身的生产劳动来养活自身，所以，养老的本质是自我养老。老年人是社会负担的观点，既抹杀了老年人的历史贡献，也忽略了老年人现在的价值。

3. 对老年人的差别对待

歧视行为产生于个体意识中的认知层面和情感层面，老了无用，老人是负担这些对老年人的负面认识就直接导致了行为上对老年人的差别对待，即非基于认可、尊重和平等的行为方式。美国国际长寿中

心主席罗伯特·巴特勒（Robert Butler）提出："我们每天都目睹直接针对老年人的各种残忍的行为，比如不恰当的比喻、玩笑、态度等，有时我们自己甚至会无意间也这么做。"对老年人的差别对待，从情感的角度可分为两类：一是厌恶式行为；二是同情式行为。

　　厌恶式行为又可分为排斥行为和虐待行为。排斥行为指人们对老年人产生回避、拒绝等行为，表现为不愿意和老年人一起工作、生活和娱乐，尽可能减少与老年人的直接接触。如现在有些人不愿意与老年人同住，认为他们唠叨，生活习惯不好，不愿意与老年人一起外出或同游，认为老年人行动不方便，易跌倒，照顾不方便等。虐待老人的行为是指对老人身体、性、心理、情感、财务和物质的伤害，主要方式有：肉体折磨，如捆绑、殴打、冻饿；精神摧残，如侮辱、谩骂、讥讽以及限制人身自由、禁闭等。虽然我国《老年人权益保障法》第四条规定："禁止歧视、侮辱、虐待、遗弃老年人。"我国《刑法》第二百六十条规定："虐待家庭成员情节恶劣的处两年以下有期徒刑、拘役或者管制。"《养老机构管理办法》也明确规定，有歧视、侮辱、虐待或遗弃老年人以及其他侵犯老年人合法权益行为的养老机构，由实施许可的民政部门责令改正，情节严重的处以3万元以下罚款，构成犯罪的依法追究刑事责任。但由于犯虐待罪没有引起被害人重伤、死亡的，只有被害人向法院自诉，法院才处理；引起重伤、死亡的，则由人民检察院向法院提起公诉。然而，老年人通常害怕向家人、朋友或行政部门报告或者根本没有机会向有关部门报告被虐情况，而且人们经常认为这是自己家庭的事，外人不好干涉，很多被虐待的老人只能默默忍受。同情式行为也称积极歧视，即出于善意的用救助的方式对弱势群体区别对待，表现为人们由于老年人的依赖性大和他们需要帮助而产生的过度消极的观点，这些观点会导致同情，也会造成对老年人过度照顾、以恩人自居和妥协等现象。

　　不管是厌恶式歧视还是同情式歧视，都是来自对老年人的不正确的消极认知，周边人的这种消极认知会强化老年人对自己的消极态度，这种消极信念对老年人个人来说，会降低其自我效能感，导致老年人自我感觉健康状况差、求助行为多、依赖性较强,更容易孤独。从社会层面来说,会影响社会的代际关系,容易造成代际冲突,浪费人力资本,影响社会的整体发展和进步。

(二) 老年社会角色的重新定位

以何种观念看待老年人,将会极大地影响我们的老龄政策。负面刻板的老年意象会影响老年人的认知、身体和社会参与活动的决定以及疾病复原的能力,最终会影响老年人的生命长度和生活品质。摒弃传统的"老年无用论",重新定位老年人的社会角色,尊重老年人的社会经济参与权,实施积极老龄化战略,是我们应当进行的一场重要的"观念革命"[①]。因此,一方面,我们应消除对老年人的年龄、能力的歧视,倡导年龄平等;另一方面,珍惜老年人的生产力,激发老年人的自主性和能动性,让老年人持续为社会进步作出贡献。

1. 倡导年龄平等,建立互喻文化

年龄歧视是以年龄为界限,对某一社会群体的偏见和不公正、不公平的待遇。在不同的历史阶段、不同地域对年龄歧视有不同的表现。在传统的农耕社会,老年人的经验和技术对生产力的发展起着促进作用,而且以血缘为基础的家庭功能完善,加之舆论与道德在社会上推崇孝道,社会上敬老、尊老蔚然成风,以老为尊。老年人因其知识和经验而获得在家庭和社会上的权威地位,属于年轻一代向老年一代学习的"前喻文化"。但随着生产力的飞速发展和生产方式的变化,知识量、信息量爆炸式的增长,我们进入了大数据时代,老年人丧失了与年龄相关的优势,老年人的智力与技术不再是生产力的代表,老年人的经验随着生产力的发展,对于年轻人生产的指导意义降低,年轻人与老年人之间的鸿沟加深,老年人被大数据边缘化,进入崇尚年轻、技术、效率的时代,形成老年人反过来向晚辈学习的"后

---

① 张志雄、孙建娥:《老龄政策价值观的反思及其发展路径研究——基于养老文化的历史演变视角》,《老龄科学研究》2015 年第 11 期。

喻文化"。在"后喻文化"背景下，老年人被认为是"无用的人"，是经济社会发展的包袱。无论是"前喻文化"下的"老年崇拜"，还是"后喻文化"下的"青年崇拜"，都体现了年龄不平等，容易产生代际冲突。从生命历程的角度来看，每个年龄段都有其特殊性和优势，当前老龄化社会下，必须重建年龄文化，应该走出"前喻文化"和"后喻文化"的模式，克服年龄歧视，淡化年龄标识，树立年龄平等观念，建立老年人与年轻人之间的"互喻文化"，倡导未成年人、成年人、老年人平等享有社会资源，不同代际之间相互尊重、相互包容、相互学习、平等对待，实现不分年龄的人人共享社会。1982年《联合国关于老龄问题的决议和维也纳国际行动计划》指出，"年长者应被视为人口的一个组成部分……发展过程必须提高人的尊严，使不同年龄组的人平等分享社会资源、权利并且平等分担责任。每个人，不论年龄长幼、性别或信仰，都应该各尽所能、各得所需"[①]。1998年《亚洲及太平洋老龄问题澳门行动计划》再次要求，"各政府将力求平衡老年人的要求与年轻人的需求，并拨出足够的资源，既满足老年人的要求，同时又照顾到所有社会群体"[②]。虽然老年人身体的强壮程度、视觉敏锐度和肢体灵活度以及认知能力会随着年龄的增加而下降，但老年人也有值得年轻人学习的优势，如慈悲、惜福、有责任感、体谅他人等（见表4-4），老年人与年轻人之间应该相互沟通，相互学习，化解代际矛盾，共同推动社会进步。梅·萨顿（May Sarton）曾在《古稀之年》中指出："这可能是我们生命中最好的时光，因为我们从来没有像现在这样只做我们自己：我们内心的矛盾更少，更加平和；我们知道如何恰到好处地运用自己的力量；我们更加确信什么是生命中最重要的东西，需要克服的自我怀疑也有所减少。"

---

① 谢联辉、宋玉华主编：《全球行动：迎接人口老龄化联合国老龄话题文件总汇》，华龄出版社1998年版，第18页。
② 《第二次老龄问题世界大会暨亚太地区后续行动会议文件选编》，华龄出版社2000年版，第375页。

表4-4 老年人的正面形塑

类别	内　容
生理	慈祥、和蔼可亲、充满智慧、衣着朴素、老当益壮、硬朗、注重养身和保健、神采奕奕
心理	快乐、乐于助人、脾气好、笑口常开、心胸宽阔、关心他人、慈悲、成熟、有智慧、可以信赖、有能力解决问题、处事谨慎、不冲动、有使命感、有责任感、惜福、与世无争、乐天知命
社会	对社会有贡献、容易相处、善于社交、人生阅历和经验丰富、处事圆融、有权威、体谅他人、交友广泛、德高望重、享受天伦之乐、值得尊敬、善于照顾他人、有解决问题的能力

资料来源：作者自行整理。

2. 正确认识老年人的价值，开发老年财富

《维也纳国际行动计划》指出："年老是人的生命周期、终生事业和经验的一个自然阶段，在这一阶段，人的需要、能力和潜力在生命终结以前同样存在。"[1] 联合国第二届世界老龄问题大会，将承认老年人在社会、文化、经济和政治方面的贡献作为行动的首要目标，强调老年人在个体或群体层面继续参与社会、经济、文化、精神和公益事务，并特别提出"当老龄被视为一种成就时，对高龄群体人力技能、经验和资源的依赖就自然会被公认为成熟、充分融合及富有人性的社会发展过程中的一种资产"[2]。

事实上，随着年龄的增长，并不必然带来智力的下降。智力由人的各种心理能力综合而成，包括注意力、观察力、想象力、学习与记忆能力、思维能力、言语能力、实际操作和适应环境等方面的能力，不同方面的智力变化是不同步的。心理学家将智力分为"晶

---

[1] 联合国：《维也纳国际行动计划》（1982），联合国老龄化议题中文网站（http://www.un.org/chinese/esa/ageing/vienna3_1.htm），2016年2月20日。
[2] 联合国：《马德里老龄化国际行动计划》（2002），联合国老龄化议题中文网站（http://www.un.org/chinese/esa/ageing/actionplan1.htm），2016年2月20日。

态智力"和"液态智力"。"晶态智力"指与知识和经验积累有关的智力,它像晶体一样,比较稳定,不太容易发生变化,是依靠后天学习和经验所获得的,衰退较晚,衰退速度也较为缓慢。"液态智力"是指与神经系统、感觉和运动器官以及生理机能相关的智力,像流动的液体,不稳定,而且容易发生变化,会随着年龄增长而较早衰退。虽然老年人的"液态智力"会随着年龄增长而有所减退,但"晶态智力"能较好地保持,可以产生补偿作用。同时,老年人在工作中往往更善于人际交流,不易产生冲动的情绪反应,在考虑问题时比年轻人更周到。一项对移情能力、前瞻性思维、预测灵活性、承认不确定性、冲突解决能力和折中能力等各项智力进行评估的研究结果表明,老年人在决策时能充分协调这些能力,因此比年轻人显得更明智。[1]

现代科学对脑部的研究也发现,中枢神经系统并非不可修复,心智功能的衰退也不是必然的老化现象,经过不断训练、刺激大脑,老年人的智商可能高过年轻人。也就是说,神经元可以再生,大脑会因为经验与学习而不断重塑,不断造出新的细胞,深神经联结的能力不会随年龄而减弱。还有学者认为,熟年大脑具有积极改变的能力,熟年大脑会使用左半脑,也会借用右大脑对过去经验进行总结,使得熟年大脑更具效率,甚至比年轻大脑更有能力。也就是说,只要经过有计划、有组织地训练及启发,创造力并不会受到年龄的限制,老年人的创造力一样可以很精彩,创造的经验可以增加生命的乐趣,有助于老年人了解生命的意义及老化概念,可以提升生活满意度以及幸福感。

1983 年,美国老龄问题专家罗伯特·巴特勒(Robert Butler)提出"生产性老龄化"(Productive aging)一词,提醒人们老年人的能力和他们对家庭、社会作出的宝贵贡献,反对依据年龄将老年人定义

---

[1] 谢孟哲等:《延续金色连线:分析中国老龄化的经济视角》,载杨团《当代社会政策研究(八):老龄时代的新思维》,社会科学文献出版社2013年版,第20页。

为"依赖者""非生产者",认为老年人可以继续就业、参与志愿服务,或在照顾家人、自我照料等方面发挥积极作用,成为具有"产出性"的人。为此,他倡导"生产性老龄化"运动,以打破老人无用的迷思。①

牛津大学一项研究 21 个国家和地区老年人贡献的调查结果显示,60 岁及以上老年人拥有一份带薪工作的比例在 33% 以上,而且老年人的贡献不仅在经济上,也体现在家庭方面,44% 的 60—70 岁以上的老年人对子女有经济上的帮助(见图 4-1)。② 在我国,老年人的贡献更大,老年人的贡献不仅表现在经济方面,还表现在对子女的家庭照顾和孙子女的看护方面。中国老龄科学研究中心中国城乡老年人口状况追踪调查的数据显示,34.7% 的老年人会为困难子女提供经济支持,有 65% 的老年人会为子女提供生活帮助,包括帮忙照看家、做家务、照顾孩子等。③

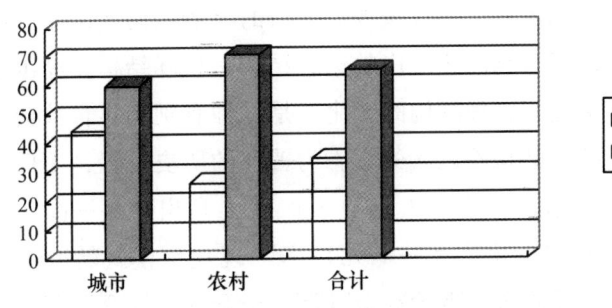

图 4-1 老年人对子女的支持(%)

资料来源:根据中国老龄科学研究中心 2015 年中国城乡老年人口状况追踪调查数据整理。

---

① Butler, R. N., & Gleason, H. P., *Productive Aging*, New York, NY: Springer, 1985.
② 党俊武:《老龄社会的革命——人类的风险与前景》,人民出版社 2015 年版,第 324—325 页。
③ 党俊武:《中国城乡老年人生活状况调查报告(2018)》,社会科学文献出版社 2018 年版,第 85 页。

因此，我们要充分认识到，在老龄社会，老年人口是人力资源开发与运用的重要群体，而且，老年人力资源具有其特点和优点：有丰富的人生阅历及工作经验，有较高的洞察能力，对事理的分析及判断能力较强，处事较周密，待人接物较圆融，做事勤勉、努力，有认真的工作态度，做事较专注投入、主动积极。老年人不仅过去是社会财富的创造者，现在也是社会财富的创造者，我们应充分尊重老年人，积极开发利用老年人的知识、经验和技能，更好地实现他们的价值并推动社会进步。

二 老龄社会：挑战还是机遇

老龄社会是指老年人口占总人口达到或超过一定比例的人口结构和社会形态。人类历史年龄结构可以分为青年型社会、成年型社会和老年型社会，青年型社会、成年型社会又可统称年青社会，老年型社会也就是老龄社会。老龄社会不仅表现在人口的年龄结构上老年人占主要部分，同时也表现为与此相对应的家庭结构、代际结构、经济结构、政治结构乃至文化—心理结构的变化，是一种有别于年青社会的新的社会结构。老龄社会是不以人的意志为转移的历史过程，不仅是社会经济发展的必然结果，也是人口再生产从"高出生率—高死亡率"的传统型模式向"低出生率—低死亡率"现代型模式转变的结果，是人类文明进步的表现。老龄社会既是一个全新的社会形态，也是一个人类将要面对的常态社会，它的到来无疑会给人类发展带来深刻变化。

（一）老龄社会的挑战

我国老龄人口规模大、发展快、经济发展水平和人均收入不高，在这种情况下，人口老龄化对我国经济发展、社会保障、社会治理、政治文化建设等都会产生全面而持久的影响。

1. 老龄社会对劳动力供应和劳动人口年龄结构的影响

劳动力指处于劳动年龄的人口，一般发达国家将15—64岁的人口定义为劳动年龄人口，而我国将15—59岁的人口称为劳动年龄人口。劳动力是经济活动的基础和重要资源，直接影响着劳动力结构和经济的发展。人口老龄化在改变人口结构的同时，也改变了劳动力供给状况。众多研究指出，人口年龄结构的老化特别是劳动年龄人口的老化对劳动参与率具有负向影响。据测算，中国15—64岁劳动适龄人口占总人口比重会逐年下降，劳动力的数量自2030年后开始萎缩，到2050年前后将出现劳动力不足问题（见表4-5）。《人口与劳动绿皮书：中国人口与劳动问题报告No.16》（2015）指出，自"十二五"时期以来，我国人口红利逐渐消失，全局性劳动力短缺不仅表现在城镇，农村劳动力短缺问题在"十三五"期间逐渐显现。

表4-5　　　　15—64岁劳动年龄人口变化趋势　　　单位：亿人，%

年份	2010	2015	2020	2025	2030	2035	2040	2045	2050
人数	9.81	9.96	9.90	9.85	9.58	9.12	8.68	8.41	8.06
所占比例	73.1	72.3	70.3	69.2	66.9	63.7	61.0	59.9	58.6

资料来源：蔡昉：《人口与劳动绿皮书（2010）》，社会科学文献出版社2010年版，第62页。

在15—64岁劳动年龄人口中，15—39岁的劳动力被称为年轻劳动力；40—64岁被称为老年劳动力。随着老龄社会的来临，劳动力人口中相对年老部分的比重上升，年轻部分比重下降，劳动力老化程度也在不断加深，劳动人口呈现老化趋势。据统计，全世界劳动力老化系数1950年为34.5%，预计2025年将达到42.4%。[①] 我国也会出现青年劳动力下降，老年劳动力增长的趋势（见图4-2、图

---

① 王晓璐、傅苏：《日本超老龄社会及其影响》，《现代日本经济》2012年第5期。

4-3），将会影响到劳动生产率的提高和经济的发展。

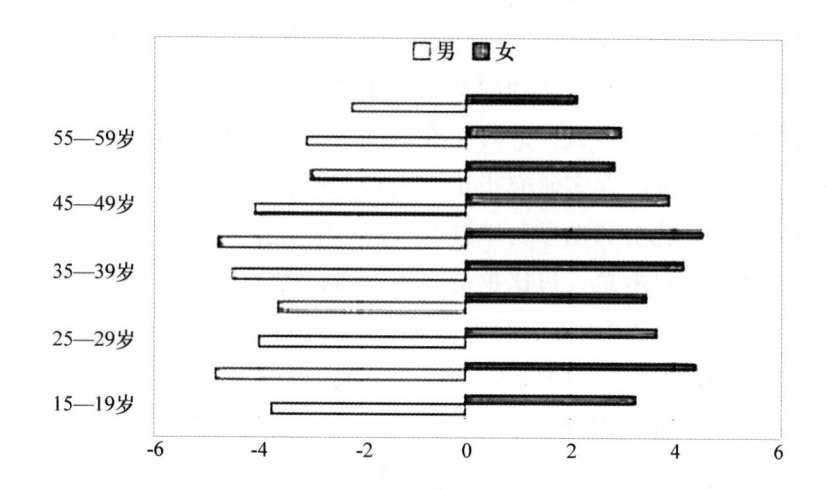

图4-2　2010年我国劳动年龄人口年龄金字塔

资料来源：蔡昉：《人口与劳动绿皮书（2010）》，社会科学文献出版社2010年版，第71页。

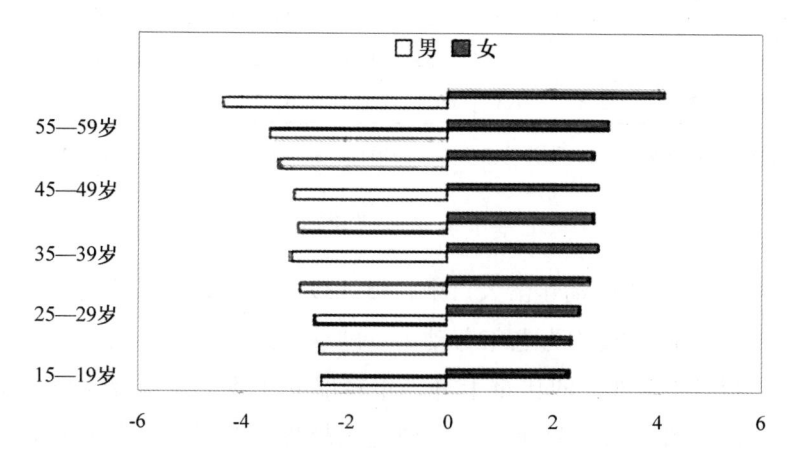

图4-3　2050年我国劳动年龄人口年龄金字塔

资料来源：蔡昉：《人口与劳动绿皮书（2010）》，社会科学文献出版社2010年版，第72页。

2. 老龄社会养老和医疗保障负担增加

老龄社会增加了养老保障和医疗保障需求，必然会增加政府在老年退休金、养老金、医疗卫生、为老服务和老年福利设施建设等方面的支出，给政府带来了财政压力。同时，也会改变国家积累和消费的分配比例，增加老年保障和服务的支出，减少投入生产领域的资金，影响经济发展的速度和规模。另外，老年人口的增加，企业需要承担的社会养老金、医疗费用以及税费也相应增加，势必增加企业的生产成本，影响企业扩大再生产的投资，影响企业的发展和活力，从而影响整体经济的发展。

对于我国来说，老龄社会的来临使"现收现付"为主的养老金制度面临压力，目前现有的养老服务体系和公共医疗卫生体系也将面临严峻的考验。2014 年全国社会保险基金决算说明显示，2014 年全国企业职工养老保险基金收入 23273 亿元，比上年增加 2483 亿元，增长 11.9%；支出 19797 亿元，增长 18.6%。支出比收入增幅高 6.7 个百分点。2014 年度收支延续了 2013 年起的逐年递减趋势，结余 3476 亿元，较上年减少 615 亿元。与此同时，2014 年基本养老保险费首次出现了收入低于支出的情况。过去一年基本养老保险费收入为 18726 亿元，同比增长 10.1%，增幅持续下降；支出则为 19045 亿元，当年基本养老金支出高出基本养老保险费收入 319 亿元。从全国范围看，2014 年企业职工基本养老保险基金扣除财政补贴后，有 22 个省份当期收不抵支。[1] 经济学家曹远征认为，如果现行的养老制度不改革，按照 GDP 年增速 6% 计算，到 2033 年时养老金缺口将达到 68.2 万亿元，占当年 GDP 的 38.7%。[2] 综合来看，中国养老保险资金虽然当前还没有断流，但飞速增长的收不抵支的养老资金缺口，将会逐年显现出来，会给政府财政带来巨大压力，持续增加的养老保险

---

[1] 刘诗蕾：《社保基金收支压力在加大 媒体称 22 省养老金吃紧》，央广网，2015 年 11 月 19 日。

[2] 赵军：《老龄社会下中国养老保障问题及破解》，《地方财政研究》2014 年第 6 期。

金支付将是一个亟待解决的难题。

医疗保障以及医疗卫生资源也是老龄社会面临的挑战之一。随着年龄的增加，人的生理机能不断下降，患疾病的概率也增加，特别是患慢性疾病的老人较多（见图4-4），约八成老年人患有慢性疾病，且女性老年人高于男性老年人①，老年人对医疗资源的需求大幅增长，同时也会带来老年医疗费用的增长。一般来说，老年人均医疗费用是国民平均医疗费用的2—3倍，据测算，到2050年，老年人口的医疗卫生消费将占GDP比重的5%。②

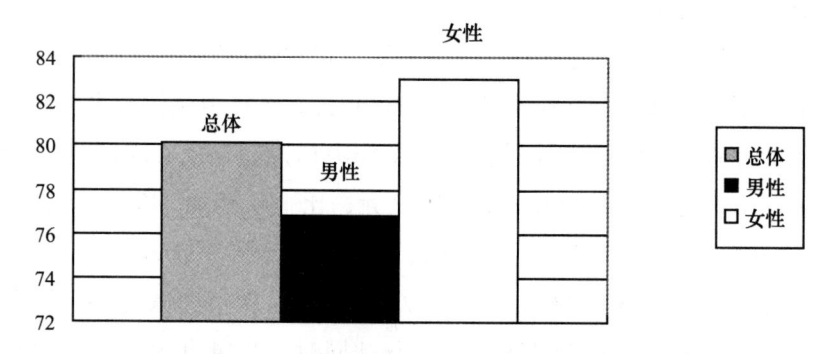

图4-4 老年人患有慢性疾病状况（%）

资料来源：根据中国老龄科学研究中心2015年中国城乡老年人口状况追踪调查数据整理。

3. 老龄社会老年人照顾压力增大

老龄社会面临的最大挑战是老人照顾。人的衰老是一个渐进的量变过程，在这个过程中，存在四个不同的生活照料阶段：完全自理阶段、IADL缺损阶段、ADL缺损阶段、临终特别护理阶段。IADL指操作性生活活动能力，是对老年人日常生活事务料理能力的一个测量指标，它测量的活动主要有：做饭、管理财物、上下一层楼、走半里路或200—

---

① 党俊武：《中国城乡老年人生活状况调查报告（2018）》，社会科学文献出版社2018年版，第44页。
② 吴玉韶、党俊武：《中国老龄产业发展报告（2014）》，社会科学文献出版社2014年版，第32页。

300 米、购物。ADL 指基本生活自理能力，衡量的是老年人在一些最基本的日常生活活动方面的自理能力，这些活动包括吃饭、穿脱衣服、室内活动、洗澡、上厕所。

随着人口寿命的延长，老人失能期相对延长。据中国老龄研究中心中国城乡老年人口状况追踪调查数据显示，2015 年我国老年人的失能率为 4.2%，其中城市老年人的失能率为 4.0%，农村老年人的失能率为 4.3%，农村高于城市。从性别看，女性远高于男性，女性老年人的失能率为 4.8%，男性老年人的失能率为 3.5%（见表 4-6）。[1] 与失能相联系的就是老年人的照顾需求增加，数据显示，2015 年，我国城乡自报需要照护服务的比例为 15.3%，比 2010 年的 13.7% 上升了 1.6 个百分点，比 2000 年的 6.6% 上升了近 9 个百分点。从城乡来看，城市老年人自报需要照护的比例从 2000 年的 8.0% 上升到 2015 年的 14.2%，上升了 6.2%；农村老年人从 2000 年的 6.2% 上升到 2015 年的 16.5%，上升了 10.3%，农村比城市上升更快。从年龄段来看，79 岁及以下老年人自报需要照护的比例从 2000 年的 5.1% 上升到 2015 年的 11.2%，上升了 6.1%；80 岁及以上老年人自报需要照护的比例从 2000 年的 21.5% 上升到 2015 年的 41.0%，上升了近 20%。[2] 可见，城乡老年人的照护服务需求非常迫切，特别是农村。

表 4-6　　　　　　　　老年人失能状况　　　　　　　　单位：%

性别	城市	农村	全体
男性	3.4	3.5	3.5
女性	4.4	5.1	4.8
全体	4.0	4.3	

资料来源：根据中国老龄科学研究中心 2015 年中国城乡老年人口状况追踪调查数据整理。

---

[1] 党俊武：《中国城乡老年人生活状况调查报告（2018）》，社会科学文献出版社 2018 年版，第 142—143 页。
[2] 党俊武：《中国城乡老年人生活状况调查报告（2018）》，社会科学文献出版社 2018 年版，第 31—32 页。

就具体的照料服务需求而言，38.1%的老年人需要上门看病服务，12.1%的老年人需要上门做家务服务，11.3%的老年人需要康复护理服务，10.6%的老年人需要心理咨询/聊天解闷服务，10.3%的老年人需要健康教育服务，9.4%的老年人需要日间照料服务，8.5%的老年人需要助餐服务，4.5%的老年人需要助浴服务。[1]

传统社会的老人照顾主要由家庭来承担，但快速的老龄化和城市化让传统的家庭支持难以维系。家庭照顾的功能削弱主要有以下几个原因：一是少子化。从20世纪80年代起，我国实行"独生子女"政策，人们传统生育观改变，孩子数量减少，加上城市化的浪潮，子女常常外出谋生无法与父母住在一起。二是女性参加社会劳动的数量增加，改变了过去依靠女性照顾老人的状况。三是孩子受教育程度和获得职业机会的增加，提高了子女牺牲工作照顾老人的成本，也改变了子女照顾老人的态度和行为，由过去的亲自照顾变成经济支持请他人照顾。因此，有人认为，"子女照顾父母未来将是这个世界上最奢侈的服务"[2]。现在很多老年人担心年老生活不能自理时，无人能够照顾，而且越年轻的老年人越担心，农村的情况更加堪忧（见表4-7）。

表4-7　　　　按年龄、城乡分的老年人是否
担心需要时没有人照料　　　　单位：%

	合计	60—64岁	65—69岁	70—74岁	75—79岁	80岁及以上
城　市						
合计	99.56	99.92	99.48	99.14	99.22	99.74
毫不担心	30.44	26.98	29.64	31.00	34.45	36.44
不太担心	25.54	28.19	21.73	27.33	24.34	23.93

---

[1] 党俊武：《中国城乡老年人生活状况调查报告（2018）》，社会科学文献出版社2018年版，第32页。

[2] 党俊武：《老龄社会的革命——人类的风险与前景》，人民出版社2015年版，第146页。

续表

	合计	60—64 岁	65—69 岁	70—74 岁	75—79 岁	80 岁及以上
一般	11.12	9.87	13.05	11.13	9.53	12.76
比较担心	20.31	21.65	23.34	18.30	18.70	15.57
非常担心	12.14	13.23	11.72	11.39	12.20	11.04
农　村						
合计	99.34	99.53	99.44	99.63	99.58	97.92
毫不担心	16.41	14.70	14.10	17.76	18.40	21.26
不太担心	25.90	23.55	26.74	30.05	26.12	24.09
一般	11.31	9.46	13.65	12.83	10.26	10.26
比较担心	26.27	32.15	24.35	19.62	24.54	25.99
非常担心	19.46	19.67	20.60	19.36	19.92	16.33

资料来源：根据中国老龄科学研究中心 2010 年中国城乡老年人口状况追踪调查数据整理。

（二）老龄社会的机遇

人口老龄化不仅给人类社会带来新的挑战，也给人类社会发展带来新的机遇。正如《老龄问题维也纳国际行动计划》所指出的，社会老龄化是个可以利用的机会……所有人都意识到自己也会变老的社会共识，有可能会变成一种积极的因素。这机遇"可能来自年长劳动力中蕴藏着的巨大的人力资本，也可能来自网络时代平均教育水平和科学技术水平的大幅度提高，也可能来自消费和生活方式的巨大变化，以及由此而带动的人力资本、经济发展、社会福利、生活质量等方面的改善和提高"。因此，"要以更积极的态度去捕捉发展机遇，并通过体制和政策改革更好地利用潜在机遇"[1]。

1. 老龄社会为产业结构和升级提供了契机

产业结构的发展取决于消费市场的状况，人口结构的变化必然带来需求结构的变化，也带来消费结构的变化，而消费结构的变化必然倒逼

---

[1] 《老龄时代北京共识》，《当代社会政策研究（八）：老龄时代的新思维》，社会科学文献出版社 2013 年版，第 1 页。

产业结构的转变，为产业结构的调整和升级提供了机遇。

产业结构的发展一般遵循以下规律：第一产业产值比重不断下降，第二产业产值先升后降并稳定在一定比例，第三产业产值不断上升。人口老龄化而带动的以老年人服务为目标产业的需求将有效地推动第三产业的发展。老年服务业大多属于劳动力密集型产业，对劳动力的需求量较大，为社会创造了大量的就业机会，改变了原来的就业结构。因此，人口老龄化将影响我国与老年服务等有关的第三产业的发展，进而吸收以中老年女性群体为主的人员就业，从而改变现有的就业结构，增加中老年女性群体的收入。

从产业升级的角度来看，人口老龄化也会推动我国产业从依靠劳动密集型的发展方式逐步转向依靠技术密集型的发展方式。因为随着人口老龄化的进程，大约2022年后，我国将进入劳动力的减少时期，这将形成一个巨大的倒逼动力，迫使企业向依靠技术型转变，实现产业升级。

2. 老龄产业会成为新的经济增长点

老龄社会的到来，对老年养老、老年保健等产生了巨大的需求，因而产生了一个巨大的为老年人服务的老龄产业。老龄产业也称为银色经济，指面向全体公民老年期提供新产品和服务的各相关产业部门组成的业态。[1] 有专家认为，随着人的寿命延长，整个经济的内涵外延都将发生质的变化。一场新的健康养老工业革命将开始，它将推动经济发展进入银色经济时代，从而带来第三个财富潮。[2] 老龄产业一般包括养老服务、医疗康复、金融保险、生产制造、产品流通、科研教学、护理培训、文化旅游、经营管理等，老龄产业的前景非常广阔且面临前所未有的发展机遇。一方面老年需求结构的改变和消费能力提高。当前，老年需求呈现多元性、多层次性，老年人舍不得消费将财产留给子女的观念

---

[1] 吴玉韶、党俊武：《中国老龄产业发展报告（2014）》，社会科学文献出版社2014年版，第2页。
[2] 周晖：《正面应对人口老龄化积极探索养老新模式》，《中国人力资源社会保障》2015年第12期。

也将逐渐转变,老年人储备养老基金的意识提升,老年期的消费能力增强。据《中国老龄产业发展报告(2014)》预测,从 2014 年到 2050 年,中国老年人口的消费潜力将从 4 万亿元左右增长到 106 万亿元左右。平均来看,2014—2050 年间,中国老年人口的消费潜力年均增长 3 万亿元左右,到 2030 年该比例可上升到 15%—23%。到 2050 年,中国老龄产业的市场总量将达到届时 GDP 的 30% 以上。[①] 我国老龄人口的消费需求和能力的增长,将为我国老龄产业的发展提供强劲的动力;另一方面我国积极推进老龄产业发展。党的十八大报告提出,要积极应对人口老龄化,大力发展老龄服务事业和产业。党的十八届三中全会指出,要加快建立社会养老服务体系和发展老年服务产业。在政府的大力推动下,一系列扶助和鼓励老龄产业发展的政策相继出台,如 2014 年商务部出台的《关于推动养老服务产业发展的指导意见》,2015 年民政部等 10 个部门联合颁布的《关于鼓励民间资本参与养老服务业发展的实施意见》等,极大地推动了老龄产业的发展,老龄产业将成为未来我国经济发展新的增长点,也为我国经济的发展带来新的机遇。

三 老龄政策之价值取向:生存保障还是幸福发展

老年人并不是社会的负担,而是社会发展的贡献者和财富,老龄社会并非迟暮的社会,活化老年,挖掘老年人的潜力,依靠老年人的技能、经验和智慧,不但能改变老年人自己的条件,还能积极促进全社会的改善和发展。老年人不再是救济的对象,而是拥有经济、安全、健康、社会参与以及持续性、完整性照顾等需求的公民,建立完善的老龄政策不是对老年人的恩赐和保护,而是对老年人公民权的维护,老龄政

[①] 吴玉韶、党俊武:《中国老龄产业发展报告(2014)》,社会科学文献出版社 2014 年版,第 33 页。

策要从过去"保障老年人的基本生活",提升为"维护尊严和自主的老年",为老年人的发展和幸福感的提升创造条件,让老年人乐于生活,快乐生活!老龄政策的最低目标是保障老年人的生活,维护老年人的福利权,而其最高目标是让老年人有健康、有尊严、有价值的幸福生活。

(一)保障老年人生活,维护老年人的福利权

马歇尔(Marshall)认为,公民权由民事权(civil rights)、政治权(political rights)、社会权(social rights)三种基本权利组成。在马歇尔看来,民事是个人作为独立个体自由地支配自己所必须拥有的权利;政治权利包括参与行使政治权利的权利、作为带有政治权威的团体的一名成员,或者作为这样一个团体成员的选举权;社会权利是"从享受少量的经济和安全的福利到充分分享社会遗产并按照社会通行标准享受文明生活的一系列权利"①。社会权利以成员资格为基础,将改善福利状况,保护和增加人民在教育和社会服务等方面的福利作为目标,因此,福利权是公民社会权利的一种。公民所要求的福利和待遇是公民在国家所应该享有的权利,而且是不可剥夺的权利。老龄政策是保障公民社会福利权的一项重要制度安排,是公民权在社会福利领域的体现和落实,老龄政策的完善与否直接关系到老年人福利权的实现。而且,按照罗尔斯的正义原则,国家不仅要保障老年人的福利权,而且要优先保障老年人的福利权。罗尔斯曾提出正义的两个原则:第一个原则:每个人对与所有人拥有的是广泛平等的基本自由体系相容的类似自由体系都应有一种平等的权利;第二个原则:社会和经济的不平等应这样安排,使它们在与正义的储存原则一致的情况下,适合于最少受惠者的最大利益;并且,在机会公平平等的条件下职务和地位向所有人开放。② 第一个原则强调,每个人的权利都是相同的,第二个原则指出,国家负有优先向老

---

① Marshall, T. H. (1992), *Citizenship and Social Class*, London Press, p. 8.
② [美]约翰·罗尔斯:《正义论》,何怀宏等译,中国社会科学出版社1988年版,第302页。

年人、儿童等社会弱势群体提供享受平等权利的机会，或者提供某些需求，帮助他们实现权利。

（二）制度升级，提升老年人的幸福感

当前，我国的老龄政策以养老保障为核心，主要保障维持生命存在的老年人的最基本需要，局限于最低的"社会安全"层次。有学者认为，这种初级简单和最低层次的养老保障制度人为降低、简化和压抑社会发展的价值目标与社会政策目标的层次，严重压抑人们追求幸福美好生活的愿望，与让人民群众分享改革开放和社会发展成果的理念相冲突。① 要实现让老年人处于幸福和满足的生活状态，必须实现老龄政策的"制度升级"。所谓"制度升级"主要指社会体系或社会制度由初级阶段和低级层次向高级阶段与更高层次转换的社会化制度重建过程和社会发展趋势。制度升级内容是制度安排与社会体系由初级阶段和低级层次向高级阶段与更高层次的转换，是制度安排与社会体系的"更新换代"或"升级换代"，目的是建立更高、更好和功能作用更加强大的制度体系，是制度体系功能作用的扩容增量，能进一步提高社会公共服务质量。② 制度升级后，老龄政策的目标不能仅仅满足于对基本生活的保障，而应在满足老人物质生活和精神生活需要的基础上，产生一种持久的、深刻的、美好的幸福体验。正如穆光宗教授认为，老龄政策的目标不仅仅是要努力使老年人群过上人道的、有尊严的生活，而且更重要的是要激发人口老龄化的正面效应，在人口不断老化的同时能实现代际互助、互惠和社会持续发展的目标。③

1991年12月联合国大会通过《联合国老年人原则》，将独立、

---

① 刘继同：《社会福利制度战略升级与构建中国特色福利社会》，《东岳论丛》2009年第1期。
② 刘继同：《社会福利制度战略升级与构建中国特色福利社会》，《东岳论丛》2009年第1期。
③ 穆光宗：《中国老龄政策思考》，《人口研究》2002年第1期。

参与、照顾、自我实现、尊严作为老龄政策的目标（见表4-8）。世界卫生组织（WHO）又于2002年老龄社会来临时提出积极老化（aging）的政策框架，强调：健康（health）、参与（participation）、安全（security）（见表4-9）。

表4-8　　　　　　　　　　联合国老龄政策的目标

目标	具 体 内 容
独立	老年人应能通过提供收入、家庭和社会支助以及自助，享有足够的食物、水、住房、衣着和保健； 老年人应有工作机会或其他创造收入机会； 老年人应能参与决定退出劳动力队伍的时间和节奏； 老年人应能参加适当的教育和培训方案； 老年人应能生活在安全且适合个人选择和能力变化的环境； 老年人应尽可能长期在家居住。
参与	老年人应始终融合于社会，积极参与制定和执行直接影响其福祉的政策，并将其知识和技能传给子孙后辈； 老年人应能寻求和发展为社会服务的机会，并以志愿工作者身份担任与其兴趣和能力相称的职务； 老年人应能组织老年人运动或协会。
照顾	老年人应按照每个社会的文化价值体系，享有家庭和社区的照顾和保护； 老年人应享有保健服务，以帮助他们保持或恢复身体、智力和情绪的最佳水平，并预防或延缓疾病的发生； 老年人应享有各种社会和法律服务，以提高其自主能力并使他们得到更好的保护和照顾； 老年人居住在任何住所、安养院或治疗所时，均应能享有人权和基本自由，包括充分尊重他们的尊严、信仰、需要和隐私，并尊重他们对自己的照顾和生活品质做抉择的权利。
自我实现	老年人应能追寻充分发挥自己潜力的机会； 老年人应能享用社会的教育、文化、精神和文娱资源。
尊严	老年人的生活应有尊严、有保障，且不受剥削和身心虐待； 老年人不论其年龄、性别、种族或族裔背景、残疾或其他状况，均应受到公平对待，而且不论其经济贡献大小均应受到尊重。

资料来源：《联合国老年人原则》。

表 4-9　　　　　　　　　"积极老化"政策框架

项目	目标	内　涵
健康（health）	身心健康环境的形成	实施预防检测。 建立无障碍空间、创造亲老而安全的社会氛围。 降低造成疾病的危险因子，如烟酒、槟榔等。 各类照顾体系的建立及照顾者的专门训练等。
参与（participation）	社会参与渠道的建立	终身学习系统的建立。 肯定并促成年长者参与正式或非正式的工作或义工活动。 鼓励年长者积极参与家庭活动。 重塑高龄者的社会形象。 支援高龄者互动组织的活动需求等。
安全（security）	社会、经济及生命安全的确保	社会安全体系的建立。 老年消费者的保护。 老年虐待行为的预防。 确保退休财务无虞等。

资料来源：叶至诚：《高龄者社会参与》，新北：扬智文化事业股份有限公司 2012 年版，第 4 页。

在当前我国居民对未来养老的担忧以及对当前养老政策满意度不高的情况下，针对老年人对养老产品和服务购买意愿以及购买能力不断增强的现实，我国应逐步实现政策升级，改变年轻人养老年人的"社会接力"思维模式，建立"老年反哺社会"的思维模式，变"补缺型"老龄政策为"发展型"老龄政策，在满足老年人基本生活的基础上，要将健康、安全和参与作为主要的着力点，大力发展养老产业，提供更多更高质量的养老新产品和服务，开发老人的潜能，活化老年生活，以满足老年人对有尊严和幸福生活的追求。

第五章　夯实生存性需求
　　　　构建幸福之基石

　　幸福是一种多维的体验，我们将老年人的需求分为生存性需求、关系性需求、成长性需求三个部分，一定的收入与财富的积淀、健康与安全等生存性需求是获得幸福感的基础，没有良好的生存条件，幸福感就成为无基之石，无从谈起。关系性需求是幸福感获得的关键，良好的社会和家庭氛围，是老年人幸福感的主要来源。成长性需求是幸福感达到高峰体验的重要因素，只有通过成长性需求的满足，提升老年人的自我价值感，才能真正让老年人自我实现，从而达到幸福的顶峰。

一　建立多支柱的老龄经济安全政策体系

（一）"多轨制单支柱低水平"养老金体系存在的问题

　　当前，我国实行的是"多轨制单支柱低水平"的养老经济安全体系。所谓多轨制是指不同身份的个人遵循不同的制度，导致在缴费义务和养老金给付水平上的差别。表现在农民享受新型农村居民社会养老保险（新农保）、城镇中无职业的居民享受城镇居民社会养老保险、城镇职工享受城镇社会养老保险、公务员和事业单位退休人员享受退休金。而在城市非正规部门就业的外来务工人员，有的在户籍地参加新农保、有的在务工地由务工单位购买养老保险，有的缺乏制度化的养老保障，根本没有购买包括养老保险在内的任何保险。单支柱指我国养老经费来源的单一性,据调查,我国城市老人的收入来源主要依靠社会保险的养老金,个人购买商业保险比率低、个人储蓄不足,家庭支持也不够(见图5-1)。低水平是指我国的养老金水平普遍较低,加上来源单一,老年人只能维持生计。问卷调查也显示,老年人对养老保障金的标准满意度较低,只有26%的老年人非常满意或比较满意,35%的老年人对养老金标准不满意或比较不满意(见图5-2)。

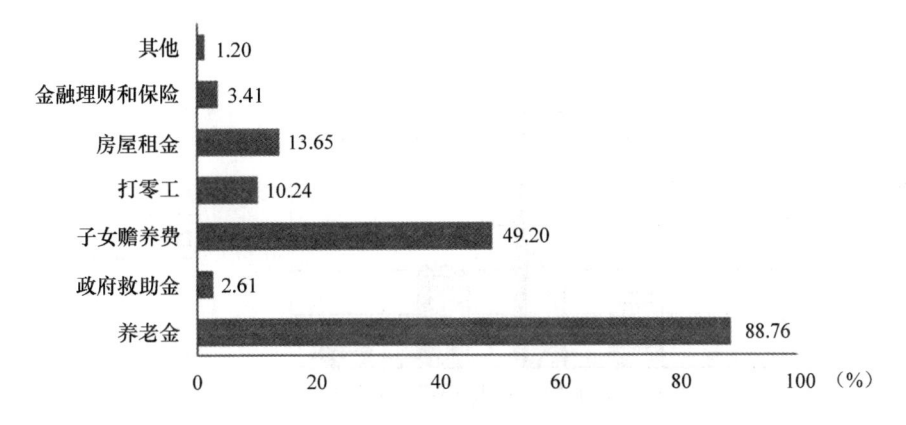

来源	比例(%)
其他	1.20
金融理财和保险	3.41
房屋租金	13.65
打零工	10.24
子女赡养费	49.20
政府救助金	2.61
养老金	88.76

图5-1 广州市老年人主要经济来源

资料来源:作者在广州市开展问卷调查统计数据。

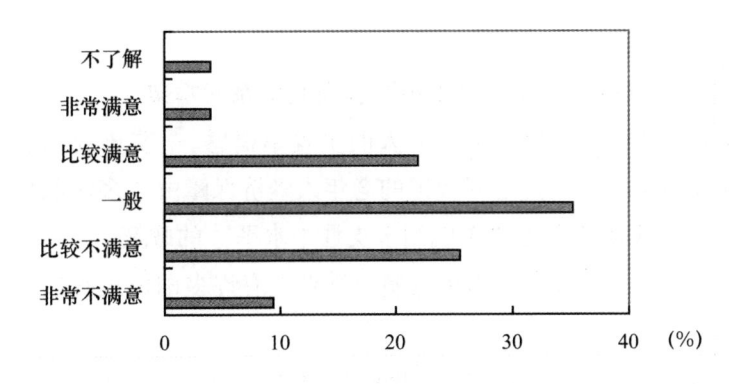

图5-2 老年人对养老金标准满意率

资料来源:作者在广州市开展问卷调查统计数据。

目前的养老经济安全政策一方面阻碍了劳动力在不同部门之间的流动，加剧了不同部门之间报酬的不平等；另一方面较低的养老保障金标准，难以保障老年人的经济安全，老年人平均年收入和年支出呈现双低现象，影响了老年人的生活质量。据调查，2015年，城乡老年人自评经济状况中，很宽裕的仅占1.3%，比较宽裕的占14.8%，基本够用的占58.5%，而比较困难和非常困难的分别占21.2%和4.1%（见图5-3）。[①] 可见，我国老年人经济安全体系亟待加强。

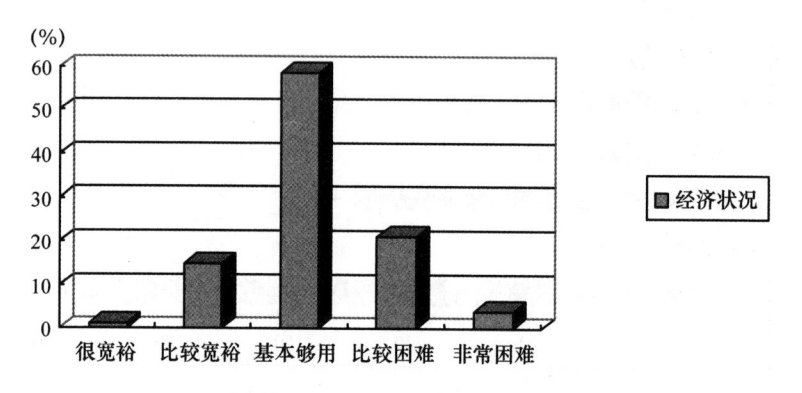

图5-3 城乡老年人自评经济状况

资料来源：根据中国老龄科学研究中心2015年中国城乡老年人口状况追踪调查数据整理。

（二）"单轨制多支柱中水平"养老金体系的框架

充裕的经济会显著增加老年人的主观幸福感。[②] 鉴于我国老年人经济保障不足的状况，建议我国的老年人经济保障由"多轨制单支柱低水平"的政策转变为"单轨制多支柱中水平"的政策。

一方面要整合多轨制为单轨制。世界上有许多国家也曾经历养老

---

① 党俊武：《中国城乡老年人生活状况调查报告（2018）》，社会科学文献出版社2018年版，第177页。
② 吴克昌、谭影波：《不同时期关怀照顾、经济来源以及医疗服务与老年人主观幸福感——基于CHLHS 2002及CHLHS 2014的实证研究》，《华南理工大学学报》（社会科学版）2018年第3期。

金的多轨制和双轨制，也曾经历并轨的过程。从目前来看，世界上的养老金体制主要分为四种：制度与待遇完全并轨、制度完全并轨但保留对公务员的部分待遇、部分制度并轨但待遇水平接近、制度和待遇完全分离（见表5-1）。养老金并轨既是实现城乡共同发展的需要，也是促进社会均衡发展的重要手段，因此，逐步实现我国养老制度的"并轨"是今后养老保障制度改革的大趋势，但由于我国地域之间经济发展水平差距较大，同时，为减小"并轨"对一部分人利益的影响，建议设立一定的过渡期，实行"新人新办法、中人中办法、老人老办法"，先实现制度"并轨"，再实现待遇逐步"接近"。

表5-1　　　　　　　　主要国家养老金"并轨"现状

制度和待遇完全并轨	制度完全并轨但保留对公务员的部分待遇	部分制度并轨但待遇水平接近	制度和待遇完全分离
智利 捷克共和国 爱沙尼亚 匈牙利 墨西哥 波兰 斯洛伐克共和国	美国 瑞士 瑞典 澳大利亚 加拿大 爱尔兰 意大利 日本 新西兰 挪威 斯洛文尼亚 西班牙	丹麦 芬兰 冰岛 荷兰	法国 德国 奥地利 比利时 希腊 韩国 卢森堡 葡萄牙 土耳其

资料来源：李育：《养老保障体系"并轨"改革：美国经验及其启发》，《经济学动态》2014年第10期。

另一方面是建立多支柱的老年人经济安全体系。为保障老年人的经济安全，世界银行在1994年提出了"三支柱"养老金改革模式：第一支柱是强制性的公共养老金计划，目标是有限度地缓解老年贫困，提供各种风险保障，由政府通过税收融资强制实施，一般采取现收现付制。核心特征是通过代际转移筹资为老年人提供一定水平的长寿保险；第二支柱是强制性的完全积累养老金计划。通过"以收定支"将养老金待遇水平与在职时缴费相联系，不存在代际转移。完全积累制会促进资本积累和金融市场的发展，并减少人们对第一支柱的依赖；第三支柱是自愿性个人储蓄养老金计划，强调自由支配的灵活性和自愿性。这一支柱为那些希望在老年时得到更多收入的人提供额外保护，政府应当为这种储蓄提供税收优惠。经过多年的实践和讨论，2005年，世界银行提出了"五支柱"计划，在"三支柱"模式的基础上，增加了零支柱和第四支柱。零支柱是非缴费型养老金计划，旨在消除老年贫困，为终身贫困者及没有资格领取正式养老金的退休者提供最低水平保障，零支柱是完备的退休制度必不可少的一部分，是普享型的国民养老金形式。第四支柱是指家庭成员之间对老年人的非正式支持，因为一部分退休消费者可能来自非养老金资源，如家庭内转移支付及赡养、医疗和住房方面的服务等，通过平衡与分担，以达到老年经济安全的目标。当前，世界上许多国家参考世界银行的模式，建立了多支柱的经济安全体系，例如，中国台湾地区老年人的经济安全政策根据身份制定，主要包括五个支柱：基础支柱——社会救助、非财务性支柱——全民健保长照十年计划、第一支柱——公共年金、第二支柱——职业年金、第三支柱——个人储蓄和商业保险。

  因此，根据我国实际，参考世界银行的"五支柱"理论，建立我国"五支柱"的养老经济安全体系，让老年人在经济上得到更安全的保障，让经济条件较好的老年人得到更完善的保障，并让每位公民形成养老金规划意识。第一支柱：老年人社会救助体系：因各种原因导致生活暂时或长期困难的老人，给予他们经济帮助或服务补贴。第二支柱：普惠制的全民公共养老金：以全体老年人为对象，不管他是城市还是农村居民，也不管他是职业人员还是非职业人员，无论其就业历史和收入状况，只要满足一定年龄，均可享受，以国家财政支付为主、个人缴纳为辅的养老保障金。普惠制养老金待遇标准应根据各地老年人实际生活支出状况合理确定，原则上应该在当地最低生活保障线之上，最低工资保障线之下，目标在于保障全体老人的基本生活。第三支柱：职业年金，以就业者为对象，由基本养老保险个人账户部分和单位年金计划合并而成，使退休老人生活水平比单一的第二支柱有所改善，提高老年人的生活质量。第四支柱：自愿性的个人养老储蓄计划，包括个人银行储蓄、购买商业保险、债券等，主要为有较高需求的高收入者提供更高层次的保护。第五支柱是指家庭成员和亲友、邻里对老年人的非正式支持。如家庭内的转移支付、赡养、医疗和住房方面的服务等（见表5-2）。

表5-2　　　　　　我国老年人经济安全体系的构成

支柱	第一支柱	第二支柱	第三支柱	第四支柱	第五支柱
	社会救助	公共养老金	职业年金	个人储蓄商业保险	家庭和社会的非正式支持
适用对象	陷入生活困难的老年人	全体老年人	有职业的老年人	全体公民	全体公民
保障形式	权益性	强制性	强制性	自愿性	自愿性
资金来源	国家财政	国家财政个人缴纳	个人缴纳单位缴纳	个人	家庭成员亲友、邻里等

资料来源：作者自制。

二　建立预防、治疗、照顾相结合的健康维护政策体系

健康是影响老年人幸福感的最重要的因素，身体健康和精神健康等健康状况指标对老年人的幸福感有着积极的作用，不良的健康状态对老年人的幸福感有负面的影响。在社区调研中有的老人坦言"健康就是福"。在我们所开展的老年人需求调查中，无论是青年人、中年人还是老年人，需求重要性最高的都是医疗服务，老、中、青

均值分别为 4.84、4.54、4.73①,可见,健康对于提升老年人幸福感的重要性。

从目前我国老年人的健康状况来看,健康的自评状况不尽如人意,总体自觉健康率仅为33%左右,农村老年人的自评健康率不到28%,女性老年人的自评健康率低于男性约9个百分点(见图5-4)。不同年龄段的城乡老年人在自评健康方面存在显著差异,70岁及以上老人的自评健康率下降幅度较大,健康较差的情况高于健康状况(见表5-3)。

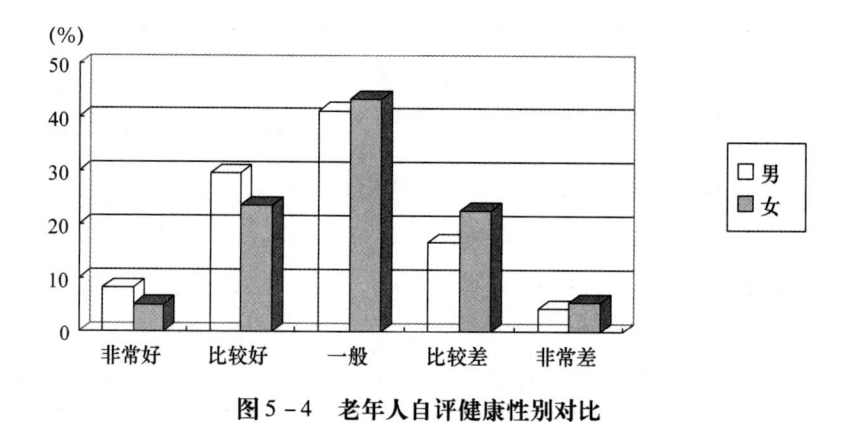

图5-4 老年人自评健康性别对比

资料来源:根据中国老龄科学研究中心2015年中国城乡老年人口状况追踪调查数据整理。

表5-3 城乡分年龄段老年人自评健康状况 单位:%

范围	年龄	非常好	比较好	一般	比较差	非常差
全国	60—64岁	9.71	31.10	40.96	15.00	3.22
	65—69岁	6.74	27.68	43.33	18.24	4.00
	70—74岁	5.23	24.42	43.65	21.40	5.31
	75—79岁	3.93	22.03	42.71	24.78	6.55
	80—84岁	3.24	20.13	42.02	26.52	8.08
	85岁及以上	2.56	18.23	40.50	28.40	10.31

① 资料来源:广州市问卷调查结果。

续表

范围	年龄	非常好	比较好	一般	比较差	非常差
城市	60—64 岁	11.50	34.44	40.12	11.54	2.41
	65—69 岁	8.21	31.07	43.31	14.55	2.86
	70—74 岁	6.56	28.39	44.08	17.04	3.93
	75—79 岁	4.81	25.98	44.23	19.93	5.05
	80—84 岁	4.26	23.36	44.31	21.97	6.10
	85 岁及以上	2.88	21.50	43.27	24.40	7.96
农村	60—64 岁	7.84	27.62	41.85	18.61	4.08
	65—69 岁	5.22	24.14	43.36	22.09	5.19
	70—74 岁	3.80	20.16	43.19	26.06	6.79
	75—79 岁	2.93	17.55	40.99	30.27	8.26
	80—84 岁	1.93	15.96	39.05	32.41	10.65
	85 岁及以上	2.16	14.26	37.13	33.27	13.17

资料来源：根据中国老龄科学研究中心 2015 年中国城乡老年人口状况追踪调查数据整理。

从目前我国关于老年人健康的政策来看，近年得到了较大的发展，老年人的卫生健康状况也得到了较大的改善。由城镇职工基本医疗保险、城镇居民基本医疗保险和新型农村合作医疗保险构成的城乡基本医疗保障实现了全覆盖。我国城乡老年人医疗救助制度也逐步完善。2009 年，民政部、财政部、卫生部及人力资源和社会保障部联合发布了《关于进一步完善城乡医疗救助制度的意见》，在将城乡低保家庭成员和五保户纳入医疗救助范围的基础上，逐步把低收入家庭重病患者以及当地政府规定的其他特殊困难人员纳入医疗救助范围，为保障老年人的医治发挥了重要作用。2015 年，国务院办公厅又发布了《关于进一步完善医疗救助制度全面开展重特大疾病医疗救助工作的意见》（以下简称《意见》），将最低生活保障家庭成员和特困供养人员作为医疗救助的重点救助对象，同时，逐步将低收入家庭的老年人、未成年人、重度残疾人和重病患者等困难群众（以下统称低收入救助对象），以及县级以上人民政府规定的其他特殊困难人员纳入救助范围。《意见》要求将城市医疗救助制度和农村医疗救助制度合并实施，全面开展重特大疾病医疗救助工作，进一步细化实化政策措施，实现医疗救助制度科学规范、有效运行，并与相关社会救助、医疗保障政策相配套，保障城乡居民基本医疗权益。另外，为方便群众就医，近几年，大力加强了基层医疗卫生服务机构、人才队伍的建设，加强基层医疗服务力量。2016年《国务院关于印发"十三五"深化医药卫生体制改革规划的通知》（以下简称《通知》）指出，要坚持保基本、强基层、建机制。将基本医疗卫生制度作为公共产品向全民提供，推动医疗卫生工作重心下移、医疗卫生资源下沉，提升基层医疗卫生的职业吸引力和服务能力，以问题为导向推动制度创新和攻坚突破。《通知》指出，要提升基层医疗卫生服务能力，以常见病、多发病的诊断和鉴别诊断为重点，强化乡镇卫生院、社区卫生服务中心基本医疗服务能力建设。支持基层医疗卫生机构为老年人家庭提供签约医疗服务，建立健全医疗卫生机构与养老机构合作机制，支持养老机构开展康复护理、老年病和临终关怀服务，支持社会力量兴办医养结合机构。到2020年，所有医疗机构开设为老年人提供挂号、就医等便利服务的绿色通道，所有养老机构能够以不同形式为入住老年人提供医疗卫生服务。以上基层医疗服务改革，极大地方便了老年人就近看病就医。

但是，我们也要看到，我国老年人健康政策还存在一些问题：一是医疗保险政策有待改善，老年人看病难和看病贵问题仍然存在；二是预防保障不足，导致医疗费用快速攀升；三是老年人长期照顾体系尚未建立。因而，我国要逐步建立起预防、治疗、长期照顾相结合的老年人健康维护体系。

（一）完善医疗保险制度，提高基层医疗能力

充足完善的医疗服务有利于提升老年人的主观幸福感，此外，拥有医疗保险能显著增加老年人的主观幸福感。[1] 虽然我国已实现了医

---

[1] 吴克昌、谭影波：《不同时期关怀照顾、经济来源以及医疗服务与老年人主观幸福感——基于CHLHS 2002及CHLHS 2014的实证研究》，《华南理工大学学报》（社会科学版）2018年第3期。

疗保险的全覆盖,但我国医疗保险的服务质量和效率仍有待提升,服务费用仍超过居民承受范围。据调查,受访者对老年医疗政策的"总体情况"和具体内容满意度都不高,保持中立态度的受访者居多。在"总体情况"上,仅28.92%的受访者表示比较满意/非常满意,在具体内容上,"机构服务费用"和"报销额度"的满意率(比较满意/非常满意)相对较低,分别是24.70%和27.71%,"机构覆盖面"的满意率(比较满意/非常满意)最高,达到39.16%,而从不满意率(比较不满意/非常不满意)来看,"机构服务费用"和"报销额度"的不满意率(比较不满意/非常不满意)最高,分别是35.75%和32.13%,"机构覆盖面"的不满意率(比较不满意/非常不满意)最低,为18.27%(见图5-5)。由此可见,"机构服务费用"和"报销额度"在老年医疗政策各项内容中最亟须调整和改进。

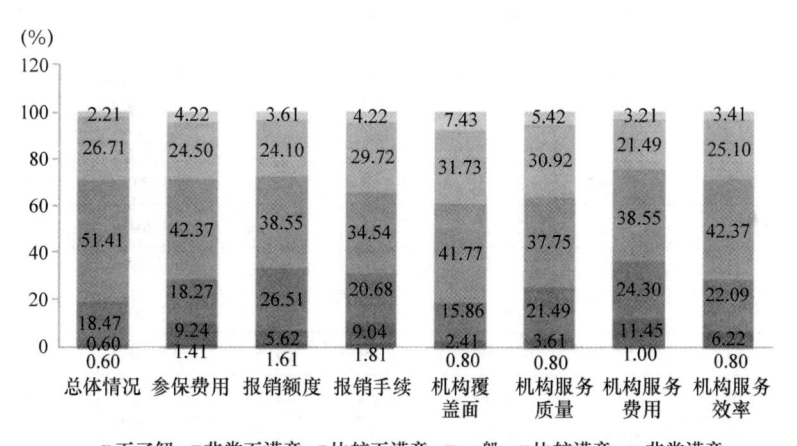

图5-5 老年人对各项医疗政策的满意程度

资料来源:作者在广州市开展问卷调查统计数据。

此外,对于老年人来说,医疗系统的可及性尤为重要,也就是说要方便老年人看病,要让老年人看得起病。在社区访谈中,很多老人认为,虽然社区医院离家近,较为方便,但医院的功能非常有限,目前社区医院药品数量少,甚至连一些慢性病的常规药都没有,而且每次额度较少，以高血压药为例，每次只能买3—4天的药量。因此，老年人不得不舍近求远，仍然要到比较远的大医院受排队之苦，为了拿点药要排几次队（挂号排队、看病排队、交钱排队、拿药排队），耗时半天。从医疗费用来看，看不起病仍然是老年人最担忧的问题。根据中国老龄科学研究中心调查数据显示，有高达51.49%的老年人担心自己生病时没有钱治病，其中农村老年人担心的比例远高于城市，农村有58.80%的老年人比较担心或非常担心自己生病时没有钱医治，而且年轻的老年人更为担心（见表5-4）。

表5-4　按年龄、城乡分的老年人是否担心生病时没有钱治病　　单位：%

	合计	60—64岁	65—69岁	70—74岁	75—79岁	80岁及以上
全　国						
合计	99.52	99.72	99.58	99.50	99.39	99.02
毫不担心	18.99	15.86	18.76	19.55	22.78	23.02
不太担心	20.52	18.60	20.41	23.51	20.13	21.86
一般	8.51	8.44	7.85	9.16	8.07	9.47
比较担心	27.93	30.53	29.38	24.86	25.51	25.40
非常担心	23.56	26.29	23.18	22.42	22.90	19.27
城　市						
合计	99.65	99.93	99.75	99.30	99.20	99.74
毫不担心	26.98	23.04	27.49	26.54	33.04	30.98
不太担心	20.76	19.93	17.64	25.39	19.73	22.97
一般	9.69	10.29	8.58	10.37	7.98	11.01
比较担心	23.73	24.07	29.12	20.86	21.21	19.66
非常担心	18.49	22.59	16.91	16.13	17.24	15.12
农　村						
合计	99.41	99.55	99.44	99.66	99.54	98.47
毫不担心	12.69	10.12	12.02	13.87	14.66	17.00

续表

	合计	60—64 岁	65—69 岁	70—74 岁	75—79 岁	80 岁及以上
不太担心	20.34	17.55	22.55	21.99	20.45	21.03
一般	7.58	6.97	7.28	8.18	8.14	8.30
比较担心	31.24	35.68	29.57	28.10	28.92	29.74
非常担心	27.56	29.24	28.01	27.52	27.37	22.41

资料来源：根据中国老龄科学研究中心2010年中国城乡老年人口状况追踪调查数据整理。

因此，我国的医疗政策应在以下方面进行改进，以解决老年人看病难和看病贵的问题。

一是建立家庭医疗保险共享机制，减少个人医疗费用压力，实现家庭内的互助。在一个家庭中，一般花费医疗费较多的是老年人，往往会出现老年人医疗费用不足，而年轻人医疗费用结余的现象。因此，建议建立医疗保险家庭共用机制。如新加坡保健储蓄计划是由公积金局设立的会员保健储蓄账户，允许会员动用公积金保健储蓄账户的存款，支付会员个人或直系家庭成员（包括配偶、子女、父母、祖父母以及生活未能独立的兄弟姐妹）的医疗费用。公积金存款充足的会员，可以填补他们父母的公积金最低存款额，以便他们的父母每月都有一笔固定的利息收入；或者他们也可以用现金填补他们父母的户头，这样，既可以让年青的一代有较多的途径尽赡养父母的义务和责任，也可以减轻父母的医疗费用压力。

二是完善具有社会统筹性质的大病保险制度，实现社会互济。"辛辛苦苦三十年，一病回到解放前"，这是很多人对大病重病突袭一个家庭的形象描述。为此，我国近几年一直在探索大病保险机制。大病保险专门针对面临"灾难性医疗支出"风险的家庭。按照世界卫生组织的定义，一个家庭强制性医疗支出，大于或者超过家庭一般消费的40%，就意味着这个家庭发生了灾难性的医疗支出。2015年8月，国务院办公厅发布《关于全面实施城乡居民大病保险的意见》，由政府从医保基金划拨资金,向商业保险机构购买大病保险,对参保人患高额医疗费大病、经基本医疗保险报销后需个人负担的合规医疗费用,给予"二次报销"。也就是说,参保人员年度内累计发生的超过基本医疗保险最高支付限额以上的医疗费用,也可以部分或全部通过大病医保来支付。大病患者实际报销比例在基本医保报销的基础上提高了10—15个百分点,有效缓解了大病致贫、大病返贫现象。比如,根据大病医疗保险新政,广州城乡居民在医保年度内,参保人住院或进行门诊特定项目治疗发生的基本医疗费用中,参保人全年累计超过城乡居民医保统筹基金最高支付限额以上的费用(2015年为18.28万元),由大病保险金报销70%;个人自付医疗费用全年累计超过1.8万元以上的费用,由大病保险金支付50%,最高支付限额为12万元。但这一政策还有待细化,例如报销比例"一刀切",应该设置阶梯形报销比例,使得费用越高的患者自付比例越低。此外,应建立完善的配套措施和监管机制,如做到医疗服务和药品合理定价,防止医疗资源滥用和过度医疗的现象,考虑到老龄化问题,还应探索针对老年人的大病医疗保险体系。

三是强化基层医院,逐步开展分流治疗,实现在家门口看病。我国存在的看病难问题不是因为整体医疗资源不足,而是因为医疗资源结构性失衡:基层社区医疗资源不足,门可罗雀,而大医院人满为患;小城市医疗能力弱,大城市医疗能力强但治疗负担重;社区医院医保额度低,无法满足老年人日常医疗需求。因此,一方面要加强基层医疗系统的资源和能力建设,充分发挥基层社区医院的作用。例如,广州市南沙区2013年启动了整合医疗卫生资源、提高基层医疗卫生服务水平的民生工程,让每个村都有一家方便的卫生站;每个村民看病都在"十分钟医疗服务圈"内;让村民得到便捷、高效、安全、实惠的基本医疗服务作为改革目标,在全区所有村级卫生站实现新农合村民基本医疗全免费。为提高基层医疗能力,南沙区首先对每个卫生站进行硬件改造,全部的村卫生站统一配置了雾化器、TDP、静脉注射助推器等医疗设备。此外,由区人民医院直接派驻医生和护士到全区村卫生站，并保证派驻医生每年的收入不低于 14.3 万元，护士的年薪也不低于 10 万元，由医院统筹派驻到村卫生站的医生和护士，总收入将比在医院内同等同级的医生和护士高出 10% 左右，南沙区还将骨干及全科医生纳入卫生人才库，对于晋级、外出培训都实施优先考虑措施。其他各地，也应采取措施改善基层医院的条件，提高其医疗技术水平和服务能力。另一方面要建立社区医院和大医院之间的双向转诊制度，发挥社区医院在国家医疗保健体系中的重要作用。如新加坡居民需先到社区诊所就诊，诊所认为需要转诊时出具证明，患者凭证明到大医院就诊，否则其在医院的费用不能享受政府补贴。据统计新加坡 70% 的住院病人是急诊入院，大量慢性病患者集中在社区医院治疗和康复。我国可尝试设立社区医院首诊制，提高社区医院就诊的报销比例和医保费使用额度。

（二）加强疾病的预防和保健，减轻医疗压力

一直以来，我国将医疗保障的重点放在了救治上，这本身没有问题，但问题在于，忽视了疾病的预防和日常的保健工作。例如，我国尚未建立完善的城乡居民健康档案体系，健康教育、老年人保障、高血压等慢性病的规范管理系统尚未建立，居民健康的生活方式尚未形成。这样，不仅不利于提高居民的健康率，同时，会导致医疗卫生支出的大幅度上涨。据调查，我国老年人中患慢性病的比例高达 79.97%[①]，而这些慢性病中比例比较高的分别有：高血压、关节炎、心脏病、冠心病、青光眼白内障、糖尿病等（见图 5-6），这些慢性病有些是可以预防的，如胃肠炎、慢性支气管炎等，有些如果规范管理是能够控制的，如高血压、糖尿病。但如果不能做好日常保健，保持良好的生活习惯，这些慢性病可能会引发严重的疾病，如高血压最常见的并发症有脑血管意外、高血压性心脏病心力衰竭、肾功能衰竭。

---

① 党俊武：《中国城乡老年人生活状况调查报告（2018）》，社会科学文献出版社 2018 年版，第 124 页。

同时，如果缺乏预防和日常保健，随着老年人口的增加，我国的卫生医疗费用会大幅上升，带来巨大的财政负担。据调查显示，1978—1994年，我国的卫生总费用增长比较平稳，1995年以后进入大幅增长时期；据预测，2030年将达到53.14万亿元，2040年将达到273.43万亿元，这将对财政、医疗保险基金和个人带来巨大的负担。①

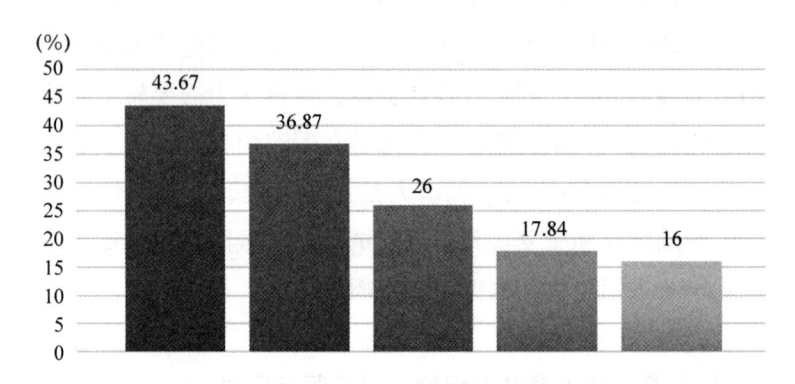

图 5-6　老年人患慢性病情况

资料来源：根据中国老龄科学研究中心2015年中国城乡老年人口状况追踪调查数据整理。

预防胜于治疗。如果公民能在日常生活中养成良好的健康观念和卫生习惯，就可以较好地避免疾病的侵扰。近年来，各国均开始注重疾病的预防，通过各种途径为居民提供某些预防性服务，这种"治未病"的做法不仅提高了医保基金的使用效率，减轻了医疗负担，还有效遏制了慢性病和一些重大疾病的发生与发展，提高了居民健康水平。例如，日本20世纪70年代后，由于老龄人口大幅增长，同时，独居与空巢老年人增加，很多长期患病者由于在家无人照顾而涌入医院，导致医疗资源紧缺和医疗费用激增的"社会性住院"现象。为

---

① 杨燕绥：《中国老龄社会医疗保障发展战略》，《中国老龄社会与养老保障发展报告》，清华大学出版社2015年版，第143页。

此，日本先后进行了一系列改革，逐渐改变了住院为主的老年人医疗保障模式，加强了以居家养老为主的保健和早期疾病的预防工作，注重护理和预防保健，将对常见病的干预作为重点，形成了由医疗保险运营机构实施的体检及健康指导制度，这就是日本人口老龄化程度高但人均卫生费用并不高，其总费用能得到有效控制且可持续发展的原因。在新加坡，社区医疗卫生服务的一项重要职能就是进行医疗保健和卫生常识的宣传教育，社区中心管理委员会和居民委员会等社区组织与公立医院和慈善机构等医疗团体合作，邀请著名的医师和专家学者深入社区，为社区居民介绍家庭常见病的诊疗方法、预防疾病的常识和健康的生活方式。社区组织还会在一些特定的节日或周末，组织社区居民和义工在社区内部发放医疗保健宣传材料或进入居民家庭宣传医疗保健知识。社区居民也可以通过电话、邮寄等方式向医疗机构咨询有关疾病诊治和医疗保健的信息。我国台湾地区也非常重视中老年人口的健康预防保健工作，早在1995年就颁布了《全民健康保险预防保健实施办法》，成人预防保健服务包括身体检查、健康咨询、血液检查和尿液检查三个部分。2003年，台湾地区又实施了"口腔健康法""癌症防治法"。台湾地区的预防保健工作主要通过两个渠道推进：一是通过公共卫生体系推动，台湾地区健康管理部门通过几百个卫生所的公共卫生体系，引导民众建立健康的生活形态及预防疾病，主要议题有整合式预防保健服务、预防老人跌倒及重要慢性病预防等。整合式预防保健服务又包括身高、体重、高血压、高血糖、高血脂、子宫颈抹片检查、结肠直肠癌、肝癌、口腔癌及乳癌等筛检。重要慢性病则包括代谢症候群、糖尿病、心脏病、高血压性疾病、中风及慢性阻塞性肺病等。二是通过社区营造来推动。台湾地区健康管理部门从1999年开始推动社区健康营造计划，结合地方资源营造居民自决的健康环境，改善生活形态、预防疾病。因此，我国也要加强疾病预防工作，通过社区卫生服务系统建立居民健康档案、推行中老年人的健康体检，开展健康生活方式教育，普及常见病的预防和救治知识，提高居民自我保健意识和能力，建立慢性病的规范管理体系，控制慢性病的发展。

(三) 建立老年长期照顾体系，提高老年人的生命质量

长期照顾政策是指对先天或后天失能者长期提供针对性的健康照顾与生活照顾的一系列措施。我国新的《老年人权益保障法》首次明确规定"国家逐步开展长期护理保障工作，保障老年人的护理需求"，标志着我国在老年长期照护保障制度化上迈出了重要一步。但到目前为止，我国并没有建立专门的长期照顾制度，虽然近两年我国提出"医养结合"的养老模式，试图改变养老机构"养老不医护"、医疗机构"治病不养老"，二者不对接的现状，但由于这一养老模式涉及民政、卫生、社保等部门，协调难度大，机制尚未建立，失能老人的照顾责任仍主要由家庭承担，只有约5%的老人是由保姆和养老机构照料，95%的照料由家人提供（见图5-7）。但由于少子老龄化、家庭核心化，这种家庭照顾服务的供给，无法有效提供适当的照顾服务。有些老年人由于没有康复医院、社区医院承接其健康照顾需要而不得不选择长期住院，不少地方已经开始将"家庭病床"纳入基本医疗保险支付范围，消耗大量的医疗基金。因此，我国需尽快

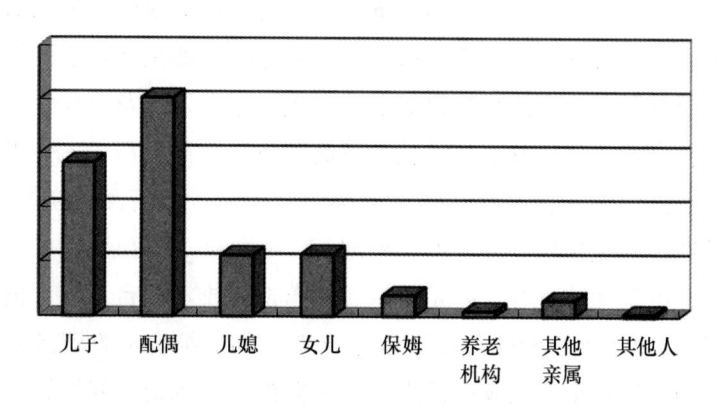

图 5-7 失能老人的主要照料者（%）

资料来源：根据中国老龄科学研究中心 2015 年中国城乡老年人口状况追踪调查数据整理。

出台长期照护制度，加强老年照护人才培养，为家庭成员照护提供支持，建立多元化的老年照护和服务模式，为缓解每个人在老年阶段可能遭遇长期照护的焦虑，保障失能老年人及其家庭的生活质量，提供制度的支持和保证。

长期护理（Long-Term Care，LTC）是指：在较长的时间内，为患有慢性疾病或部分生理机能残缺的人提供持续的护理，护理内容包括医疗救治、家居看护、运送服务、社会互助和其他支持性帮助的服务。从服务内容来看，长期照顾制度需要兼顾失能老人的健康服务和社会服务两大内容。从政策对象来看，长期照顾制度需要在确保失能老人生活品质的同时，缓解家庭照顾者（亲属）的照顾负荷，所以照顾需要者和家庭照顾者都是其政策对象，政策规划需要兼顾二者的社会权利。

从各国经验来看，很多国家针对长期照顾服务费用来源以及服务由谁供给两大问题，普遍建立起长期照顾体系（见表5-5）。根据长期照料中筹资的来源以及政府的作用不同，世界上的长期照顾体系可以分为三种模式：（1）以税收为筹资来源的照顾制度模式。这种模式中，政府是主要的付费者，长期照顾资金主要来源于国家的财政预算，一般由中央政府和地方政府共担，个人不承担或者少量地承担照顾费用；政府的责任是制定长期照顾接受者可以领取照顾补助或者服务的资格标准，并且进行审核，直接向有资格获得补助的人群发放补助或者直接提供服务，或者购买长期照顾服务。这种模式又可以分为救助式制度模式和普享式福利制度模式。救助式制度模式是一种选择性福利，审核标准主要有照顾需求和资产调查，主要针对生活收入在某个标准以下的老人提供补助。普享式福利制度是按照普遍原则进行分配的，不需要进行资格审查。（2）市场长期照顾保险制度模式。它是依据个人的意愿自愿购买的，可以在保险公司根据市场需求开发的保险产品中进行选择。个人是付费者，政府担当监管市场的责任，制定与长期照顾保险相关的法律规定，但是不干预市场保险公司的经营管理，保险公司与参保人建立契约关系，参保人缴纳的保费决定了其应该获得的待遇水平，参保人的长期照顾费用按照合同的规定由保险公司向照顾机构支付。（3）长期照顾社会保险制度模式。社会长期照顾保险中的资金一部分来自保险费，按照现收现付的原则筹资，由国家、单位和保险人共同承担，具有强制性、互济性的特点。长期照顾社会保险制度尚属于新兴的一个险种，德国是实施长期照顾社会保险制度模式最早的国家。

表 5-5　　　　　　　　　各国长期照顾体系

国家	制度模式	照顾计划	主要模式	照顾模式
英国	社会救助制度模式	家计调查准入	√	居家/机构照顾
	社会救助制度模式	社会保障补助		居家照顾
	普享式制度模式	国家医疗服务体系	√	机构照顾
	市场保险制度模式	市场长期照顾保险		居家/机构照顾
美国	社会救助制度模式	医疗救助	√	居家/机构照顾
	社会保险制度模式	医疗救助		
	市场保险制度模式	市场长期照顾保险	√	
瑞典	普享式制度模式	公共的长期照顾计划 照顾津贴	√	居家/机构照顾
	市场保险制度模式	市场长期照顾保险		
奥地利	社会救助制度模式	社会救助体系	√	居家/机构照顾
	普享式制度模式	长期照顾津贴	√	
	市场保险制度模式	市场长期照顾保险		
法国	社会保险制度模式	医疗保险		机构照顾
	社会救助制度模式	通过退休计划、家计调查		机构照顾
	普享式制度模式	独立津贴或自主性养老金	√	居家照顾
	市场保险制度模式	市场长期照顾保险	√	居家/机构照顾
澳大利亚	社会救助制度模式	居家和社区照顾津贴	√	居家照顾
	普享式制度模式	社区老人照顾计划	√	居家照顾
		机构照顾计划	√	机构照顾
	市场保险制度模式	市场长期照顾保险		居家/机构照顾

续表

国家	制度模式	照顾计划	主要模式	照顾模式
丹麦	普享式制度模式	居家照顾计划	√	居家照顾
	市场保险制度模式	市场长期照顾保险		居家/机构照顾
德国	社会保险制度模式	长期照顾社会保险制度	√	居家/机构照顾
	市场保险制度模式	市场长期照顾保险	√	
	社会救助制度模式	家计调查	√	
日本	社会保险制度模式	长期照顾社会保险制度	√	居家/机构照顾
	市场保险制度模式	市场长期照顾保险		
	社会救助制度模式	家计调查		
荷兰	社会保险制度模式	意外医疗保险	√	居家/机构照顾
	市场保险制度模式	私人长期照顾保险制度		
	社会救助制度模式	家计调查		

资料来源：施巍巍：《论发达国家老年人长期照顾的制度模式》，《学术交流》2012年第5期。

我国老年人口基数大，失能老年人的规模也迅速增长，受失能影响的老年人达到上亿人，因此，我国非常有必要建立面向失能老人的长期照顾服务体系。一是要建立长期照顾保障体系，即建立依附于医疗保障制度的长期照顾保障制度为基础的、以长期照顾救助制度和长期照顾商业保障制度为补充的长期照顾保障制度。二是建立专业化、规范化的长期照顾供给体系，形成以家庭照顾服务为基础、居家照顾服务为主干、住养型照顾服务为支撑、邻里互助服务为补充的长期照顾服务体系。三是培养长期照顾服务人员队伍。长期照顾服务既是医疗康复护理技术密集型服务，也是劳动密集型服务，老年照顾服务涉及老龄学、医学、康复护理、心理学、社会工作等多学科的知识和技能，需要大量的专业人力资源。因此，我国要加快长期照顾管理和服务人员的培养、建立专业认证制度，提高长期照顾人员的社会地位和待遇水平，解决老年照顾的人力问题。

俗话说："一人卧床全家忙"，"久病床前无孝子"，长期照顾服务是一项艰难的任务，照顾家中失能者不但没有薪水，还全年无休，随时要帮失能者上厕所、换尿布、喂食、洗澡，其中的辛苦外人很难体会。除了体力负荷之外，家庭照顾者往往担心照顾不周，出了什么差错，会引起其他家人或外界责备，由于长时间待在家里，与外界缺乏互动，可能引发忧郁症，或造成自杀、杀害亲人等悲剧。我国台湾地区曾多次发生照顾者危害被照顾者的案件。2013年，62岁周姓男子照顾患癫痫的妻子三十几年，不堪压力掐死妻子后寻短见。2010年12月，一名八旬老翁不忍妻子长期受帕金森症之苦，行凶结束老伴生命。2009年2月，一名媳妇无法承受长期照顾婆婆的压力，一时冲动用枕头将婆婆闷死。在休息不足、身心俱疲的情况下，对照顾者与被照顾者而言，都是一种折磨，为缓解照顾者的压力，让照顾者获得休息，一些国家和地区也相应开展了老人喘息照顾服务，即将老人的照顾工作"暂时性"交给专业的机构来替代，以让家属获得较为充分彻底的自由和空间休息机会。喘息照顾服务主要有以下功能：（1）通过"暂时性"服务，可能满足家庭照顾者不在家时或无法全时间照顾时的一种使用需求；（2）提供给照顾者一个"正常性"和"自由"的时间和空间；（3）减轻家庭照顾者压力；（4）对于长期照顾失能者的高危险家庭，具有避免"虐待"事件发生的效果；（5）既可以让照顾者感受到真正的家庭生活和愉快的假期，也可让被照顾者增加个人经验和社交活动，提升他们的生活品质。有学者根据喘息照顾服务的效果将其分为四种类型：补充（支持）性效果、替代性效果、缓冲性效果、保护性效果（见表5-6）。

表5-6　　　　　　喘息照顾服务影响效果的类型建构

类型	效果
补充性效果	纯粹提供照顾者放松、喘气及缓解身心压力并有机会参与社会活动
替代性效果	失能老人因先行进入机构安置之试住机会，而可能成为留在机构长住的个案

续表

类型	效 果
缓冲性效果	从医院出院到回家照顾的中途站，为压力的缓冲站
保护性效果	对于照顾者精神态度不佳，可能出现忽视和虐待情况的一种预防保护措施

资料来源：陈燕祯：《老人服务与社区照顾：多元服务的观点》，台北：威仕曼文化事业股份有限公司 2011 年版，第 243 页。

针对我国长期照顾主要由家庭来提供的现状，建议我国尽快建立喘息服务制度，对卧床超过半年，家属专职陪伴超过半年，提供一周以上短期托管服务，以减轻照顾者压力，以便更好地提供照顾服务。

三 建立老龄环境安全政策体系

老年人环境安全主要包括户外空间与设施安全、住宅安全以及社会安全等方面。

（一）加强户外无障碍设施建设和改造，提高老年人公共交通安全度

户外开放性空间与公共建筑对老龄人口的行动力、独立性生活品质有决定性的影响，根据世界卫生组织提出的《高龄友善城市》的目标，户外空间和建筑安全建设需要考量以下标准：（1）公共空间的干净与愉悦；（2）有维护良好和安全的绿色空间；（3）维护良好且无障碍的人行道；（4）人行道的宽度可供轮椅使用者利用；5. 道路有适当的防滑处理，行人过路标志提供足够的时间让老年人过马路；（6）驾车者让路给行人；（7）公共建筑内有良好设计与足够空间的设施，如洗手间、扶手等；（8）特殊服务的提供，如老年人不用排队等。在公共交通方面，大众运输要具有可及性和可负担性，老年人经常去的医院、公园等地方要有公共交通系统可以到达，公共交通站场要有

坡道、自动扶梯、电梯等设施，公共交通工具要方便老年人和残障人士进入，要为老年人提供优先高品质的座位等。

为加强老人宜居环境建设，我国《老年人权益保障法》规定：国家制定和完善涉及老年人的工程建设标准体系，在规划、设计、施工、监理、验收、运行、维护、管理等环节加强相关标准的实施与监督；国家制定无障碍设施工程建设标准。新建、改建和扩建道路、公共交通设施、建筑物、居住区等，应当符合国家无障碍设施工程建设标准；无障碍设施的所有人和管理人应当保障无障碍设施正常使用；国家推动老年宜居社区建设，引导、支持老年宜居住宅的开发，推动和扶持老年人家庭无障碍设施的改造，为老年人创造无障碍居住环境。2012年，我国住房和城乡建设部颁布了《无障碍设计规范》。但从我国目前情况看，无障碍设施的建设远远不够完善，老年人的交通安全仍令人担忧。交通安全是老年人比较担心的问题，近50%的老年人担心出行安全，而且越年轻的老年人越担心，可能与年轻的老年人出行较多有关（见图5-8）。因此，我国要不断完善无障碍设施建设规范和标准，并做好检查、验收、维护工作。在我国，老年人的出行方式主要靠步行、自行车和公交车，因此，要加强人行道、自行车道的建设，要建立适合老年人出行的交通管理体系。

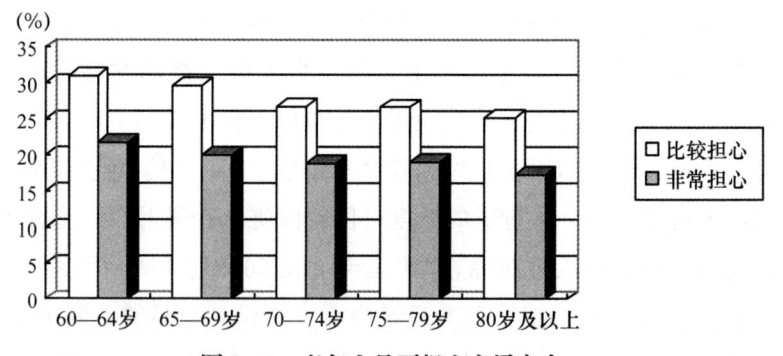

图 5-8 老年人是否担心交通安全

资料来源：根据中国老龄科学研究中心2010年中国城乡老年人口状况追踪调查数据整理。

（二）建立全龄家居设计理念，加快老年人住房的改造

居家住宅设计不良时，老人容易发生跌倒，进而可能引起一系列老人健康问题。防跌倒是老人日常生活安全防范的重点之一。我国老人中，平均21.5%的老人最近一年有跌倒的状况，年龄越大，跌倒率越高，女性跌倒率明显高于男性，农村高于城市，而且平均跌倒次数在两次以上（见表5-7）。从跌倒的地点来看，浴室/卫生间以及客厅、卧室所占的比例最大。

表5-7　　老年人最近一年跌倒的比例及平均跌倒次数　　单位：%

	60—64岁	65—69岁	70—74岁	75—79岁	80—84岁	85岁及以上
城市跌倒率（%）	9.9	12.0	14.2	16.8	18.4	22.3
农村跌倒率（%）	14.6	17.8	20.8	22.4	24.9	28.3

资料来源：根据中国老龄科学研究中心2015年中国城乡老年人口状况追踪调查数据整理。

现代城市多为楼房，如果没有安装电梯，老年人上下楼成为难题，有的老人上下楼需要十几分钟，有的家庭甚至雇人背老人上下楼，有的行动不便的老人几年都不能下楼，成为"悬空老人"。为给老人提供便利的生活环境，减少老年人的跌倒率，提高老年人生活的安全度，我国一方面要在新建的社区和住宅中引入全龄设计理念，建立适合婴幼儿、老年人、残疾人居住的无障碍空间，让居住者更安全方便；另一方面必须对老年人的住宅进行改造，如增加住宅防滑设施，在卫生间/浴室增加扶手，在没有电梯的楼宇增加电梯，方便老年人上下楼。

（三）加强针对老年人犯罪的预防和打击力度，提高老年人的安全感

由于老年人防范意识较低，对新技术不了解，具有同情心，老

年人成为犯罪分子实施诈骗的主要目标之一，特别是单独居住、有一定经济基础、反应迟钝、外界联系闭塞的老年人以及自我保护能力弱的农村留守老人，往往成为犯罪分子作案的对象，老年人的人身、财产安全未能得到有效保障。据中国老龄科学研究中心的调查，约40%的老年人担心社会安全，而且越年轻的老年人越担心（见表5-8）。我们在广州的问卷调查也表明，老年人对人身和财产安全的需求比较迫切（见表5-9），从另一个方面反映了我国老年人的安全隐忧。

表5-8　　按年龄、性别分的老年人是否担心社会不安定　　单位：%

	合计	60—64岁	65—69岁	70—74岁	75—79岁	80岁及以上
合计	99.38	99.50	99.52	99.31	99.35	98.91
毫不担心	19.98	17.38	19.02	21.61	21.77	24.52
不太担心	22.32	21.28	20.66	22.78	24.19	25.58
一般	17.14	18.02	18.01	16.04	15.63	16.43
比较担心	22.99	22.61	24.72	24.05	22.68	19.33
非常担心	16.96	20.21	17.10	14.85	15.07	13.05

资料来源：根据中国老龄科学研究中心2010年中国城乡老年人口状况追踪调查数据整理。

表5-9　　　　　　　　　老年人安全需求　　　　　　　　单位：%

项目＼年龄段	20—30岁	40—50岁	60岁及以上
人身安全	4.70	4.40	4.70
财产安全	4.44	4.26	4.26
信息安全	4.20	3.95	3.63

资料来源：作者在广州市开展问卷调查统计，数据问卷按重要程度1—5设置。

因此，一方面，要做好老年教育，提醒广大老年人防范诈骗，及时向群众通报案情，公布嫌疑人作案手段、特征等，提醒老年人谨防上当受骗；另一方面，社区民警要加强对重点地段、单独居住老人的巡逻防控，加大对针对老年人犯罪的打击和处罚力度，确保老年人的人身、财产和信息安全。

第六章　满足情感性需求　在新型代际关系中感受幸福

情感、情绪支持是影响老年人心理健康、生活满意度和幸福感最为重要的因素，特别是家庭代际关系与老年人的身心健康、生活满意度、自尊感、孤独感、幸福感等密切关联。"代"在生物学意义上是指父母与子女间的血缘关系，在心理学意义上则指归属性以及身份的一致性。代际关系指两代人之间的人际关系，可分为宏观与微观两种。从宏观角度看，代际关系是指社会财富和经济资源在不同代次之间的分配、交换、转移和传递的形式，以及不同代次所承担的义务与分享的权利等。微观上则是指家庭内部成员之间的人际关系，包括夫妻关系、亲子关系以及与之密切相关的婆媳关系或隔代的血缘关系。[1]

一　当前我国代际关系的特点

家庭关系在我国具有重要的意义，这是各种关系中最普遍、最基本、最持续、最亲密、影响最深远、最具韧性和适应性的关系，而家庭关系中，代际关系是仅次于夫妻关系的重要关系，直接影响到家庭的和睦与幸福。不同时代的代际关系呈现不同的特点，随着时代的变

---

[1] 零点研究咨询集团、王佑、陆誉蓉：《中国城市老年家庭代际关系研究——基于北上广等七城数据的分析》，载杨团《当代社会政策研究（八）：老龄时代的新思维》，社会科学文献出版社2013年版，第262页。

迁，流动性的加强以及家庭规模的缩小，家庭成员之间的互动单位也逐渐减少，代际关系正处于变动、转型时期，既有积极的一面，也有消极的一面，支持与冲突并存，温暖与冷漠同在，代际失衡现象严重，代际冲突凸显。

（一）代际关系契约化

在传统社会，亲子关系是家庭关系的主轴，而且在"父为子纲"的约束下，亲代对子代拥有绝对的权威，"尊尊原则"是处理代际关系的主要依据。所谓"尊尊原则"是指"个体应该绝对尊敬、顺从在关系网络中处于较高地位者，而无需计较处于高位者如何对待他们。……孩子压抑自身需求以符合父母期望，子女应该尽力荣耀双亲以及延续家族命脉"[1]。在这一原则下，"辈分—年龄—性别"成为衡量家庭伦理权威的重要标准[2]，亲子双方处于权力不对等的关系结构下，子代必须认同亲子辈分地位之尊卑规范，亲代在子代成长过程中，往往对其形成一种控制关系，包括行为、思想上的控制，子代必须以符合社会规范的形式来满足父母的要求或期待，常常表现出自我压抑、顺从权威等心理与行为取向。

但随着社会的发展，特别是民主化趋势和个体意识的增强，家庭代际关系的权威性面向降低，相互性面向上升，亲子代间关系开始朝向契约化关系发展，代际生活安排上的选择性增强，带有较强个体主义价值观特征的家庭主义观念正在形成。在亲子关系上，强调独立、自由、公正原则，注重双方的权利与义务的平等，代际之间显现出一种平等交换的逻辑，这种交换既包括物质、经济的有形交换，也有情感和象征方面的无形交换。交换理论认为，家庭成员都是自私的，成员之间的付出和回报遵循市场原则，付出是一种投资，渴望获得等价

---

[1] 叶光辉、杨国枢：《中国人的孝道：心理学的分析》，重庆大学出版社 2009 年版，第 352—353 页。
[2] 曹惟纯、叶光辉：《高龄化下的代间关系——台湾民众孝道信念变迁趋势分析（1994—2011）》，《社会学研究》2014 年第 2 期。

的回报，付出是有条件的，个体利益优于整体，双方交换的均衡是维持家庭生活乃至整个社会运行的基本原则。交换理论运用到家庭代际关系中，表现为：老年人抚育未成年的子女，是为了在晚年获得子女的照顾作为回报；在子女婚嫁过程中为子女支付婚姻成本，是为了在赡养过程中获得谈判和协商的筹码；帮助子女料理家务和照看孙子女，可以换来子女在经济上的帮助和支持等。这种类型用年青一代村民的话来说就是"你对我好，我也会对你好；你对我不好，我便也不对你好"，讲求互惠交换。①

毋庸置疑，亲子关系从权威型到契约型的转变，体现了亲子关系进步的一面，特别是赋予了子代的独立性和选择空间，但另一方面，我们又不能不看到，这种平等交换的关系将父代的交换能力与子女的赡养水平相结合，这对经济条件和健康状况差的老年人极为不利。有研究表明：身体健康、具有一定劳动能力的老年父母，可以为子女操持家务，减轻儿女的家庭负担，那么，父子两代之间以及婆媳之间相处较为融洽。若父母缺少积蓄且丧失劳动能力，或是疾病缠身，高度依赖子女，儿子和媳妇的照料可能会比较消极。② 如果父母能在生产和生活上帮助子代，有利于提升子代的社会竞争力时，家庭代际关系则比较好，反之则不好。这种契约式的平等交换关系运用于家庭生活中，让温情的家庭关系变成冷冰冰的契约，无条件的赡养义务变成了有条件的交换，甚至为不赡养老人的子代提供借口，特别是将交换能力弱的老人置于不利境地。

（二）代际关系逆向化

代际关系逆向化表现为两个方面：一是代际关系主体的逆转；二是代际关系的逆向流动。传统社会父辈因其丰富的生产经验和生活阅

---

① 舒萍：《代际关系的张弛之道——基于福建一个多姓宗族村落田村的考察》，《广西民族大学学报》（哲学社会科学版）2014年第6期。

② 王跃生：《中国家庭代际关系的理论分析》，《人口研究》2008年第4期。

历而在家庭中享有较高的地位和权威，亲代处于主导地位。但是在现代化进程中，子辈显示出对于现代社会的高度适应性，对于现代社会知识的接受及掌握的程度比父辈又快又多，父辈日益成为被教育的对象。代际关系发生逆转，子代遂取代亲代成为代际关系互动中的主导一方，而且代际权力从男性转移至女性，表现为婆媳关系成为代际关系的核心，媳妇在家庭中地位上升，在家庭关系中占据主导权。老年人丧失了社会和家庭的主导作用，家庭地位边缘化，被排挤在家庭生活重大决策和管理范畴之外，老人的独立性和选择空间减少，甚至有的老人为了迎合子代，不得不做听话的"乖乖老人"。

代际关系逆向化主要表现在代际关系流向的逆转。社会学家费孝通将中国子代的养老行为概括为反馈模式，即回馈亲代的抚育之劳：甲代抚育乙代，乙代赡养甲代，丙代又赡养乙代，这是下一代对上一代都要反馈的模式，这也意味着养老是代际关系的主要内容。[①] 但在现代社会中，代际关系逆转，老人关心子女比子女关心老人多，父辈群体在完成抚育责任并已退休的状态下，城市家庭中的青壮年群体本应进入赡养阶段时，不是子女赡养父母反而是父母仍然给予子女各种形式的补贴与支持，集中体现为父辈对儿孙辈进行不间断单向投入为主要特征的家庭关系模式。[②] 也就是父母为子女倾尽所有，而子女为父母所提供的仅是有限的物质性回报或不思回报，出现了逆反哺和"眼泪往下流"[③] 的现象。

代际关系的逆转主要表现为老年人对成年子女的"经济再哺"以及老年人为子女退而不休，承担家庭照顾者的重担。在城市，子代年轻群体接受或者寻求父辈提供的各种方式的代际支持行为，包括金钱

[①] 费孝通：《家庭结构变动中的老年赡养问题——再论中国家庭结构的变动》，《北京大学学报》1983年第3期。

[②] 蒋晓平：《逆向代际关系：城市从业青年隐性啃老行为分析》，《中国青年研究》2012年第2期。

[③] 刘桂莉：《眼泪为什么往下流？——转型期家庭代际关系倾斜问题探析》，《南昌大学学报》2005年第6期。

补贴、劳力支持与社会关系网支持。如父辈通常以馈赠的方式在诸如买房、买车、子女教育费用、子女社会保险费用等方面提供金钱资助；亲代通过看护及接送孙辈孩子、照顾日常生活、从事家务劳动等为子代提供劳力支持。在农村，已婚子代通过"分家"的形式，从亲代家庭分割获得土地、房屋等生产生活资料，同时将老屋、债务等留给父母。而在分家之后，分家了的儿子媳妇外出打工赚钱，年迈的父母做家务、干农活、带孙子，年轻的子代从身体上"压榨"自己的父母，让父母为自己创造价值。父代会在有劳动能力的时候尽可能帮助子代，在没有劳动能力的时候尽可能少的麻烦子代，形成一种父代任劳任怨、甘心为子代默默付出的行为实践。子代希望父代为自己的社会竞争服务，或者至少不能增添负担，家庭代际关系无论是在物质交换还是在精神交换上都存在着严重的失衡，形成一种逆向的代际剥削。[1]

在传统社会的家庭伦理中，"反哺父母"是子女最重要的义务，养儿是为了防老，而在今天，由于代际关系的变化，"养儿防老"观念也在发生变化，只有约20%的人认可这种说法，越年轻的一代越认为"养儿防老"观念正在弱化，而当前的老年人用自己的亲身感受证明此观点已过时，自己养老更可靠（见表6-1）。

表6-1　　　　不同年代的人对"养儿防老"的看法

年龄段		相对安全的养老方式	正在弱化 养儿不一定能防老	已过时 自己更可靠
20—30岁	计数（人）	58	141	71
	百分比（%）	19.4	47.2	23.7
40—50岁	计数（人）	82	91	94
	百分比（%）	27.3	30.3	31.3

---

[1] 陈锋：《农村"代际剥削"的路径与机制》，《华南农业大学学报》2014年第2期。

续表

年龄段		相对安全的养老方式	正在弱化养儿不一定能防老	已过时自己更可靠
60岁及以上	计数（人）	61	85	136
	百分比（％）	20.3	28.3	45.3
合计	计数（人）	201	317	301
	百分比（％）	22.4	35.3	33.5

资料来源：根据作者广州市问卷调查统计数据整理。

代际关系的逆转实质上是亲代利他主义以及子代利己主义的体现，也是道德和舆论约束力量缺失的体现。利他主义理论认为，家庭是基于血缘建立的，家庭成员之间的支持行为是出于责任和亲情，而不是出于自利的动机，因此家庭的需要高于个人的需要。老年人与子女之间的关系更像是一个合作群体，双方的付出是为了整个家庭的利益最大化。利他主义也认为，在代际关系中，付出的一方往往比接受的一方更加容易获得精神上的满足感。正是由于亲代的利他主义思想的影响，现代社会有很多老年父母牺牲自己退休后的时间，帮助子女照顾孙子女，担任起"保姆"的角色[1]，一方面为了帮助子女；另一方面也享受了照顾孙子女的乐趣。而今天的子代，在家庭关系中，更注重夫妻关系以及自己小家庭的利益，更注重对自己小家庭的投入而削弱了对父母的义务，子代在享受了亲代的抚育之恩后却不思回报，只想谋求小家庭利益的最大化。同时，在我国家庭关系一直被认为是"私领域"，家庭关系伦理的维护更多的是依靠道德和舆论的力量，而不是法制等外部力量。但现代社会，由于人口的流动，日益由"熟人社会"转变为"陌生人社会"，道德和舆论在调解家庭关系中的作用减弱，在有些乡村，子对父的不孝不会受到谴责，但父若因子不孝而将子女告上法庭，不仅子不孝的局面不会因此得以改变，父辈还会

---

[1] 金一虹：《家庭代际关系谈》，《广州研究》1988年第10期。

因之丧失最后的道德优势,面临更糟糕的处境。[1] 这种代际关系的逆向化,无疑让亲代处于不平等的弱势位置,造成了亲代生存条件的恶化,甚至让老年人面临生存的危机。

(三) 代际关系物质化

代际关系包含着金钱、物质、时间、情感等多方面价值资源在代间的双向流动。但当前社会,由于亲代与子代分别而居,加上年青一代职场压力较大,过去由子女亲自侍奉照顾年老父母的方式已由"付钱请人照顾"的模式取代,日常生活中,子女也用金钱的给予替代孝道行为,有的仅仅在逢年过节时给老年人买些礼品而打发了事。据零点研究咨询集团《2011年中国城市居民生活形态及消费行为调查研究》的调查表明,子女对父母主要表现为馈赠型的经济支持,且以赠送礼品 (58.8%) 和逢年过节送钱 (51%) 为主,定期给父母孝金的仅占两成 (20.7%)。[2] 因此,今天的子代对亲代的回馈和互动更多地表现为物质上的支持、生活事务的帮助或资讯上的传达,在赡养长辈上,晚辈给予的往往只是金钱上的帮助,而并没有真正意义上的照料,缺少情感上的宣泄或抒发,加上现在空巢家庭和独居家庭的增加,老年人的情感饥渴问题突出,孤独、郁闷、失落等负面情绪直接影响了老年人的幸福感。子代给予亲代物质上的支持是非常必要的,但如果单纯地以物质支持代替对父母的"尽孝"行为,则会带来亲代情感上的饥渴,影响父母的幸福感。中国老龄科学研究中心2015年中国城乡老年人口状况追踪调查数据显示:36.6%的老人有孤独感,农村老年人孤独感 (43.8%) 远高于城市老年人 (29.9%),女性老年人 (39.9%) 的孤独感高于男性老年人 (33%),年老的老年人孤独感高于年轻的老年人 (见图6-1)。

---

[1] 赵晓峰:《孝道沦落与法律不及》,《古今农业》2007年第4期。
[2] 零点研究咨询集团、王佑、陆誉蓉:《中国城市老年家庭代际关系研究——基于北上广等七城数据的分析》,载杨团《当代社会政策研究(八):老龄时代的新思维》,社会科学文献出版社2013年版,第267页。

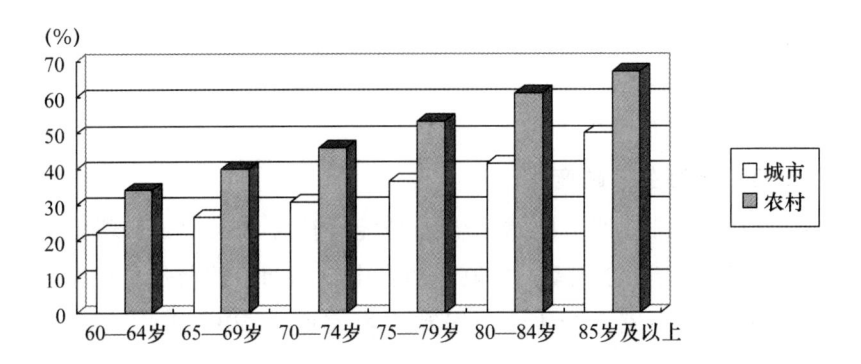

图 6-1　老年人孤独感的城乡和年龄对比

资料来源：根据中国老龄科学研究中心 2015 年中国城乡老年人口状况追踪调查数据整理。

不可否认，子代给予亲代经济上的支持，有助于提高老年人的养老保障能力和生活质量，也是代际关系亲密的一种体现，还有利于老年人选择自由和开心的生活方式，经济上的支持在代际关系起着非常重要的作用。但是我们应该看到，亲代对子代除了物质上的要求外，更渴望与子代进行感情交流，渴望参与子代的生活。因为，相对于物质力量的压迫，人类心灵上巨大的困境，更为强烈地作用于生命中，老年人的孤独也是年轻人体会不到的，物质上的关心代替不了精神上的慰藉。孤独对于老年人来说是最大的煎熬，下面几段话，就是老年人对于孤独的强烈体验。

"我现在最大的愿望就是到楼上和人说说话。我想出去，但不可能，他们怕我摔倒，怕我走丢，比起摔倒和走丢，他们觉得孤单不算个事。可我觉得这世上，现在没有比孤单更熬煎人的了。"

"人都是年轻的时候不想年老的事啊，就好像自己永远不会老一样，直到这一天来了，才知道这世上最苦莫过老来的孤单。"

"如果我们中的一个先走了，另一个就紧随其后，自己结束自己的生命。我们谁都知道，自己难以承受一个人的老年，一个离世，另一个绝对无法独活。那样实在太孤独了，在孤独中，人的尊严也会丧失干净。"①

（四）代际关系疏离化

"三代同堂""四世同堂"曾经是传统社会最典型、最理想的居住模式，但随着社会流动的加剧和对自由空间期待的增强，现在居住模式主要以核心家庭为主，独居和空巢家庭占50%以上。在农村，成年子女结婚后，也往往通过分家的方式与亲代分开居住。据2015年中国城乡老年人口状况追踪调查，老年人独居或者仅与配偶同住的比例提高，与子女同住的比例下降（见图6-2）。

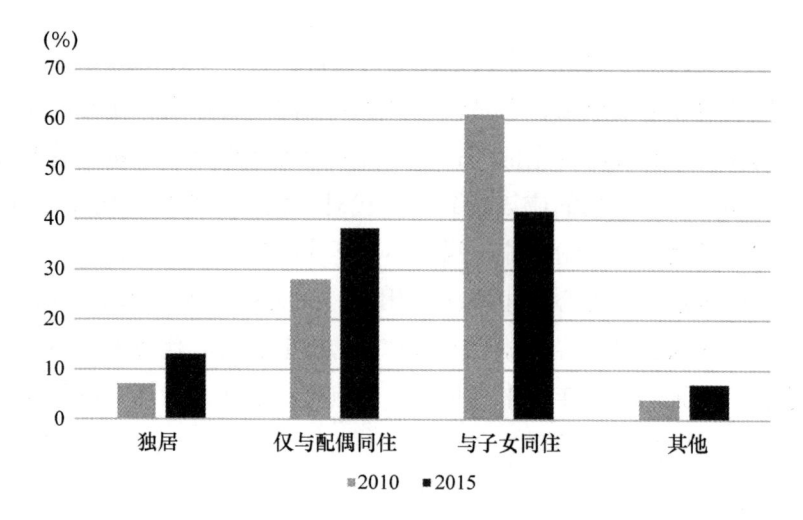

图6-2 60岁以上老年人居住状况对比

资料来源：根据中国老龄科学研究中心2015年中国城乡老年人口状况追踪调查数据整理。

从目前来看，代间分开居住不仅是一种客观事实，也是亲代和子

---

① 弋舟：《空巢：我的养老谁作主》，陕西新华出版传媒集团、太白文艺出版社2014年版，第150—151、175、182页。

代的主观意愿，"三代同邻""一碗汤"的距离已成为当下最受认可和理想的居住方式（见表6-2），这样，既彼此独立，同时又方便日常照顾和感情交流。这样居住和生活方式的安排，是当代人矛盾心理的一种体现。代际关系矛盾心境理论认为，处在特定家庭代际关系中的个体常会经历一种矛盾的心理体验：既想独立又不得不延续家庭承上启下的角色需要；既考虑个人的利益，又不得不考虑自己的道德责任；既爱对方，但同时又感到为维系情感而不得不付出的压力和承受精神上的疲惫；既渴望行动自由，同时又期望得到源于家庭制度的支持。于是这种"疏而不远"的居住安排，既满足于相对独立的空间要求避免了代间冲突，又方便代际之间的交往和互动。但同时，这种居住安排，也使得家庭代际关系由原来的感性的、亲密的代际关系向理性的、相对疏远的代际关系转变。

表6-2　　城市老年人及成年人心目中的理想代际居住模式　　单位：%

人群	住在一起	住在附近可随时往来	住得较远节假日才往来	拒答/说不清
老年人	27.4	59.4	9.6	3.6
成年子女	19.8	67.1	9.2	3.6

资料来源：老年人数据来自零点研究咨询集团《2011年中国城市居民生活形态及消费行为调查研究》；成人子女数据来源于零点研究咨询集团《2011年中国城市生活调查》。

贺雪峰等人根据代际交换强度的大小，即代际之间父母对子女抚育责任以及子女对父母赡养义务的深度和厚重性将代际关系分为四种类型：第一种是父母责任大，子女义务重；第二种是父母责任小，子女义务重；第三种是父母责任大，子女义务轻；第四种是父母责任小，子女义务轻（见表6-3）。

表 6-3　　　　　　　　　　代际关系类型表

		父母责任	
		大	小
子女义务	重	厚重且平衡（第一种）	不平衡的代际关系（第二种）
	轻	不平衡的代际关系（第三种）	低度且平衡的代际关系（第四种）

资料来源：贺雪峰、郭俊霞：《试论农村代际关系的四个维度》，《社会科学》2012 年第 7 期。

按照这样的类型划分，传统社会的代间关系属于第一种，第二种父母责任小，子女义务重的类型比较少见；逆向的代间关系属于第三种，目前这种"疏而不远"的代间关系属于第四种类型，即在两代人相对理性、有限度、保持一定距离、相互期待较少因而相互奉献也较少基础上的代际平衡。这类代际关系虽然也呈现出一种平衡状态，但因为双方期望值低，特别是感情的投入少，更多的是一种逃避冲突的无奈选择，是一种表现上平静、相安无事但并不美满的关系。

二　创造亲善老人的社会氛围，建构新型代际关系

有学者将代间与代间的契约关系称之为"金色连线"[1]。代间的相互依赖包括知识、安全、保护、财产和地位的流动。年轻人依赖其父母，中年人尊重和照顾自己的父母，知道他们自己也会变老，而老年人在晚年可以继续享受资源、地位和公平——部分信赖于其最后的本钱（遗产），以确保年老体弱时得到照顾。良好代际关系的建立，既需要老年人的慈爱和宽容，更需要中年一代和年青一代对老年一代的尊重和关爱，还需要相应家庭和社会政策的支持，通过加强代间的

---

[1] 谢孟哲等：《延续金色连线：分析中国老龄化的经济视角》，载杨团《当代社会政策研究（八）：老龄时代的新思维》，社会科学文献出版社 2013 年版，第 10 页。

互动,进而实现相互理解和代际融合。

(一) 培育正确的"老龄"观,积极规划老年生活

美国女性主义运动领袖贝蒂·傅瑞丹(Betty Friedan)在她72岁时出版了《生命之泉:高龄生涯大趋势》一书,从心理、生理、社会各方面重新解读老年阶段,力倡打破钳制发展老年生命潜力的老年迷思。她认为,老年问题的元凶是"对老年的恐惧"以及"老年人的否认",她指出,问题不是年老,而是拒绝与远离;不是老人越来越多,而是老人被隔离在社会上有用、有价值、有乐趣的活动之外。要走出老年迷思,必须以老年的观点来看待老年,以他们的真实经验来为老年的价值和强度命名,打破单纯以始自年轻的衰退或弱化来定义老年。[①] 也就是说,老年问题的产生不仅在于长寿社会中老年人增加这一事实,而更多的是因为社会对老年"问题""困境"形象的建构,在年龄歧视与老化偏见之下,被贴上退化、衰弱、失能、疾病与孤独的标签,而忽略了老年人积极的生产性活动的形象。这种不正确的老化迷思与偏见,不仅让老年人深受其害;同时,目前正在这个社会中成长学习的年轻人,由于这种不正确的老化迷思与偏见所指引,也习得以负面的观点来歧视老人,更有甚者也会恐慌自己变老,造成一种"老年恐慌症"。克莱茵(Klein)等指出,目前学校教育中没有让小朋友们学习正确老化知识、态度与行为的课程,导致大部分小朋友都是从充斥着老化迷思与偏见的社会文化中,学习错误的老化概念和知识。[②] 因此,从本质上说,老年人问题既是老年人的问题,更是青壮年的事,也是少年儿童未来的事。解决老龄问题,首先要培养良好的"老化素养",积极实施"老化教育",形成正确的"老龄"心理和社会认知,从而更好地应对自己的

[①] [美]贝蒂·傅瑞丹:《生命之泉:高龄生涯大趋势》,李录俊、陈秀娟译,台北:月旦出版社股份有限公司1995年版,第60页。

[②] Klein, D. A., Council, K. J. & McGuire, S. L., "Education to Promote Positive Attitudes about Aging", *Educational Gerontology*, 2005, 31 (8): 591-601.

老化、家中长者的老化与社会结构的老化问题，以改变年轻人怕自己变老、老年人被歧视与边缘化的现象。老化教育应该开始于儿童时期，以便尽早为小朋友的老化知识与态度建立起完善的基础，让小朋友认识到老化是一种正常的生命过程，并且唤醒他们去感谢和珍视老年人对社会的贡献，一方面可以让他们树立正确的老化意识，对社会中的老年人持友善的态度；另一方面可以让他们未来成功地面对自己的老化。

目前，在我国的普通教育系列中关于老龄、生命等教育不足，社会公众普遍对老龄问题的社会知觉模糊，负向思维倾向严重，传统孝道文化衰落，新的孝道文化尚未形成，对老年人认识不足，对老年生活缺乏准备和规划。因此，当前老化教育的主要内容有三个：一是"生命全程"教育；二是孝道观教育；三是老年规划教育。

"生命全程"（Life Span）这一术语出现于20世纪40年代，"生命全程"理论的主要观点是：人的发展是整个生命发展的过程，特别是中年和老年也是人的发展不可忽视的阶段；人的发展是多层次、多方向的，呈现不同的速度、不同的渠道、不同的形态；人的发展是由诸多因素共同决定的，人的生长与衰老不仅是一种生物性的现象，而且是社会、心理与生物等多种因素交互作用的结果。生命全程理论让我们重新认识和定义老年，既然发展是延及生命全程的连续过程，人在老年阶段仍然可以成长和发展，正如贝蒂·傅瑞丹所说："我们为什么不能把老年人当作人类生命一个崭新的进化阶段——不只是青春之衰退，而是一种新的发展呢？……人老之后并不会变得没脑袋，而事实上老年是所有精力的源头，它能提供新点子、新希望和新感受。"[1] 而且，有关年龄与创造性成就的研究显示，人类一生的创造力确实有起有伏，如果从人的生命曲线来看创造力与年龄的关系，则越来越多八十多岁仍不停工作的老年人，其晚年的生产力曲线并未出

---

[1] ［美］贝蒂·傅瑞丹：《生命之泉：高龄生涯大趋势》，李录俊、陈秀娟译，台北：月旦出版社股份有限公司1995年版，第438页。

现明显下降的趋势。有些人的曲线甚至出现两个高峰,且第二个高峰往往在六七十岁之时。美国生命周期革命的权威马蒂·迪特瓦(Maddy Dychtwald)提出了"C型人生"的概念,"C"指的是Cycles(周期),即人的生命不是一条直线,而是一个周期,当前,人类正从僵化的线性生命前进到更有弹性的"C型人生",人不再受年龄的限制。以前的"线型人生"是:青少年时期学习,青中年时期工作,老年时期休闲、等死。而"C型人生"则是:任何时候都可以是一个起点,45岁可以再找工作,60岁可以跑马拉松,80岁可以再去谈一次恋爱。因此,老年生涯并不意味着衰老和终结,而是人生中的新旅程,是一个可以继续成长和发展,并为社会作出创造性贡献的过程。

所谓孝道观就是一个人在成长过程中形成的对孝道的一种观点以及对孝道的践行。孝道观教育是指教育者运用一定的教育手段和方式;引导受教育者理解孝道内涵及意义;并在社会生活中孝敬父母、尊敬老人的实践活动。[①] 孝道观的基础是"尊老",而其核心是"爱老",目的是"悦老"。尊敬老人是孝道观最基本的内容,尊老就是承认老人的贡献和价值,尊重老人的人格、自由和尊严。但当前,我国尊老的文化传统被破坏,歧视老人的现象极为常见。据中国老龄科学研究中心2010年中国城乡老年人口状况追踪调查数据显示,70%多的老年人认为现在的年轻人不尊重老人,只有不到10%的老年人认为现在越来越多的年轻人尊敬老年人[②],而且女性老年人对不尊重的感知高于男性,这可能是年龄歧视加上性别歧视的结果。孝道的核心是"爱老","老吾老,以及人之老",不仅要爱自己的父母,也要爱别人的父母,"爱老"要以"情"出发,以"情"感人。孝道的目的是"悦老",不仅让老年人身体健康,更应让老年人心情"愉悦"。

"凡事预则立",只有规划好老年生活,才有健康和快乐。但从目

[①] 靳晓霞:《论老龄化社会背景下孝道观教育的重要性》,《当代教育实践与教学研究》2014年第11期。

[②] 吴玉韶等:《2010年中国城乡老年人口状况追踪调查数据分析》,中国社会出版社2014年版,第458页。

前情况来看，近80%的老年人没有规划过自己的老年生活，对老年生活持顺其自然的态度。反而是现在的中年一代，已经慢慢意识到老年生活规划的重要性，但仍有一部分人顺其自然（见表6-4）。

表6-4　　　　　　　　　　　老年生活规划状况

		是否计划过老年生活			
		认真考虑、计划过	想过，但没有认真做计划	没想过，顺其自然	其他
40—50岁	计数（人）	51	121	125	3
	年龄中的百分比（%）	17.0	40.3	41.7	1.0
60岁及以上	计数（人）	17	41	237	5
	年龄中的百分比（%）	5.7	13.7	79.0	1.7

资料来源：根据作者广州市问卷调查统计数据整理。

随着人类寿命的不断延长，对生活质量的要求不断提高，无论男性还是女性在退休后还有二三十年的生活时间，如何做好老年期的生涯规划，活出精彩的人生第二阶段，是老年人最重要的人生课题。因此，现代人要在中年时就开始规划自己的老年生活。首先，要做好健康规划，要有计划地开展体育锻炼，学习老年保健知识，有计划地参加有关老年营养和饮食方面的讲座和报告会，预防老年慢性病，保持身体的健康。其次，要做好经济规划，除了退休金或养老金外，生活比较宽余的中年人，要有意识地购买一点商业保险，做好理财管理，分散资金风险，保障自己老年生活的经济安全。最后，要做好学习和生活规划。有学者将老年的生活类型分为七类：经济谋生型、休闲度日型、被动协助型、创造价值型、社会交际型、胸怀使命型、不问世事型（见表6-5）。老年人或者退休后继续发挥自己的专长为社会服务并提升自我的价值感，或者根据自己的兴趣和志向参加终身学习课程，学习绘画、音乐、烹饪、插花、茶道、电器维修等日常生活技能，丰富自己的老年生活，或者选择参与退休前因时间、精力和体力等原因无法参与的休闲旅游和交友活动,尽量扩大自己的生活圈和丰富自己的生活内容,或者从事自己有兴趣的助人活动,以增加退休之后的成就感和有用感,发挥老年人内在的潜能,拓展人生视野,体验和感受快乐人生。总之,老年人要提前做好规划,根据自己的性格和爱好选择不同的养老生活方式。

表6-5 老年生活类型

类型	特色
经济谋生型	靠传授知识参与专业以维生,作为肯定自我的呈现
休闲度日型	以闲云野鹤的方式度日,他们多数每天在老年活动中心消磨时间,看报、下棋、唱歌或上课,有意安排时间参加不同的活动
被动协助型	基于请托才出来贡献所长,需要他人不断地耐心、鼓励和协助
创造价值型	具有生活的热情,因此极乐意有传授机会,在同伴中有领导地位,或是有自我实现的感觉
社会交际型	喜欢借此结交志同道合的好友,或与三五好友借此相聚、谈天说地,喜欢表达意见
胸怀使命型	对人生价值有极强的使命感,不计较代价及回馈,热心参与公共事务
不问世事型	有"多一事不如少一事"的心态,本身就属于社会退缩或不喜欢参与活动的长辈,对社会事务不关心也不参与

资料来源:叶至诚:《高龄者社会参与》,新北:扬智文化事业股份有限公司2012年版,第32页。

(二)完善家庭支持政策,建立积极正向的家庭代际关系

社会支持是指一个人通过社会互动关系所获得的能减轻心理应激反应,缓解精神紧张状态,提高社会适应能力的支持与帮助,这种支持主要来自家庭成员、亲友、同事、团体或组织。社会支持可以分为两种类型:一种是实际的支持,包括物质上的援助和直接服务,它独立于个体的感受;另一种是主观的,即体验到的情感上的支持,是指个体感到在社会中被尊重、被理解的情绪体验和满意程度,与个体的

主观感受密切相关。[①] 建立良好的代际关系，必须为老年人提供社会支持，而且要物质支持和情感支持并举，尤其要重视提供情感支持。因为当子女给予老年父母情感支持时，老年人的生活满意度和幸福感会随时间的推移而增加，但物质支持却不具有这一功能。

良好的代际关系和老年人的生活满意度之间呈正相关关系，父母和子女之间如果经常发生代际互动，就会提高老年人的生活满意度和幸福感。[②] 但当温情脉脉的代间关系变得日渐疏离，日益变成冷冰冰的交换关系，实质上是一场亲代与子代"双输"的博弈，不仅会产生诸多家庭矛盾，而且会带来一些社会问题，因此，建立一种平等的、积极的、正向的代际关系，必须从家庭入手，强化家庭的凝聚力和情感支持。

随着越来越多的空巢和独居老人的出现，许多国家试图改变目前的居住方式来增强对老年人的家庭支持。鉴于父母和子女相对独立空间的需求以及相互照顾的方便，很多国家开始提倡"三代同邻"的居住模式，即采取以地理接近性为基础的居住安排方式，子女和老人同住一公寓、社区或邻近的街道，一方面方便就近照顾；另一方面又可以避免生活习惯不同或子女教育观点不一致等问题。还有学者提出建立墙能移动、能分能合的"复合式"住房，平时吃住可分开，需要时可将墙拉开，两家合一家，也可三家合一家（中间一户核心家庭，左右两户老人家庭）。平时生活上可互相照顾、互相关心，老人也可与子女一起享受天伦之乐，消除寂寞和孤独感。[③]

当前，各国及地区，政府积极奖励或通过其他优惠措施鼓励居民与老人共同居住或同邻而居，以弘扬孝道文化，方便照顾老人。例如，中国香港房屋委员会针对老者推出了优先编配公屋计划，包括适

[①] Diener E., "Subjective Well-Being", *Psychology Bulletin*, 1984, 95 (3): 542–575.
[②] 孙薇薇：《代际支持对城市老年人精神健康的影响》，《中国社会保障》2010 年第 3 期。
[③] 沈兵明、应凤其、王冠华：《如何提高老年人生活质量——从杭州市老年人需求状况抽样调查说起》，《人口研究》1998 年第 6 期。

合独居老人的"高龄单身人士优先配屋计划"、适合老年人共同居住的"共享颐年优先配屋计划"和适合老人与家人同住或相邻而居的"天伦乐优先配屋计划"。其中大力推广的是"天伦乐优先配屋计划",以此鼓励家庭成员互相扶持,让老人可以在熟悉和喜爱的家庭环境中养老,实现居家安老。该计划设计了4项优化房屋安排,即优先配屋、调迁、加户和合户计划。通过这些计划,子女可以迁到父母邻近的屋邨、加入父母所居屋邨的户籍或者与父母的租约合并,缩短轮候时间,并能豁免经济和住宅产权的审查等优惠政策。同时,香港房屋协会方面,推出了三代同堂长幼共融居住计划,分配给已婚并有子女的夫妇及其年长父母位于同一出租屋邨内的两个单位。父母和子女可以有各自独立的生活空间,子女又可以方便照顾年长父母,而老人亦可协助照顾孙儿,彼此互相照应,以促进长幼和谐共融。再如,新加坡规定,公民在公开市场第一次购买组屋的父母购买靠近已婚子女附近的组屋(2公里内)或已婚子女购买父母住处附近的组屋(2公里内),可获得3万—4万新币的购屋津贴。为了鼓励子女照顾父母和与父母同住,新加坡还实施了税收优惠计划,能够负担照顾责任或与父母同住的子女将享受税务回扣。

表6-6　　　　　　　　新加坡照顾父母税收优惠计划　　　　单位:新加坡元

回扣类别	2009年及之前		2010年及之后	
	与父母同住	没有与父母同住	与父母同住	没有与父母同住
父母回扣	5000	3500	7000	4500
残疾父母回扣	8000	6500	11000	8000

资料来源:胡梦鲸:《新加坡乐龄学习:组织与实务》,高雄:丽文文化事业股份有限公司2011年版,第38页。

和谐的代际关系建立在代间互动和相互支持的基础上,研究发现适度、互惠、平衡的家庭内交换有助于提升代际关系的质量,从而有利于老年人的心理健康和生活满意度。老年人既可以接受支持,也可以为家庭付出多种资源，如照料孙辈、为成年子女提供经济或劳力上的帮助等。洛温斯坦（A. Lowenstein）等人的跨文化研究发现，对成年子女提供更多帮助的老年人获得了更高的生活满意度；当代际交换模式处于平衡、互惠时，老年人保持较高的生活满意度。原因是，互惠或者提供更多帮助能增强老年人的自尊和独立感，提升个人价值和生活意义，由此获得更高的生活满意度。[1] 因此，不仅成年子女的支持行为与老年父母的健康和满意度之间存在关系；而且，父母积极地给予子女支持，与子女保持持续的、互惠的代际交换，也有助于提升老年人的心理健康和生活满意度，使其晚年生活更富有价值。

一般来说，代际支持功能可以分为情感性支持、工具性支持、资讯性支持等。情感性支持是指向他人提供鼓励，表示关心与爱意，陪同和参与老人的生活，面对困难时伴随左右，使人感到温暖，老人感到被尊重、被关爱；工具性支持又称具体社会支持，指提供财力帮助、物质资源或具体建议指导等；资讯性支持又称信任支持，指向个体传达赞扬或肯定的讯息，从而提高个体的自信心。其中，子女对父母的情感支持，直接影响到父母的幸福感。弗瑞德（Frieder）等人以德国83个家庭为对象，研究成年子女的支持行为与老年父母的健康和满意度之间的关系。研究发现，老年人的健康和满意度可以通过高质量的亲子支持而提高；具有自主性的成年子女比依赖性的子女给予老年父母更多的有形支持（如帮助做家务、经济资助等）；当成年子女具有与父母一起享受愉悦的动机时，会给予父母更多的情感支持（关心、温情等）；当子女给予老年人情感支持时，父母的满意度和幸福感会随时间的推移而提高，而有形支持不具有这一特点。[2] 对于

---

[1] A. Lowenstein, "Solidarity-Conflict and Ambivalence: Testing Two Conceptual Frameworks and Their Impact on Quality of Life for Older Family Members", *Journal of Gerontology Social Sciences*, Vol. 62, No. 2, 2007 (2): S100.

[2] R. L. Frieder, "Adult Children's Supportive Behaviors and Older Parents' Subjective Well-being: A Developmental Perspective on Intergenerational Relationships", *Journal of Social Issues*, Vol. 58, Issue 4, 2002, 58 (4): 109 – 331.

老年人而言，情感支持可能比有形支持具有更为重要的意义。这一观点，在《她们知道我来过——中国首部高危老人深度关怀笔记》一书中有非常具体的体现，作者在笔记中写道："作为子女，请为高危老人至少做一件让她特别感动的事情，这样她就不会在心灵脆弱时再去怀疑亲情。"在另一个故事中，他又提到了对高龄老人陪伴的重要性，"高龄老人丧失了与人进行充分交流的能力，但他又渴望与人相处的'温暖'。他与一个他还喜欢的人坐得很近，长时间坐得很近，就有了非常大的满足。老到动动身体动动脑子都很累，什么都不愿意动，但是与一个亲人在一起，觉得自己以及这个屋子都是温暖的，觉得很安全、很舒适、很有依赖感。"因此，代间关系中，子代对亲代的陪伴和情感支持至关重要。一方面，政府要出台政策倡导子女照顾老人，并将子女的义务与国家和社会的财力支持相结合，对照顾高龄老人并供养老人、同父母同住的子女，启动老年家庭赡养津贴或税收回扣；另一方面，政府应引导和支持社区、社会组织举办如家庭日、三代同堂日等活动，促进三代互动，增强家庭凝聚力。

（三）完善社会代间政策，实现代际平等和互融

代际关系，不仅包括有血缘关系的家庭成员之间的代际关系，也包括没有血缘关系的不同世代社会成员之间的关系，只有形成敬老、爱老的氛围和大环境，才能从根本上提升老年人的幸福感。但在今天的老年人眼里，敬老、爱老风气远远没有形成。尊老氛围的形成不仅需要宣传教育，更需要通过社会代间政策和方案的推动，让年老与年轻世代一起在不同情境中进行学习活动以及生活议题的分享、挑战和问题的解决，在互动中彼此鼓励、关心、沟通与合作，建立代间的联结，让年轻世代与老年世代改变彼此的偏见与刻板印象。

代间方案（intergeneration program）指不同世代之间进行的一种有意义且持续性的资源交换和学习的活动。代间方案的特点在于最少包含非相邻的两个世代的参与，且由专业化的规划人员的系统的活动。代间方案按活动的方式可以分为四种类型：年长者服务年少者、

年少者服务年长者、年长者和年少者共同服务于社会、年长者和年少者一起参与非正式学习活动。英国最早推行代间方案的贝斯强生基金会（Beth Johnson Foundation）按互动的深度将代间方案由低到高分为七类[1]：（1）学习其他年龄群体：并没有真正接触，只是从二手资料的传播中了解；（2）有距离的看见其他年龄群体：虽然互相看见，但并未走进彼此生活；（3）互相见面：少次数的见面；（4）周期性活动：周期性的聚会；（5）示范计划：更密集的互动，例如各种代间方案的实施；（6）永续性的代间方案：组织之间长期合作，持续性推出代间方案；（7）创造代间社群：为达永续发展，成立代间互动的机制环境以及代间社群，促进不同世代自然相处。代间方案对于提升老年人的幸福感具有重要意义：（1）老年人被视为有价值的角色，可以服务于年青一代；（2）老年人得到年青一代的照顾，确立众人皆有照顾与支持老年人的责任；（3）它满足了老年人滋养年轻人的需求，老人可以运用个人的生命体验让他人获益；（4）发展了不同世代之间的理解，破除迷思和恐惧；（5）它引导对老人的尊重，肯定老人的贡献；（6）移除了年青一代对老年人的偏见和恐惧；（7）它承认老化在一生中有不同的阶段和转变，但每个阶段都具有平等价值。[2]

从20世纪80年代开始，美欧国家已开始推行代间方案。在美国西雅图的一间老人院里有一个隔代学习中心（Intergenerational Learning Center）。孩子们每周有五天的时间和住在这里的老人们一起进行各种活动，比如音乐、舞蹈、艺术、午餐、讲故事或者聊聊天。老人们有机会玩耍、嬉笑和享受孩子给他们带来的精气神与快乐，并把自己的知识传递下去，孩子们对老年人有更多了解，特别是让孩子们了解变老的自然过程，接受身体有残疾的人，帮助他们减少对老人的恐惧，并学会接受和给予无条件及无界的爱和关注。英国的贝斯强生基

---

[1] Kaplan, M. (2007), "Intergenerational Approaches for Community Education and Action", 载台中教育大学主编《代间方案工作坊论文集》，第67—79页。

[2] Hatton-Yea, A. "Intergenerational Programmes: An Introduction and Examples of Practice", The Beth Johnson Foundation, 2006.

金会是大力倡导代间学习的组织之一,陆续推动许多代间方案与研讨会议。英国在2000年明确提出,如果要想社会和谐与平衡,需要在教育、职场、照顾各层面发展更多的代间方案。日本从1980年起,中央、地方政府、社会福利协会和老人组织以社区和学校为基础,积极推动各种代间方案,包括学习和社会参与等。

在新加坡,不管是活跃乐龄理事会、社会福利团体,还是学校、社区和工作单位都积极推行代间方案,通过不同世代间的共同学习和活动的方式,以达到代际合作和代际共融的目的。新加坡从2002年开始推行代间方案,当年新加坡国立大学的亚洲人口与永续发展研究中心举办亚洲第一次代间方案研讨会,邀请世界各国公共部门、学者和实务部门的工作者,针对代间议题,进行资讯及意见交流。之后,新加坡由社区发展、青年与体育部开始推行代间方案,如在小学教材中增加家庭伦理和老龄内容,通过补贴推动社区和民间团体开展代间活动等。从2005年开始,新加坡人力发展局推行"ADVANTAGE"方案,将代间方案拓展到职场,强调中老年员工对公司的价值,营造有利中老年人的工作环境,改善工作场域中年轻员工对中老年员工的负面观点及冲突,推展职场的世代融合。新加坡比较典型和成功的代间方案有:"三合一中心"——中心以场域分享的理念,利用社会资源,将原来两至三个不同世代各自独立的服务对象及方案,通过有计划的规划和安排,让多世代在有意义的例行性活动中,自然相处的情境下,产生有意义的互动关系。具体做法是,将不同年龄层需要受照顾的群体规划在同一个机构内,幼儿园、小学课后辅导班、老人日间照顾中心彼此有自己的活动空间,也有共同互动的活动空间,如体育、活动场所,更重要的是,将不同世代的活动结合起来在一起,让老人与孩子一起学习,互相认识,相互照顾并分享喜乐。在中心,老人可以"认养"孙子、孙女,儿童也可以"认养"爷爷、奶奶。这样,老人在接受照顾的同时,也可以协助照顾和教育幼儿和儿童,让他们觉得自己有价值,还可以从年轻人那里学习到新事物。对于儿童来说,通过与老人相处,可以学习如何与老人沟通,形成尊重老年人的氛围。职场共融的成功典范有亚历山大医院等。亚历山大医院在2000年以前是一家人员高龄化、设备破旧、服务态度不好的濒临破产危机的医院。新院长上任后，积极推动员工价值观的改变、硬件设备的更换和服务的重新规划，其中在员工价值观转变方面，最核心的是推行多元世代共融政策，即通过让中老年员工和年轻一代员工一起工作，产生正向的工作价值观。该医院针对即将退休的员工，安排退休生涯规划，一些已退休的员工有的以志工形式，有的以兼职，也有的以全职方式继续为医院服务，他们一方面享受工作和人生；另一方面将经验传承给新员工，并将工作的态度传染给年轻一代，提高员工的忠诚度。经过近十年的努力，亚历山大医院多次蝉联新加坡最佳医院服务奖。有的国家和地区通过在大学发展高龄教育的方式，建设混龄课程，开放老人进入大学学习，以旁听附读或学分采认的方式，一方面让老年人学习新知识，让老年人了解年轻一代的想法；另一方面让大学生学习如何与老人相处，通过接触与合作培养学生正确的老化概念和知识，让年轻一代消除对老年人的偏见，改变对"老年"的意象，达成世代融合，以促进未来家庭或社会与老年人相处模式的质变，创造亲善老人的社会环境。

当前，我国尚没有政府和社会组织系统地制定和推进代间联结和团结的促进政策，代间活动仅停留在较低接触层次，例如，偶尔让孩子参观老人院和慰问老人等，缺乏计划性、系统性和专业性。在代沟越来越明显、老年人和年轻人之间的鸿沟越来越深的今天，推行代间方案，扭转不同世代彼此偏见实属必要和迫切。今后，地方政府和社会组织应按照"场域共享、互动沟通"的理念，在学校、社区、职场积极设计和推行各种代间方案，为不同世代的相互接触和了解创造机会，促进不同世代的融合。

（四）建立完善的老人庇护政策，减少代际冲突

虐待老人是代际关系严重失衡的表现及后果，同时，虐待老人也是一个全球性的社会问题，影响着世界各地数以百万计的老年人的健康与人权，导致严重的身体伤害和长期的心理阴影，需要全社会的关注。因此，2011年12月19日，联合国大会通过第66/127号决议，将每年的6月15日定为认识虐待老年人问题世界日，反对针对老年人的虐待和对其造成的伤害。

"虐待老人"指"在任何理应相互信任的关系中，导致老人受到伤害或处境困难的单次或重复行为，或因缺乏适当的行动导致老人受到伤害或处境困难的行为"[1]。有人将老人虐待细分为十类：身体虐待、情绪/心理/精神虐待、物质虐待、性虐待、财务虐待、医疗虐待、疏忽、遗弃、人权侵犯、自我疏忽等。[2] 通常我们将虐待老人分类四种类型：身体虐待、精神虐待、经济剥削和疏于照料。身体虐待包括各种身体攻击或造成身体疼痛、受伤的行为导致身体功能损伤或失能，如遭受殴打、禁闭、推、捏等行为，性虐待也属于身体虐待，其结果是造成生理性的伤害或是威胁到生命安全。精神虐待指通过口语或非口语方式处罚、漠视、攻击老人，包括那些贬低老年人，伤害老年人，削弱老年人的个性、尊严和自我价值的言辞和交往。具体体现为：缺乏对老年人的隐私和个人物品的尊重；不考虑老年人的愿望；剥夺老年人接触对其来说是至关重要的人的机会；不能满足老年人在健康和社会方面的需要。精神虐待的后果是带来严重的心理问题，包括恐惧、做决定的能力差、冷漠、不与人交往和抑郁症等。经济剥削指剥夺老年人处理自由财产的权利，或是对老年人的财产、资产或资金做非法或不当的处置，包括非法使用或不适当地使用或侵吞老年人的财产或资金，强迫老年人更改遗嘱及其他法律文件，剥夺老年人使用其控制个人资金的权利，经济骗局以及诈骗性计划等。疏于照料指不主动采取行动满足老年人的需要，拒绝提供各类适当的支持，完全忽视老人的做法。包括不提供适当的食物，干净的衣服，安

---

[1] WHO, "Missing Voices: View of Older Persons on Elder Abuse", *Geneva*, *WHO*, 2002.
[2] 陈肇男等：《活跃老化——法规、政策与实务变革之台湾经验》，台北：双叶书廊有限公司2013年版，第144页。

全、舒适的住所，良好的保健和个人卫生条件；不准与外人交往；不提供必要的辅助用品；未能防止老人受到身体上的伤害，未能进行必要的监护。疏于照料的标志是能够表明老人身心状况欠佳的各种外在症状，例如脸色苍白、嘴唇干裂、体重减轻、衣着邋遢、颤抖、缺少辅助用品、个人卫生差、不能自制、身上长疮、皮肤与口部溃疡和身体及精神状况恶化。

在我国，虐待老人的现象也时有发生，据全国妇联和国家统计局的统计，农村老人虐待发生率高于城市，农村为16.2%，城市为9.3%，从类型来看，精神虐待和疏于照料的发生率较高，从地域来看，西部虐待的发生率最高，东部最低（见表6-7）。

表6-7　　　　　　　分城乡、区域老人虐待发生率　　　　　　单位：%

	身体虐待	精神虐待	经济虐待	疏于照料	虐待发生率
城市	1.1	3.5	1.9	2.8	9.3
农村	2.0	5.9	3.4	4.9	16.2
京津沪	—	1.8	1.8	1.8	5.4
东部	1.5	4.1	2.2	3.1	10.9
中部	1.3	5.0	3.2	4.4	13.9
西部	2.9	8.0	4.0	6.9	21.8
合计	1.6	4.9	2.8	4.0	13.3

资料来源：根据中国妇联、国家统计局《第三期中国妇女社会地位调查》数据整理，2010年12月1日。

以上分类，主要体现为家庭成员对老人的虐待，但现实生活中，还有两类值得注意的虐待老人的情形：一是保姆或家政人员对老人的虐待。近两年广东相继发生多起毒保姆虐待老人的事件，如女保姆涉嫌下毒、勒脖杀害七旬雇主老太太；广州市番禺区蔡女士聘请保姆陈某照顾老人，结果老人仅被照顾两晚后就去世等。二是发生在养老机构的虐待事件。如2011年曝光的郑州某养老院不准老人休息、逼老人喝尿、殴打老人等行为。

从现阶段来看,之所以发生虐待老人的行为,原因是多方面的,从社会大环境来看是道德和法律这两种规范个人行为和调节社会关系的手段约束力不足造成的。当前,以"孝道"为核心的传统价值体系瓦解,而新的道德规则尚在形成中,尊老意识淡薄,公共舆论对个人行为的约束力不足。从法律角度来看,我国《宪法》第四十九条第3款规定:"禁止虐待老人、妇女和儿童";《中华人民共和国老年人权益保障法》第四条规定:"禁止歧视、侮辱、虐待、遗弃老年人";在禁止和预防各种形式的家庭老年人虐待方面也有明确的规定;我国《刑法》第二百六十条规定:"虐待家庭成员情节恶劣的处两年以下有期徒刑、拘役或者管制。"但由于对虐待老人的概念阐释和类型界定十分模糊,导致难以在法律上对这类行为量刑定罪,量刑后难以执行到位,而且人们往往将"虐待老人"行为看作"家内事",重视不足,削弱了法律的约束力。从微观层面来看,老人的自我脆弱性让虐待成为可能,即老人在一定程度上失去自主权,对他人的依赖性加强,自我保护能力弱。另外,也存在由于家庭经济等资源有限,承受不了照料老人的经济压力,视老人为负担从而产生疏于照料的现象。还有的虐待行为产生于照料者,照顾老人给照料者身体、心理、经济等方面带来沉重负担,导致照料者身体每况愈下、精神紧张、脾气急躁,从而产生沮丧和抑郁等情绪,引发虐待行为,甚至出现照料者不堪忍受,而杀害不能自理老人而后自杀的极端现象。

毫无疑问,无论什么原因什么类型的虐待行为,都会给老年人的身心健康造成长期的影响。包括由于对身体的伤害而造成的终身伤残,药物及酒精依赖,免疫系统反应能力降低,慢性进食紊乱和营养不良,自伤或自我忽略,易患抑郁症,恐惧和焦虑,自杀倾向和死亡等。虐待老年人造成后果的轻重程度,取决于所受的伤害或损害的类型、虐待的意图、严重程度、强弱程度、频率和延续时间以及能否及时获得社会支持帮助等。因此,为切实加强对老年人的保护,必须以社区为依托,联结民政、警察、卫生、司法等部门以及社会组织的力量,建立老年人的保护体系和相关机制。

一是建立老年人虐待现象的发现机制,因为老年人的虐待现象多发生在家庭、机构等封闭的领域,不易被外人察觉,另外,受"家丑不可外扬"等文化传统的影响,加上老年人的"护子"心理,一般不会主动向相关部门揭发子女的虐待行为并寻求帮助;有的老年人还担心一旦子女因此受到相应的制裁,会变本加厉,更无法得到照料,所以往往选择忍气吞声;还有的老人由于相关信息不足或行为不便不知如何寻求帮助或无法寻求帮助,使得虐待行为难以发现。为及时发现虐待老人的行为,一方面,要加强宣传,完善老年人帮助渠道和方式,设立老人求助热线或平台,让公众特别是老年人知道向谁寻求帮助以及如何寻求帮助,并且要方便老人寻求帮助;另一方面,要建立虐待老人报告制度。规定专业人员,例如医生、社会工作者和护理人员发现涉嫌虐待老年人、疏于照料或剥削老年人的案件必须报告。

二是建立老年人庇护和协调机制。包括建立庇护场所和设施,配置护理人员,在老人遭受家庭暴力的情况下,给予短期保护和安置。同时,要发挥社区在虐待老人事件的协调和帮扶作用,因为一般出现代际纠纷的时候,老年人往往更希望选择由社区或亲属来协调解决,只有极少数老年人会诉诸法律。当前,要充分发挥社区居委会、家庭综合服务中心等社区组织的作用,通过专业性的社工服务,从家庭关系协调入手,解决虐待老人的问题,并充分利用社会资源为老人提供经济帮助、心理咨询及法律援助(见表6-8)。

表6-8　　　　　　城乡老年人维权方式比较　　　　　　单位:%

范围	自己委屈/忍气吞声	找居(村)委会帮助	找亲属调解	找家人单位调解	诉诸法律	找老年协会求助	向媒体反映	其他
全国	75.2	18.6	13.8	3.0	1.6	1.2	0.2	6.0
城市	72.2	16.7	12.4	3.3	2.9	1.4	0.5	6.2
农村	76.9	19.7	14.6	2.8	0.8	1.1	—	5.9

资料来源:根据中国老龄科学研究中心2015年中国城乡老年人口状况追踪调查数据整理。

三是针对老年人的脆弱性,建立老年人的增权机制。增权是指协助社会上一些被忽视或无力量的弱势群体如老年人、残障人士等增强他们的个人、人际间或政治能力,从而令个人或群体能够行动以至改善生活处境。有研究表明,老年人的虐待率与文化程度和经济的独立性、健康状况等呈负相关关系,也就是说,老年人经济独立性越高、自理能力越强、文化程度越高,虐待的发生率越低。所以,要通过加强老年教育,做好老年人的健康保障,增强老人的体能、人力和社会资产基础,减少老年人的脆弱性,从而减少老年虐待的发生率。

四是建立虐待老人的惩罚机制,要坚持利用法律惩处暴力行为,解决虐待老年人问题。目前,我国刑法已明确规定虐待罪,即对共同生活的家庭成员,经常以打骂、捆绑、冻饿、限制自由、凌辱人格、不给治病或者强迫过度劳动等方法,从肉体和精神上进行摧残迫害,情节恶劣的行为。针对家政人员和养老等机构的护理人员虐待老人的现象也以故意伤害罪进行了明确,即故意伤害他人身体的,处3年以下有期徒刑、拘役或者管制。犯前款罪,致人重伤的,处3年以上10年以下有期徒刑;致人死亡或者以特别残忍手段致人重伤造成严重残疾的,处10年以上有期徒刑、无期徒刑或者死刑。希望以后司法机关能多关注和重视涉老案件,更好地将这些法律法规落到实处,增强法律法规的威慑力和约束力。

# 第七章　满足老年人成长性需求
　　　　在自我实现中体验幸福

　　老年人的社会参与和发展与老年人的幸福感密切相关，倡导活跃老化，提升老年人的幸福感，不仅要鼓励和帮助老年人维持身体和心理的健康，还要鼓励他们积极参与并持续贡献社会，提升自我价值，不断满足老年人自我发展和完善的愿望和需求。

一　推动社会参与，促进老年人成长

　　自英国学者彼得·拉斯里特提出第三龄理论后，人们通常将人的一生划分为四个相继的年龄期：儿童及青少年期；职业及谋生期；退休期；依赖期。"第三龄"指的就是退休期，随着人们平均寿命的延长，退休后的"第三龄"从时间上看大约占据了人生的三分之一。这一时期，生活压力较低，家庭负担不重，在发展自身的才能和兴趣方面具有较大的可能性和便利条件，人生经验丰富，是实现人生价值的另一个关键期。同时，高质量地度过第三龄，可以缩短第四年龄期的医疗和照顾支出，提高生命质量和老人的幸福感。在第三龄理论下，学习、成长、贡献社会不仅是儿童、年轻人和中年人的事情，而是一生的追求。美国社会学家戴维·波普诺（David Popenoe）认为："过去被认为适合于不同年龄组的特定行为，现在已经允许有更多的个人自由。例如，人们可以晚结婚，晚生孩子，也可以50岁去工作，60岁回到学校读书。看到母亲与女儿一样穿牛仔裤、一同听摇滚乐甚至在同一场舞会上起舞,人们并不会感到很奇怪。"[1] 通过社会参与,可能淡化年龄标识,消除老年人的孤独感和无力感,积极挖掘"银发富矿藏",从而扭转"老而无用"的局面,给岁月以生命,努力赋予长寿以质量与意义。

(一) 老年人社会参与的内涵

老年人社会参与的定义和内涵,学者们看法不一,国外学者通常从四个视角定义老年人社会参与:(1)介入视角:社会参与指人们对各种社会活动和社会团体介入;(2)角色视角:社会参与是一个建构正式或非正式角色的过程;(3)活动视角:社会参与指个人和他人一起的共同活动;(4)资源视角:社会参与是分享个人和社会资源的过程。国内学者着眼于互动的视角定义老年人社会参与,如段世江等认为,老年人社会参与是指参与者在社会互动过程中,通过对各种角色的扮演和介入,在社会层面上实现资源共享,满足自身需要并因应社会期待。[2] 张恺悌也认为,社会参与是指参与者在社会互动过程中,通过社会劳动或社会活动的形式,实现自身价值的一种行为模式。[3]

关于老年人参与的外延,学者们的看法也不一致,分歧的焦点主要有两个:一是有酬与无酬的问题;二是家务劳动是否是一种社会参与的问题。在报酬问题上,有学者认为,社会参与就是继续参与生产劳动或退休以后再工作,从事有酬劳动;但有的学者认为,老年人的社会参与应包括有酬劳动和无酬劳动两个方面;还有的学者认为,老年人的社会参与应包括有酬劳动和无酬劳动,但应该减去"家务劳

---

[1] [美] 戴维·波普诺:《社会学》(第10版),中国人民大学出版社1999年版,第327页。

[2] 段世江、张辉:《老年人社会参与的概念和理论基础研究》,《河北大学成人教育学院学报》2008年第3期。

[3] 张恺悌主编:《中国城乡老年人社会活动和精神心理状况研究》,中国社会出版社2009年版,第201页。

动"。在家务劳动这个问题上，有的人认为，老年人买菜做饭，照料家人纯属个人和家庭行为，不能视为社会参与。有学者认为，社会参与应该包括家务劳动在内的所有活动。如杨宗传认为，老年人社会参与应包含一切有益于社会的各项活动。[1] 中国老龄科学研究中心的王莉莉指出，只要老人能够在社会互动的过程中实现自身价值，那么就是一种社会参与，老年人的家务劳动如买菜、接送孙子女上下学等也可以算作老年人的一种社会参与，因为他在与社会的互动过程中，实现了与他人的联系，并且体现了自己的一种角色价值。[2] 有学者按老年人社会参与的内容认为，老年人社会参与包括经济、社会、政治、文化、人际关系和旅游活动。[3] 有学者从个人、家庭和社会三个层面，将老年人参与劳动分为三个层次：一是个人生命价值层面，使个人生命充实、生命意义张扬，从而生活充满着阳光和快乐；二是在家庭范围内的帮助儿女料理家务、照看孙辈；三是社会层面，在社会领域从事有益活动。[4] 刘素素等认为，"老有所为"应包含四个维度，即关怀他人、义务工作、有偿工作及参与社会休闲活动。关怀他人亦包括承担家庭事务、照顾家人；社会及休闲活动也包含选举投票、体育活动、休闲活动、宗教活动及参与培训课程等。[5]

我国关于老年人社会参与的政策设计往往围绕"老有所为"这个中心而展开，早在1992年党的十四大报告中就明确提出："要切实从政治上、生活上关心离退休干部，使他们老有所为，安度晚年。"1994年《中国老龄工作七年发展纲要（1994—2000年）》，指出：

---

[1] 杨宗传：《再论老年人口的社会参与》，《武汉大学学报》（人文社会科学版）2000年第1期。
[2] 王莉莉：《中国老年人社会参与的理论、实证与政策研究综述》，《人口与发展》2011年第3期。
[3] 陈岱云、陈希：《人口新常态下服务于老年人社会参与问题研究》，《山东社会科学》2015年第7期。
[4] 张恺悌主编：《中国城乡老年人社会活动和精神心理状况研究》，中国社会出版社2009年版，第22页。
[5] 刘素素、庄明莲：《城市老年人退休后的角色适应与老有所为：香港社区老年人的定性研究》，《社会工作》2014年第4期。

"要实现老有所为,发挥老年人的作用。"1996 年的《中华人民共和国老年人权益保障法》专设一章"参与社会发展",明确规定"国家应当为老年人参与社会主义物质文明建设创造条件"。2012 年修订的《中华人民共和国老年人权益保障法》第七章"参与社会发展",鼓励老年人在八个方面参与社会发展:(1)对青少年和儿童进行社会主义、爱国主义、集体主义和艰苦奋斗等优良传统的教育;(2)传授文化和科技知识;(3)提供咨询服务;(4)依法参与科技开发和应用;(5)依法从事生产和经营活动;(6)参加志愿服务、兴办社会公益事业;(7)参与社会治安、协调民间纠纷;(8)参与其他社会活动。为促进老年人的社会参与,各地相继成立了老年协会等社会团体、建立老年人"星光之家"、老年人服务中心等机构,并开展了一些全国性的专项行动。其中最典型的是 2003 年开始的"银龄行动",老龄委和民政部倡导并组织以东部地区为主的全国大中城市离退休老年知识分子以各种形式向西部地区或经济欠发达地区开展智力援助,援助内容包括卫生、教育、农业、经济、社会发展各个领域。据不完全统计,2003—2013 年十年期间,"银龄行动"累计参加活动的老年志愿者达 500 万人次,受益群众 3 亿多人次,创造经济价值 80 多亿元。[①]

根据我国实际,从政府干预和社会政策的视角,老人社会参与是指老年人直接参与社会生活的过程,其不包括老年人所从事的家务活动。具体的表现形式有:老年教育、老年就业、老年志愿服务、老年文化娱乐活动等。

(二)老年人社会参与的价值

社会参与既是积极老龄化的精髓,也是提升老年人幸福感的重要途径。一直关注老年人社会参与的美国学者霍曼(Bumay)指

---

① 全国老龄办宣传部:《老有所为和"银龄行动"十年工作总结》,全国老龄工作委员会办公室官网(http://www.cncaprc.gov.cn/contents/7/4895.html),2013 年 12 月 23 日。

出，老人退休后幸福感的重要标志之一就是参与社区活动，这样有利于老年人心理健康。[①] 刘素素等通过对香港老年人的访谈发现：在老有所为与幸福晚年的关系问题上，有超过半数的老人认为老有所为让他们感受到自己的存在感，进而增添了他们的自信，可以坦然地面对退休、变老以及晚年生活中可能存在的挑战，认为独立且不依赖他人的生存给自己带来幸福感。[②] 不同的学者立足于不同的理论阐述了老年人社会参与的意义。社会活动理论认为参与是老年人的权利，通过积极地参与社会，可以赋予老年人新的社会角色，尽可能缩小老年人与社会的距离，以跟随社会发展，社会各个部门应积极保障老年人的参与权。连续性理论注重个性与老年人社会参与的关系，认为，老年社会参与是中年生活的延续并受中年生活方式的影响，中年生活活跃者，老年也会积极参与社会活动，而中年生活沉稳内向者，一般进入老年后也不会热衷于社会参与。社会交换理论认为，积极的社会参与可以帮助老年人提高其价值资本，以保持其在社会交换中的优势地位。社会资本理论认为，积极的社会参与可以保持和扩大老年人的社会网络，提高个体社会资本，是保证生活质量和提升幸福感的重要途径。需求理论认为，老年人社会参与可以延续中年时期的社会活动和社会关系，满足老年人适应的需求；老人通过社会参与可以从事自己喜欢的活动，表现自己的能力，享受生活的乐趣，满足老年人表现的需求；老年人参与社会活动，可以将宝贵的生活经验贡献社会，提升自我价值感，获得他人的肯定和尊重，满足老年人贡献和发展的需求。

问卷调查结果显示，老年人提升自我以及贡献社会的需求较强烈，而且中年组和青年组这两方面的需求明显高于现在的老年人（见图7-1、图7-2），因此，开拓老人社会参与的渠道，为老年人社区参与提供支持，是未来老龄政策建构的着力点。

---

① Burnay N., Kiss P., "Sociability, Life Satisfaction, and Mental Health According to Age and (un) Employment Status", *International Congress Series*, 2005, 1280 (none) 347–352.
② 刘素素、庄明莲：《城市老年人退休后的角色适应与老有所为：香港社区老年人的定性研究》，《社会工作》2014年第4期。

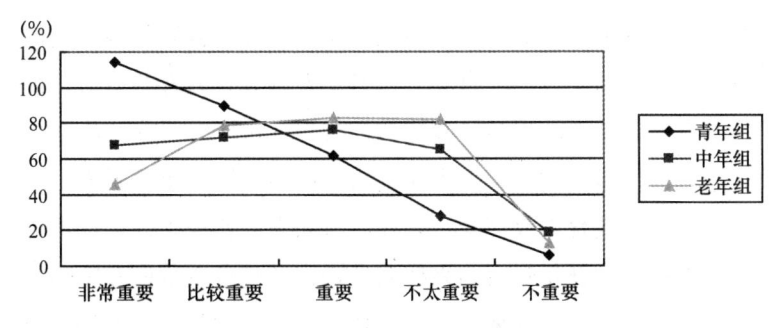

第七章　满足老年人成长性需求　在自我实现中体验幸福　183

图 7-1　不同年龄组对自我提升需求对比

资料来源：根据作者广州市问卷调查统计数据整理。

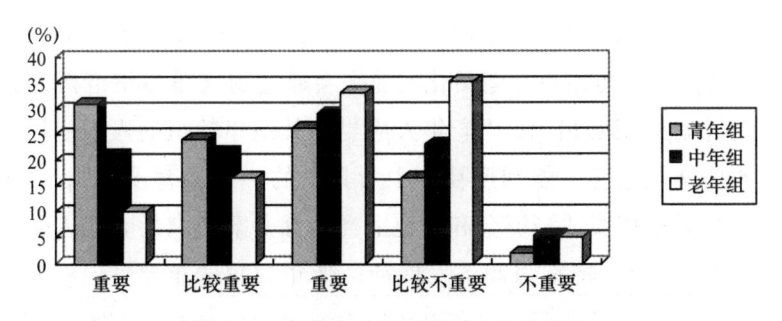

图 7-2　不同年龄组贡献社会需求对比

资料来源：根据作者广州市问卷调查统计数据整理。

二　强化"第三龄教育"，在学习中成长

"第三龄教育"是指为了不断提高退休老年人的生活和生命质量，对 60 岁及以上老年人进行系统、持续的学习活动，目的在于促进老年人知识、态度、价值和技巧上的改变。

（一）"第三龄教育"的意义和发展现状

通常，人们认为教育、学习是儿童和年轻人的事，教育投资的主要对象也是儿童及青少年，认为老年人的身心状态衰退，没有学习潜力，而且学习是件辛苦的事，从社会投资成本与报酬的比率来看，老龄教育

回报率低,是一种资源的浪费,因此,老龄教育一直被忽略,使得老龄人口缺乏教育及学习机会。事实上,老年人仍具有教育的潜力,特别是将学习内容与老年人的生活经验相结合时,老年人学习往往能取得显著效果。老龄教育是影响老年人个体生活和社会发展的重要因素。从个体角度来看,老龄教育不仅使老年人接受新知识、新观念,让他们更好地适应晚年生活,弥补年轻时的兴趣或爱好,增进自我价值和影响力,提高个人地位。从社会层面来看,老年教育可以开发和利用老年人身上蕴藏的巨大财富,不仅可以减轻社会养老压力,还可以促进经济发展和社会进步。

因此,随着老龄化浪潮的到来,国际社会开始注重"第三龄教育"。1982年维也纳世界老龄化问题大会通过的《维也纳老龄问题国际行动计划》明确指出,"老年人应当和其他年龄组的人们一样,得到基本的文化教育,能利用社会中所具备的一切教育设施","教育政策应当通过核拨适当资金和制定适当教育方案来满足老年人受教育的权利"。大会还特别强调了发展社区老年教育的重要性,"为老龄人举办非正式、以社区为主和以娱乐为方向的终身教育方案,以树立老年人的自立感和社区责任感"[①]。1991年联大通过的《联合国老年人原则》指出,"老年人应享有适当的教育方案和培训机会,并根据他们的准备程度、能力、动机,采取适当的措施向他们提供有关文化培训、终身教育、大学学业等不同程度的教育"[②]。2002年马德里世界老龄大会通过的《国际老龄行动计划2002》强调指出,通过发展老年教育改善老年人生活质量的关键在于提升发展中国家老年人的谋生能力和发达国家老年人的生存发展能力。"目前在发展中国家有一大批认字和识数能力处于最低限度的人,现已进入老年期,这种状况使他们的谋生能力受到限制,从而可能影响他们享有的健

---

① United Nations. 1982, "Vienna International Plan of Action on Ageing", Adopted by the World-sembly on Ageing, 5 – 6 August, 1982.

② 《联合国老年人原则》(http://www.un.org/Chinese/documents/decl-con/chroncon.html)。

康和福祉。在发达国家中终身教育和培训也是老年人参与就业的一个先决条件","教育是积极而充实的生活的重要基础,一个以知识为基础的社会必须制定并保证终身获取教育和培训之机会的政策,继续教育和培训对于确保个人和国家的生产力都是绝对必要的"[1]。

1972年,皮埃尔·维勒斯教授在法国图卢兹大学创办世界上第一所"第三年龄大学",1975年,国际第三年龄大学协会成立,老年教育逐渐受到重视。我国的老年教育开始于20世纪80年代,1983年,山东省率先创立了中国第一所老年大学——山东省红十字会老年大学;1984年3月1日,广东省建立了中国第一所民办老年大学——广东领海老年大学;1988年中国老年大学协会成立;随后各个城市也相继成立了老年大学。据统计,至2014年底我国总计约有5万所老年(老干)大学,在校学员近600万人。[2] 与此同时,各社区以家庭综合服务或老年人活动中心、文化站等为依托也相继开展了社区老年教育。广州市逢源社区是第三龄教育的典范,该社区2008年成立了康龄社区大学,主要为55岁以上社区人士提供教育服务,目的是激发长者学习动机,面对生活挑战;提倡终身学习,善用余暇,发展心智;促进平等学习的机会。康龄社区大学分为五个学院:文学院(中文识字、普通话班等)、体艺学院(唱歌、书法、舞蹈及手工艺班等)、社会服务及社会科学学院(义工训练、退休生活教育、人际关系等)、信息及科技学院(计算机、上网、中文输入班)、医疗保健学院(食疗、营养与按摩班等)。康龄社区大学实行学分制,没有修读年期限制,获取学分不需要考试,只需每堂课准时到场便有一个学分。修满50分者可获修业证书,80分可获高级证书,110分可获文凭,140分可获高级文凭(最少修毕5科,同一学系修满80学分,才可获取该学系的证书),200分可获大学学位(最少修毕5科,同

---

[1] 《国际老龄行动计划2002》(http://www.un.org/Chinese/documents/decl-con/chron-con.html)。
[2] 黄浩苑:《中国多地出现老年大学"入学难"困局》,新华网(http://news.xinhuanet.com/local/2015-01/26/c_1114127610.htm),2015年1月26日。

一学系要修满120学分,才可获取该学系的大学学位),每两年举行一次毕业典礼。提到毕业典礼,彭顺泉老人兴奋地说:"那是很风光的事,我们这些老人家以前也没上过大学,难得晚年有一次机会,肯定要尝试一下。"①

黄阿伯将在康龄社区大学学习的退休生活看作人生的第二次"成长":

> 加入康龄中心后,在中心职员的谆谆教导下,我学会了唱歌、跳舞;在各个班组的导师辅导下,我学会了工艺、表演、书画、编写剧目等。中心丰富多彩的活动,会员间的沟通,活跃了我的身心,促进了我的思维。……通过接触、沟通、体会,感悟了很多东西,这些都是我过去无法理解和无法学到的,这也是构成我第二次"老年成长"的重要课程。②

(二)"第三龄教育"未来发展方向

近年我国的"第三龄教育"受到政府的重视,也取得了一些成效。2012年修订的《中华人民共和国老年人权益保障法》第七十条指出,老年人有继续受教育的权利。国家发展老年教育,把老年教育纳入终身教育体系,鼓励社会办好各类老年学校。我国《国家教育中长期教育改革和发展规划纲要(2010—2020年)》也明确指出要"办好老年教育"。但与我国老龄化的速度、老年人的人口总数以及社会变迁发展相比,老年教育机构的数量不足,社区老年大学的数量不足,老年人参与率较低,课程主要以文体娱乐为主,忽视老年人社会参与技能的培育,课程设计的针对性和系统性不足,缺乏专门的老年教育工作者。今后,我国"第三龄教育"应在以下方面

---

① 何伟杰:《逢源街老人"左右逢源"每十人中有一个是义工》,《羊城晚报》2012年4月10日。

② 《上善逢源——广州市荔湾区逢源街社区服务工作十五周年纪念册》,2012年,第67—68页。

有所突破：

1. 把握高龄者的学习特性，增强教育的专业性

"第三龄"作为一个特殊的群体，有独特的学习特征，应与幼儿教育、小学教育等一样有专门的课程体系和教学方式，而不能简单地将老年人教育看作成人教育的翻版。与儿童和年轻人相比，"第三龄"的学习者有以下特点：（1）具有较强的自尊心。老年人在学习中常对自己的学习能力持怀疑态度，有的老年人自尊心较强，怕学不会丢面子，有的不肯放下架子向年轻人学习，学习过程中往往有心理负担，常常出现学习信心低落的现象，因此，在老年教育中要以鼓励和正面激励为主，要注意维护老年人的自尊，在教学班级设计时，要以小班制学习为主，应根据老年人的年龄、学习能力与程度分级开班，可避免老年人因为缺乏自信、害怕面临失败、挫折或觉得跟不上他人而放弃学习的现象，以增强教育的针对性，提升学习的效果和老年人学习的信心。（2）学习动机多元。儿童和年轻人的学习动机多是为了升学和求职，目的比较明确，也比较单一，但老年人的学习动机比较多元化，学习的功利性较弱。有的是为了学习新知识和新技术以跟随时代的发展和潮流；有的是为了进一步发展自己的爱好和兴趣；有的是为了修身养性；有的是为了结交朋友，参与群体生活；也有的是为了提高自己的技能以继续贡献社会。因此，为了满足高龄者的不同学习需求，课程规划者应设计多元生活化的课程，既要有知识性和技能性的课程，也要有情意性的课程，并采用多元化的教学方式，例如小组讨论、分组座谈及个别化教学，以促进老年人技能的提升、心理的丰富以及生命的愉悦。（3）学习的主动性较强。老年人一旦决定参与学习，较儿童和青少年相比，学习的自主性和积极性较高，由于老年人经验丰富，可能会有自己的学习方法，因此，在老年教育中，要注重尊重和挖掘他们主动、自发的学习行为，教学方式应以引导为主，而不是灌输和强制。"第三龄教育"须依据老人的教育程度、家庭状况及身心健康状态等各种差异性专门规划与实施，"第三龄教育"应该有专业的教育内容和方法，甚至有学者建议在师范院

校设置"老年教育专业"①，以推进"第三龄教育"的专业化提升教育服务的品质。

2. 鼓励追求新知，开发人力资源

开展"第三龄教育"，不仅是个体生存的需要，也是社会发展的需求。在社会快速变迁的今天，通过学习发展自我、扩展视野，了解社会，才能适应社会的急速变迁，并学会解决自己的生活问题，应该说在今天的资讯社会中不断充实知识、追求新知，已成为个人生活方式和个人生存的条件。如果仍然抱着"人过三十不学艺"的观点，只能被社会逐渐淘汰，从而影响自己的生活质量和幸福感。从社会层面来看，不得不认识到，如果不注重老龄人才资源的开发和运用，老年人将真正成为社会发展的负担，影响生产力的发展，因此，发展"第三龄教育"，使高龄者学习各种不同的技巧，提高高龄者再度参与社会的能力，并开发高龄者的人力资源，提高老年人的生产力，使其创造及发展事业第二春，产生更多的社会效益，减轻社会的负担。在"第三龄教育"体系设计中，不仅要有娱乐健身修身类的课程，也应该有知识和职业技能类的课程，特别是要针对有就业需求和意愿的老人开展有针对性的职业技能培训，提升老年人参与社会的能力。在教育师资的选择上，不仅要培育既懂知识又懂老年人心理的老年教育专业人才，也应该利用老年人的资源开展互助教育，并建立年轻人与年长者双向互动的学习伙伴关系，利用高龄者学习经验的薪火相传功能，传递知识与技能。

3. 整合教育资源，促进多元学习

老龄化社会老龄人口快速增长，老年人教育需求也不断增强，政府应整合各类教育资源，提供老龄多元化的学习渠道。从目前来看，一方面要向老年人开放现有的教育资源；另一方面要继续发展老年人社区教育。在国外，很多大学是向老年人开放的。比如，在瑞典，所

---

① 房为厦、王文燕、高长海：《师范院校设置"老年教育专业"的可行性和策略探讨》，《教育探索》2014年第10期。

有的大学都对老年人开放,在大学生中55岁以上的老年人占20%左右,65岁以上的老年人占10%左右。德国从1979年起,学术型高校以及部分应用技术大学开始定期为老年人开设各类课程,大学向老年人开放的形式通常有正规学习、旁听学习和长者学习。正规学习的入学条件是高中学历,符合入学条件的老年人可向任何高校申请攻读学位,并与青年学生拥有同等权利与义务。到2010年底,德国高校在读大学生中有0.2%为60岁以上的老年人。[1] 旁听生入学无须高中学历,除报名受专业限制外,德国几乎所有的大学正规课程一律向旁听生开放,老年学员可自由选课,没有考试也不授学位,但可颁发证书。长者学习是高校量体裁衣式地为长者学员推荐或开设课程,这些课程较有系统性,为减轻对高校师资和物质资源的压力,不少长者学习项目系列课程安排在寒暑假举行。美国借助普通大学的力量,采取三种形式开展老年教育。一是大学正式招收老年学员。老年学生通过进修或旁听大学课程,食宿与青年学生一样,免收学费。有的大学为老年人单独编班,开设老年人需要的课程。二是寄宿教育。在高等院校开设暑期大学,实行老年寄宿教育。三是非正式教育。在地方成立老年学校和专业班级,开设短期课程,吸收老年人参加非正式学习。目前,我国大学对老年人的开放度不够,只有极少数大学针对老年人开放学历教育体系,开放的学校主要是广播电视大学(有的改名为开放大学),而且专业也比较少,多是文体类专业。在全国首创开办老年人学历教育的是上海开放大学。2011年,上海开放大学与上海老年大学合作成立老年教育学院,第一批开设钢琴演奏、声乐演唱、体育保健和摄影摄像技术4个专业,考试合格的老年学习者将获得大专文凭。2014年,江苏开放大学开设老年本科学历继续教育,有摄影和诗词赏析两个专业方向,免试录取,不设学习时间上限,学习方式为自主学习、网络教学和面授辅导相结合,经过考核合格后就可申请获得江苏开放大学本、专科毕业文凭。因此,今后我国应逐渐将所有

---

[1] 俞可:《论德国"大学向老年人开放"运动》,《复旦教育论坛》2013年第2期。

大学向老年人开放，并建立多元化的教育模式，将老年人学历教育与非学历教育相结合、混龄教育与分龄教育相结合、面授与网络教学相结合、走读与寄宿相结合，建立起高校老年人教育体系。另外，由于目前我国养老以居家为主，所以，应加强老年人的社区教育，这样一方面可以让老年人在家门口学习，减少学习路途的时间和麻烦；另一方面可以与自己社区的老年人一起学习，可以增强老年人认同归属感，促进老年人和社区共同成长与发展。当前，我国在老年人社区教育方面，要在增加社区老年大学数量的基础上，特别是加强农村社区老年大学的建设，进一步整合社区的人力、物力资源，激发老年人的学习兴趣，扩充教学内容和人群的覆盖面，增强特色课程，提升老年人教育的系统性和连续性。

三　营造"友好老年"职场，在工作中成长

英国著名哲学家伯特兰·罗素（Bertrand Russell）在《走向幸福》一书中强调工作是获得幸福的重要因素。他指出："工作之所以为人们所需，首先是作为解除烦闷的手段，其次是他给予人们获取成功和展露雄心的机会。"他还强调："一项伟大的建设性事业所给予的乐趣，是人生奉献的最大快乐之一。"[①] 这说明工作是幸福感的重要源泉，也是成长的重要推动力，对于老年人来说，工作不仅可以避免与社会脱节，也可以提高其收入，增强自我价值感，从而提升幸福感。

（一）转变观念，重建人生规划

提到老年人就业，反对的声音也不少，理由如下：一是当前我国年轻人就业压力很大，老年人不应该与年轻人争夺就业岗位。二

---

① ［英］伯特兰·罗素：《走向幸福》，上海人民出版社1989年版，第12页。

是老年人不应该再奔波于职场上，辛苦了一辈子，退休或年老后应该在家好好休息，享受生活，甚至其子女认为，如果让老年人出去工作是对父母的不孝。三是认为老年人知识陈旧，思想落伍，动作迟缓，工作效率低下，如果雇用老年人会影响单位工作质量和进度。老年人真的会抢了年轻人的岗位吗？这个问题不能单纯地从数字上得出结论，应该看到，今天在年轻人找工作难的同时，也有很多岗位招工难，而且老年人和年轻人两者的就业层次和岗位需求也不同，岗位的交叉率较低，因此，不能简单地认为老年人推迟退休或重新就业会对年轻人的就业构成威胁，而且老年人就业，也可以减轻社会和年轻人的负担。睡觉、闲逛、看电视、种花养草就真的幸福吗？也许人们在工作忙时会向往无压力而悠闲的生活，但是，无论从生理活动的保持还是从心理充实的角度来看，很少有人把无所事事的赋闲视为最幸福的生活方式。一些老年人刚退休在家时，觉得"没人管的日子真好"。但过了一段时间，就对这种闲散生活厌倦起来，孤独寂寞感愈显强烈，每天只能通过参加体育锻炼、文娱活动和种花、养鸟、看电视、做家务等活动"混"日子，很难找到生命的价值和意义。正如《孤舟》一书的主人公所说："上班的时候他每天忙于工作，一直期盼着能够抛开工作，好好放松一下，哪怕一天也好。他梦想着有朝一日，可以优哉游哉地歇上一天，那该有多幸福啊。谁料想，一退休，闲暇就如同噩梦一般压在自己身上。"[1] 厄尼·J. 泽林斯基（Ernie J. Zelinski）在《40岁开始考虑退休》一书中写道："如果你把所有的时间都花在睡大觉、悠然憩息、闲逛以及看电视上，以为如此一来就成了名副其实的闲人，那你就无法从中获得真正的快乐和满足。许多无所事事的退休者最终变得相当颓废并且对退休深恶痛绝。在这方面，佛罗里达的医生理查德·纽鲍儿曾总结道：'许多人在退休后的短暂时期内，身心健康水平急剧下滑的罪魁祸首正是这种无所事事和自感成了废物的心理。'"老年人真

---

[1] ［日］渡边淳一：《孤舟》，竺家荣译，百花洲文艺出版社2015年版，第16页。

的会降低单位的工作效率吗？不可否认，老年人的记忆力、反应力及行动的速度等较年轻人慢，但老年人在几十年的工作中掌握了熟练的技术，积累了丰富的经验，另外，老年人遇事冷静、处理人际关系的能力强，对单位的忠诚度高、不会跳槽，具有较强的职业道德和责任感，如准时、低缺勤率、对工作质量的坚守等，这些可以弥补老年人流体智力衰退的不足。虽然不是所有行业都乐于接受老年求职者，但越来越多的企业开始青睐并珍惜老员工的存在。据报道，在曼谷运输有限公司，大约13%的员工超过60岁，该公司喜欢年长的员工是因为他们在曼谷拥挤的交通中能保持冷静。① 美国加州圣迭戈的斯克里普斯医学研究所也非常欢迎老年员工，曾数次被美国退休人员协会评为"50岁以上员工的最佳雇主"。该研究所人力资源部门副主管维克·布扎切罗说："我们需要他们（老员工）留下来。年龄越大的员工，医护知识越全面。"② 研究者曾对年龄与工作绩效之间的关系作了一项实验室研究，要求三个群体的工人（年龄20—30岁、40—59岁、60—75岁）工作3天。在3天后，最年长者做了最少的工作，然而，当控制产品质量时，在绩效上没有明显的差异。③ 因此，应当改变老年人与年轻人争夺工作机会、老年人工作绩效低下的观念，让不同年龄段的劳动者均找到合适的岗位，且各自发挥自己所长，形成职场不同年龄段的互相包容、互相帮助、优势互补。人们也要改变传统的"年轻时工作、退休时休息"的人生规划模式为"教育＋工作＋休闲"的全龄人生规划模式（见图7-3），活到老、学到老、工作到老、成长到老！

---

① 《为应对人口老龄化泰国鼓励企业雇用老年人》，东方网（200ttp：//news. eastday. com/eastday/13news/auto/news/world/20160212/u7ai5282776. html7），2016年2月12日。
② 《欧美老人不要退休要工作　企业青睐银发就业族》，《羊城晚报》2012年10月31日。
③ 赵频、李晓玉：《基于二元劳动力市场的年龄歧视研究》，《理论月刊》2008年第9期。

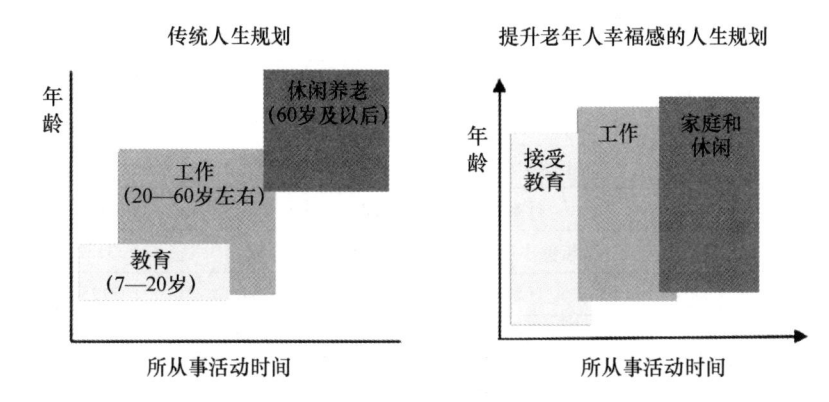

第七章 满足老年人成长性需求 在自我实现中体验幸福 193

图 7-3 人生规划的转变

资料来源：参见刘燕妮《德国老年就业策略对中国城市老年就业的启示》，《齐齐哈尔大学学报》2015 年第 11 期。

（二）利益诱导，鼓励延迟退休

由于人均寿命的延长和老龄化浪潮的到来，延迟退休已成为一种趋势。延迟退休指推延退休时间，目前我国的法定退休年龄为男 60 岁，女 55 岁（干部）或 50 岁（工人），从 2008 年开始，人社部就开始酝酿延迟退休方案，近年延迟退休方案屡被提起，但仍面临较多争议，至今尚无定案。究其原因：一是当前就业压力较大；二是延迟退休方案遭到一些人的反对，特别是遭到 40—50 岁因企业改革等原因失去岗位的群体以及劳动强度和工作竞争力较大的工作群体的反对。在我们的问卷调查中，大约有 60% 的人不赞成延迟退休，而且年龄越大赞成率越低（见表 7-1）。

表 7-1　　　　　　　不同年龄段对延迟退休的态度　　　　　　单位:%

			对延迟退休态度		
			赞成	不赞成	无所谓或说不清
年龄	20—30 岁	计数	58	186	56
		年龄中的 %	19.3	62	18.7

续表

			对延迟退休态度		
			赞成	不赞成	无所谓或说不清
年龄	40—50岁	计数	54	171	75
		年龄中的%	18.0	57.0	25
	60岁及以上	计数	23	183	94
		年龄中的%	7.7	61.0	31.3
合计		计数	135	540	225
		年龄中的%	15.0	60	25

资料来源：根据作者在广州市问卷调查统计数据整理。

在我国，为什么大家愿意早点退休呢？一是因为有些职业的稳定性较差，人们特别是职场中的大龄者往往会面临失业的风险，如果延迟退休，这种风险会增加，失业与领取养老金之间的年限会延长，对于中途失业者来说，相当一段时间既没有工作收入又不能领取养老金。二是有些岗位工作压力大，对新知识和新技能的要求高，高龄者在这些岗位上力不从心，而单位又没有及时将他们调整到更合适的岗位。三是早退休和延迟退休所领取的养老金的数额差别不大，特别是机关事业单位人员，在职人员的工资与退休金的数额差别不大，而且担心养老金改革过程中利益受损，大家本着"早退早安心"的心理，往往选择早点退休领取退休金，宁愿"退休返聘"也不愿意"延迟退休"。此外，延迟退休既是为了避免老龄资源的浪费、促进积极老化，又是为了减轻财政负担。在制定延迟退休方案时，可能出现两个不同的导向："刺激工作"导向和"减轻养老负担"导向。我国制定的延迟退休方案的草案"减轻养老负担"导向比较明显，有人认为，我国延长退休年龄主要是为了弥补养老金缺口，减轻了国家负担而个人并没有受益，还面临利益的不确定性，因而反对声较大。

针对这一现状，建议我国兼顾个人利益和国家利益，建立弹性的退休制度和积极的养老金方案，延迟退休方案由"减轻养老负担"变为"刺激工作"导向，强化"利益诱导"，让老龄工作者获取更多的经济利益，以吸引更多人接受延迟退休。即扩大可以退休的年龄区间，劳动者在达到法定最低退休年龄后即可领取养老金，但在此基础上，每增加一个时间段（可以月、季度或年度为时间度），则将养老金的数额增加一定比例，并按照递增原则，延迟的时间越长，增加的比例越大。这样既可以满足一部分想早点退休的人的需求，也可以通过提供足够的激励，让劳动者在达到最低法定退休年龄后继续工作。当然，在这一方案中，要注意年龄段和增加比例设置的合理性，做到公平性和激励性相结合。"利益诱导"也是其他国家常用的延迟退休的刺激手段，例如，芬兰 2005 年将领取养老金的年龄由 60 岁提升到 63—68 岁，并将养老金的数额与工作时间相挂钩，工作时间越长，退休后领取的养老金数额越多。挪威从 2011 年开始实行灵活的退休制度，允许 62—75 岁的老年人根据自己意愿决定是否退休，并根据退休年龄决定养老金的数量，同时，老年人也可以边工作边领取养老金，每年可提取确定比例的养老金。瑞典规定法定的退休年龄是 65 岁，但允许 61 岁提前退休，也可以延迟退休工作到 70 岁，65 岁退休时养老金是 100%，每提前 1 个月退休扣减 0.5% 的养老金，而每推迟一个月则可增加 0.7% 的养老金，但对于已丧失劳动能力或失业后再无就业可能的雇员，仍发给全额退休金。我国可以借鉴以上国家的做法，设立弹性积极的养老金制度，既可以让老年人有生活的保障，又可以让更多的健康有能力的老年人延迟退休，继续工作。

（三）倡导职场年龄平等，排除老年人就业障碍

鼓励老年人继续工作，不仅需要利益诱导，还需要建立职场年龄平等的理念，克服职场年龄歧视，提供老年友好工作环境，逐步建立一个保障有热情和能力的高龄者不受年龄约束继续工作的社会。

在所有的就业歧视中，年龄歧视不容忽视，当前"青年行老年不行"的文化主导了就业市场，老年人的贡献不能和青年人的贡献受到同等重视，年龄歧视成为积极养老的障碍。就业市场的年龄歧视表现在三个方面：一是录用环节的年龄歧视，即招工录用时设置年龄条件。在我国，所有的招工不管是公务员、教师、医生，还是公司会计、文员，大部分都注明了"35岁以下"的要求。我国《公务员录用暂行规定》第十六条明确把35岁以下作为公开招录公务员的报考条件，这无异于将年龄歧视合法化。35岁成为我国劳动力市场上的一个道坎，35岁后就业岗位和机会少，更不要说60岁以上老年人的工作岗位了。二是解除雇佣关系中的歧视。当雇主不得不裁员时，往往先裁减老年劳动者，其结果自然是老年劳动者被抛出劳动力市场，失去就业机会。我国在企业转制过程中，一些企业单位为了减员，鼓励40岁以上的职工提前退休，但这部分人中绝大多数仍然具有相当强的劳动能力。三是人才使用过程中的歧视。在单位，劳动者到了一定年龄后特别是距退休还有3—5年时间时，往往不再得到提拔和重用，逐渐被边缘化。有学者认为，在20世纪80年代为克服"论资排辈"的现象，提出了实现领导干部队伍"革命化、年轻化、知识化、专业化"的目标。但今天来看，我国的年轻化却走过了头，滑向了"论资排辈"的对立面，年长的劳动者不仅无法享有他们的"老资历"，甚至开始面临失业——再就业的担忧[1]，侵害了年长劳动者的权益，影响了他们价值的发挥。

当前，我国法律对于就业市场的年龄歧视并没有相关的规定，我国劳动法关于反就业歧视，只规定了"劳动者就业，不因民族、种族、性别、宗教信仰不同而受歧视"，把年龄歧视排除在此条款规定之外，中高龄就业者的权益难以得到保障。因此，当前我国急需制定职场年龄歧视方面的法律。美国早在1967年就制定了《职场年龄歧视法》，这也是西方发达国家中第一部保障中高龄者就业权利的法律。职场年龄歧视法的立法目的在于增进中高龄者基于其能力而非其年龄的就业机会，禁止专断的职场年龄歧视行为，以及协助雇主与劳动者共同面对并解决因劳动者年龄在职场上引起的种种问题。美国职场年

---

[1] 蒋忠原：《浅析对我国就业年龄歧视进行立法的必要性及国际经验》，《理论界》2011年第9期。

龄歧视法保障的是40岁以上劳动者，该法规定雇主不能以达到一定年龄为理由强制40岁以上受雇人退休，因为美国没有强制退休的年龄规定，所以，雇主只能根据雇员的工作表现或其他合法的业务上的理由才能要求雇员离职，而不能要求雇员在达到一定年龄后退休。英国从2006年开始实施的《雇佣平等（年龄）规则》，这是一部专门针对就业年龄歧视问题的立法。该法规定标准的退休年龄为不低于65岁。用人单位要求65岁以下劳动者退休的，如果没有正当理由则属于违法。虽然用人单位要求超过65岁的人退休，不属于年龄歧视行为。但是，该规则同时也规定65岁以上的劳动者有请求继续工作的权利，雇主有义务加以考量。挪威《工作环境法》规定，仅以达到国家保险法规定的退休年龄为由解雇年龄低于70岁以上就业者的行为是不合法的；《假期法》规定，60岁以上的老年人可以多享受6天的年假。而且有些单位通过降低工作强度、设置灵活的工作时间等方式吸引60岁以上的老年人继续工作。

我国在禁止就业年龄歧视方面，应该在以下几个方面作出努力：一是禁止招录员工时设置年龄条件，如果大量的招工将年龄限制在35岁以下，不利于中高龄者再就业。当前，我国的中高龄求职者不断增加，一方面因为1962—1971年处在我国生育第二高峰期的这一代人逐步进入老年，由于退休年龄尚没有延长，他们虽然退休但仍有工作能力和工作欲求；另一方面是由于产业转型、企业改制，一部分35—55岁的劳动者面临失业、辞职、转行，这部分人员也需要寻找新的就业机会。但是，由于我国目前对中高龄者在就业方面存在严重的年龄限制，使得中高龄者就业极为困难，因此，要取消招工录用中的年龄限制规定，让中高龄者有更多的就业机会。二是要建立弹性的退休制度，逐步提高强制退休的年龄，适当扩大老年人选择退休时间的幅度，保障有经验、有技术、有能力的老年人的工作权。三是保障职场上50岁以上劳动者的合理权益，比如培训权、决策参与权，让职场中的年长者受到重视和重用，克服因为年龄而被边缘化的现象。

（四）提供老年人就业服务，提升再就业能力和机会

老年劳动力的开发和就业促进，政府要提供相应的服务，提升老年人就业的能力，开发老年人的就业渠道，保障老年人再就业期间的权益。

1. 开展老年人就业服务

为促进高龄就业，各国均采取相应的服务手段和促进措施。德国于 2005 年启动了一个专门促进老年劳动力再就业的项目即 50 岁以上再就业计划，这些措施包括对老年时期失业者提供就业援助，援助内容集中在老年劳动力的健康、工作灵活性、工作能力三个方面，老年失业者不仅可以获得个性化的转岗培训，在此期间还可获得足够的经济援助和心理援助。[①] 日本为了帮助身体健康的老人退休后找到自己的人生价值，各个城市都有专门为老人开设的"银发人才中心"。为了给老人创造良好的就业环境，日本厚生劳动省专门成立了帮助老人求职的办公室，根据企业提供给老人的工作性质及内容，给予不同程度的津贴，并协助各大城市成立多所"银发人才中心"，专门为老人提供求职帮助。韩国首尔成立"人生二次收成支援中心"，向长者提供创业支援、社会服务及退休规划等课程，让他们培训后考取各类证书并再次工作。2000 年以来，我国上海、青岛等地先后成立老年人才中心，但在老年就业服务方面，仍然不够系统和全面。为帮助老年人再就业，政府应加快各地老年人才中心建设，完善老年人就业服务。（1）职业指引：了解岗位需求，提供相关市场资讯，依据老年人的资格能力与经验，协助撰写履历，帮助老年人寻找适合的职业；（2）教育训练：帮助老年人认识职业的基本要求，界定职业的优势和障碍，为老年人提供必要的有针对性的职业和工作训练，提升老年人的能力以满足市场的需求。（3）创业补贴：有些老年人退休后利

[①] 刘燕妮：《德国老年就业策略对中国城市老年就业的启示》，《齐齐哈尔大学学报》2015 年第 11 期。

用积蓄自己创业,政府应为创业的老年人提供一定的优惠和补贴,如税收减免、创业补贴等;(4)建立老年人才信息库,帮助单位寻找合适的老年人才。老年就业市场也存在两极现象,一端是单位急需有经验、有技术的人才;另一端是老年人找不到合适的岗位。因此,老年人才服务中心不仅要了解市场需求,也要了解老年人才资源状况,做到人与岗的快速有效匹配。

2. 增加雇主雇用老人意愿

当前,我国中老年人再就业难的主要原因是我国劳动力市场供过于求,对于老年人才市场更是如此,只有开拓老年人就业市场,才能从根本上解决老年人再就业的问题。为此,一方面政府要倡导企业认识到老年人的价值,意识到雇用老年人的积极效用。学者贝克尔(Gary S. Becker)在《歧视经济学》中指出,在完全竞争的市场上,从长期看,歧视型雇主将被非歧视型雇主驱逐出市场,因为没有歧视偏见的雇主的目标函数是货币成本最小化,而非净成本最小化,因此可以投入相对便宜的劳动力要素,使市场竞争力提高,并且减少市场工资差别。因而,对于企业来说,充分挖掘年长失业人员的优势,不仅不会降低企业福利,反而会使企业在竞争中更容易立于不败之地。[1]另一方面要对雇用老年人的企业进行补贴。日本为了保障60—70岁老年人受雇和再就业,2013年制定了《继续雇佣制度》,规定如本人愿意,企业有义务保证老年人就业,政府对雇佣延迟至70岁的企业给予补贴;企业有义务废除对招聘年龄的限制,政府对实现老年人再就业企业给予奖励。对于通过正规职业介绍所雇用60—64岁老年人的大企业,每雇用一位老年人,国家会给予为期一年、总额为50万日元的补助金;对中小企业,国家给予为期一年、总额为90万日元的补助金。[2]我国应根据实际情况,及时出台相应的雇用老年人的补

---

[1] 赵频、李晓玉:《基于二元劳动力市场的年龄歧视研究》,《理论月刊》2008年第9期。

[2] 丁英顺:《日本延迟退休年龄的基本经验及其启示》,《当代世界》2016年第7期。

贴政策，以增强企业雇用老年人的意愿。

3. 保障老年人再就业期间的权益

我国老年人再就业一般采用返聘、兼职、顾问、自由职业、灵活就业等方式，但由于劳动法和劳动合同法未将退休再就业人员纳入保护范围，用人单位和返聘人员不能依据相关劳动法律主张权利和承担义务，使得用人单位怕惹麻烦不敢雇用老年人，也使得被雇用的老年人权益得不到保障。再加上我国缺乏配套的老年人才市场引导机制，老年人再就业一般都是靠朋友或者熟人介绍，而通过这种"地下操作"的找工作方式，许多老年人没有和用人单位签订劳动协议或仅仅是口头协议，一旦出现纠纷，其加班补偿、解除合同补偿等相关待遇难以获得法律支持，有的老年人被单位返聘期间，因公受伤，却无法被鉴定为工伤，无法享受工伤保险待遇。因此，我国应制定相应的法律制度对单位聘用退休人员作出规范，既要保障老年人再就业期间的权益，也要保障用人单位的权益，打消用人单位的顾虑。

四 发展老年人志愿服务，在助人中成长

参与志愿服务既是积极的福利措施和老年人终身学习的渠道，也是老年人力开发和促进成功老化的重要途径，"施比受更有福"，老年人可以在为他人服务中实现自我的价值，不断成长，收获快乐和幸福。

（一）老年人志愿服务的意涵

志愿服务是公民基于自我意愿，而不是个人义务和法律责任，以知识、体能、劳力、经验、技术和时间贡献社会，不以酬劳为目的，而以提高公共事务效能和增进公共利益为目的的辅助性服务活动。《中国注册志愿者管理办法》规定，志愿服务是指志愿者不以物质报酬为目的，利用自己的时间、技能等资源，自愿为国家、社会和他人提供服务的行为。这里所说的志愿服务不包括不通过组织的直接帮

助，如帮助邻居和朋友，主要是通过组织无偿参与的社会公共事务活动。志愿服务有三个特性：（1）在出发点上：志愿服务是出于自己的自由意愿，自动自发服务有需要的对象，而不是因为个人有义务应该去做；（2）在过程上：志愿服务是利用自己的业余时间，以其本身所拥有的知识、技术、经验、体能、劳力等，去服务他人，以协助别人解决困难或补充服务对象的某方面不足；（3）在目的上：志愿服务是为了协助他人，或为了增进社会大众的利益，而不是为了谋求志愿服务人员本身的利益或从中得到金钱、财物等报酬。[①]

老年人参与社会志愿活动指年满60周岁以上公民参与志愿服务的活动。老人参与志愿活动具有独特的优势：一是时间优势：老人不受"朝九晚五"工作时间的限制，闲暇与可自由支配的时间较多，与年轻人和职业人相比，他们具有时间优势；二是经验优势：老年人工作生活经验丰富，心态平和，特别是具有生活智慧，往往能够解决年轻人不能解决的问题，在调解邻里纠纷、家庭社会关系方面具有明显的优势。近年，我国有些地方先后开展了低龄健康老人照顾高龄老人的志愿服务活动，因为生活际遇、心态较为接近，容易融进服务者的生活，低龄老人服务更贴心，也让高龄老人更放心。同时，在服务中，低龄老人也会从高龄老人的生活中得到启示，更好地规划自己的老年生活。老年人参与志愿活动能使他们所拥有的潜能得到应有的体现。通过参与，既得到了社会对个人的尊重和满足，又体现了个人对社会的责任和贡献，充分体现了老年人的社会价值，营造有尊严、自我实现的生活。不同的社会参与理论都从不同角度阐述了志愿服务活动对于老年人的积极意义（见表7-2）。总的来说，老年人参与社会志愿活动具有以下意义：（1）满足心理需求，通过志愿服务，得到自我成长和自我实现，获得社会的肯定；（2）形成老人次文化体系，通过帮助他人，获得同辈的理解和扶持，增进自我肯定；（3）化解社会交换

[①] 林胜义：《志愿服务与志工管理：做快乐的志工及管理者》，台北：五南图书出版股份有限公司2006年版，第78页。

中的不平等，通过志愿服务，老人从被照顾者角色转换为照顾者，因助他、利他而获得社会的认可，建立自己的社会地位，化解老人无交换价值的负面印象；(4) 重建社会角色，通过志愿服务，建构对社会有意义有价值的角色，弥补生活的空白，重建生活的意义。

表 7-2　　　　　　　　　志愿服务对于老年人的意义

理　论	内　涵
马斯洛（A. H. Maslow）的需求理论（Hierarchy of Needs）	强调人类的需求是有层次的，不同人在不同时间、地点会有不同的需求；不同需求就有不同高低的层次；先致力于满足较低层次需求之后，才会转而追求更高层级的需求
赫兹伯格（F. Herzberg）的满足需求理论（Content Theory）	人类心理需求的满足，除基本物质生活外，还有自我成长、追求社会重视、自我实现的层面。退休的人在衣食充足的生活中，可进而追求更高层次的心理满足需求，例如借由志愿服务以达成社会参与及成长的自我满足
柯恩（L. Cohen）的活动理论（Activity Theory）	此理论提供联结个人层次和社会层次的实务观点认为，保持活力的退休者身体才会健康、适应才会良好，并且认为透过志愿服务，退休者可寻得新的人际关系。老人从事志愿服务可以满足协助他人、影响他人、亲和关系、社会认可等正面意义
罗斯（Ross）的次文化理论（Subculture Theory）	是指在某个较大的母文化中，拥有不同行为或信仰的较小文化或一群人。次文化通常以地域性、群体性、开心的主题、特殊行为模式等，认为透过彼此服务，退休者可获得同伴的安慰与扶持，老人透过协助他人，来建立自己的地位，增进了自我肯定与精神生活的满足
霍曼斯（G. Homans）的交换理论（Social Exchange Theory）	认为人与人之间的社会互动，是一种理性的，会计算得失的资源交换，"公平分配""互惠"是理论的主要规范及法则，将人与人之间的活动，视为一种利益的过程。老年人较缺乏用来交换的价值，毫无利润可言。因此，双方互动就少，老人在社会就受到冷落。该理论认为志愿服务制度化解了不平等的交换，老人需要透过协助他人来建立自己的地位
米德（G. H. Mead）的角色理论（Role Theory）	依据此理论的主张，可知老人从工作岗位退休以后，因为在生理及心理两方面有逐渐退化的现象，如果没有适当的活动来填补心灵上的空虚，就容易加速身心老化，所以需寻求一个新的、有意义的角色，以弥补生活上的空白，重建生活意义以及自我的认同

资料来源：参见叶至诚《高龄者社会参与》，新北：扬智文化事业股份有限公司 2012 年版，第 284 页。

(二) 老年人志愿服务发展的方向

随着社区服务的发展，各地先后成立了老年人志愿者队伍，参与到社区交通管理、治安巡逻、环境卫生维护、高龄者照顾等公益活动中去。但总体来看，老年志愿服务的组织性、受重视程度和影响力远不及青年志愿服务组织，老年人志愿服务参与机制还没有形成，现有的老年志愿服务活动存在参与主动意识不够，老年志愿者服务内容单一、服务方法随意性较大、志愿服务精神空洞；服务的组织性和持续性不足等问题。此外，由于老年人自身的身体状况使得他们在参与志愿服务中存在很大的风险，而当前服务方式缺乏有效的风险评估，阻碍了老年人志愿服务的发展。

1. 把握老年人参与志愿活动的动机，鼓励老年人积极参与

动机是指引导、激发和维持个体活动的动力和心理过程。只有把握老年人参与志愿活动的动机，才能将参与者的兴趣、技能与服务的需求结合起来，保持志愿参与活动的积极性。有研究者将老年人的参与动机分为五种：（1）利己型动机，以自我兴趣、自我实现、自我认知为取向，通过服务他人，获得自我心理满足与快乐；（2）利他型动机：以服务他人为取向，参与志愿活动是为了关心、照顾他人，并以此得到心灵的慰藉和满足感；（3）社会型动机：通过参与志愿服务活动，体现公民责任，扩展人际关系，拓展个人的生活层面；（4）情境因素动机：因政策或社会情景因素而参与志愿服务，如其他人的邀约、组织机构的吸引、社会的认可等；（5）宗教信仰动机：宗教信仰也是影响志愿服务动机的重要因素之一。[①] 杜鹏等研究了老年人参与志愿活动的动机以及继续参与的动机，发现老年人最初决定参与志愿服务活动的动机是发挥余热，而继续参与的动机中，通过参与志愿服务活动结识朋友、学习知识、得到社会认可的比例明显上升（见图7-4）。可见，老年人在持续参与志愿服务活动中动机日益多元且不

---

① 刘明菁：《高龄者参与志愿服务学习之研究》，台湾师范大学社会教育学系，2008年。

断变动，老年人志愿活动的组织必须把握这些特性和变化，才能鼓励更多的老年人参与志愿服务并坚持下去。但在目前的老年人志愿服务活动实践中，这些动机恰恰是被忽视的，老年人参与志愿服务的类型比较单调，社会认同度较低，老年人志愿服务队伍本身的建设不足，缺乏团队意识、团队成员之间交流了解不足，参与活动的内容比较简单，局限于宣导、巡逻、慰问，志愿者自身的知识和能力难以在服务中提升，自我价值感较低，加上组织激励机制不足，老年人参与的意愿较低，持续性不足。为此，在吸引老年人参与志愿服务活动中，应把握老年人动机的变化，应注重对老年人参与价值与能力的肯定，注重老年人志愿服务队伍本身的建设，在老年人志愿者项目中，可以让专业的社工介入，辅导、协助老年志愿者开展服务活动，通过开展志愿服务的分享、案例分析等活动，提升老年人服务的能力，让老年人在志愿活动参与中充实自身，不断成长。

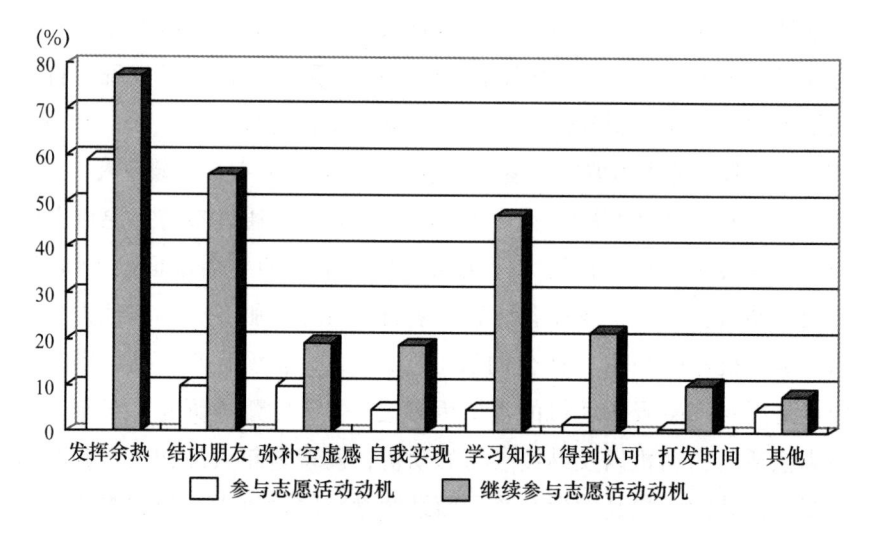

图 7-4 老年人参与志愿活动和继续参与志愿活动的动机对比

资料来源：根据杜鹏、谢立黎、李亚娟《如何扩大老年志愿服务？——基于北京朝外街道的实证研究》（《人口与发展》2015 年第 1 期）数据整理。

2. 借鉴国外"时间银行"的经验，完善管理机制

所谓时间银行，是指志愿者将参与公益服务的时间存进时间银行，当自己遭遇困难时就可以从中支取"被服务时间"。"时间银行"的概念提出后迅速扩及全球，有以"时间货币""照顾货币""小区货币""人力时间银行""时间人力银行""志工人力银行"等称呼。"时间银行"以"小区"与"公民参与"为行动概念，通过个人（点）、家庭（线）至小区（面），将个人小爱化之为社群大爱，将服务转化为生活的一种习惯和运动。"时间银行"秉持自助人助的精神，结合生活情境，提供更多机会给需要者，积极强调个人生活经验与能力的开展，以及问题解决能力的培养，意图借由该项机制来达到社会互助。时间银行拉近了社会距离，施者与受者互为主体，彼此相互提供服务与协助，满足需求，还可以鼓励中高龄者运用个人丰富经验及圆融智慧积极从事社会参与，使之"退而不休，老有所为"，成为小区最为重要的资源与资产，通过参与志愿服务活动，为老人注入新的生命动力，增加社会资本。[①] 当然，"时间银行"也广泛运用于养老项目，瑞士老龄化带来的劳动力以及财政压力、养老服务问题，其联邦社会保险部开发了养老"时间银行"项目，身体状况尚好的退休人员可以义务照顾需要帮助的老年人，其时间数将会存入社保系统的个人账户里，今后如果他们需要照顾，就可以免费得到同样小时数的护理。

目前，我国只有南京、重庆等城市零星在志愿服务中运用"时间银行"模式。今后，我国可以借鉴"时间银行"的管理理念，以社区为单位成立服务老年人的"时间银行"，倡导"服务今天，享受明天"的理念，采取"时间储蓄"的方式，让年轻身体健康的老年人利用闲暇时间为社区和老年人提供必要的服务，而等这些人需要

[①] 刘宏钰：《老龄社会活跃老化的创新与前瞻——以台湾时间银行小区经验论析》，载杨团《当代社会政策研究（八）：老龄时代的新思维》，社会科学文献出版社2013年版，第129页。

服务时，也可以获得相应时数的免费服务或折合为一定时间的有偿服务，这也使得老年人在以后享受养老服务时更有底气，因为这些服务是由他们自己的劳动获取的。但"时间银行"这一模式要在老年志愿服务和养老服务中运用，必须建立完善的管理和运行机制。目前，我国关于志愿活动和"时间银行"的管理都缺乏相应制度规范，可依据的条文仅有 2006 年共青团中央印发的《中国注册志愿者管理办法》（2013 年修订）、2014 年中央文明委颁布的《关于推进志愿服务制度化的意见》、2015 年民政部发布的《志愿服务信息系统基本规范》等。虽然部分省市相继制定了一些地方性法规来规范和指导志愿服务工作，但全国性的志愿服务法律一直"难产"，更加缺乏针对老年志愿者进行管理的法规。当前，我国老年志愿活动的组织主要以街道和社区居委会为主，老年志愿者的招募、管理、培训和评估各个环节都存在随意性和临时性，如有的老年志愿者根本没有注册，每次志愿活动也没有档案记录，更没有科学的老年志愿活动评估和风险测评体系，对老年志愿者激励不足等。因而，我国急需建立全国志愿者服务信息系统和专兼职相结合的管理队伍，"时间银行"的管理必须以功能强大的互联通信网络作为支撑，记录每位志愿者能够提供服务的类别、培训的情况以及志愿服务的情况，同时要了解求助者的内容、时间和要求，银行专员会根据以上信息，统筹规划，匹配最合适的人选来提供帮助。在此笔"交易"结束后，根据时间长短，服务提供者的账户记入相应时间货币，而服务需求者则扣除相应数额。有的国家还规定除了自己获取服务外，账户内的时间货币还可以用来捐赠给指定会员，或捐赠到公共账户，供那些心有余而力不足的高龄、残障人士使用。同时，要建立老年志愿者的招募、注册、培训、记录、评估、激励等工作规范，为老年人参与志愿服务做好风险评估及保险事宜，保障老年志愿者的权益，提高"时间银行"的公信力和运行效能。

老年人除了通过学习、就业和志愿服务，还可以通过参加社区组织、参与社区娱乐活动等形式，参与到社会生活中来。调查显示，老年人对文化娱乐的需求比较高，高达87%的老人有参加这类活动的需求（见图7-5），这也许是近年来广场舞流行的原因。

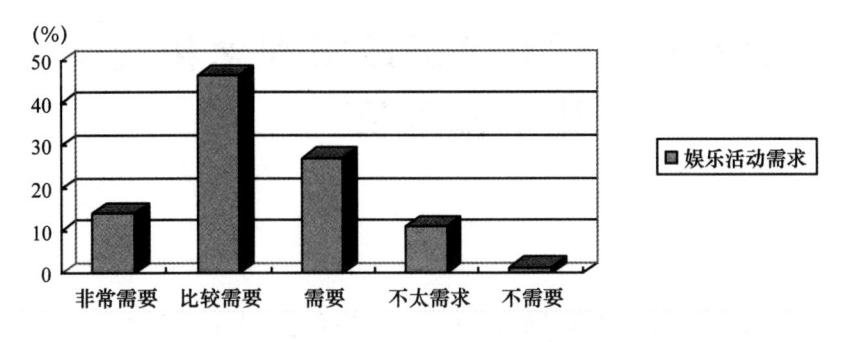

图7-5 老年人娱乐活动需求

资料来源：根据作者在广州市问卷调查统计数据整理。

因此，各地方要以社区为依托，为老年人参与娱乐活动搭建平台，多建立社区文娱组织，组织各种社区娱乐活动，为老年人开展娱乐活动提供场地和服务，让更多的老年人在参与娱乐活动中发展兴趣，结交朋友，实现自我价值。

第八章　优化老龄政策理念和流程
　　　　让幸福可及

老年人需求获得满足的方式和主观感受也是影响老年人幸福感的重要因素，提升需求满足的公平性、可及性和针对性可以提升老年人政策供给的总体满意度，从而提升老年人的幸福感。如何让老年人获得"可及""可负担"优质的服务，也是老龄政策设计的重要考量因素。老龄政策设计必须以公平、正义作为资源分配的支撑点，并以"使用者"需求和感受为中心，提高政策质量和服务品质，提升老年人的幸福感。

一　增强政策供给的公正性，减少相对剥夺感

从幸福感的角度看，社会公平涉及个体的比较体验。人们对于主观幸福感评价都包含一种内在比较的过程，内在比较对幸福感评价产生较大的影响，不公平往往会带来较为强烈的相对剥夺感。"相对剥夺感"是指人们通过与参照群体的比较而发现自己处于劣势时所产生的一种被其他群体剥夺的负面心理体验，进而产生消极的感受。[1] 不公平能够产生"相对剥夺感"进而影响人的幸福感。莫拉韦特

---

[1] 何立新、潘春阳：《破解中国的"Easterlin悖论"：收入差距、机会不均与居民幸福感》，《管理世界》2011年第8期。

(Morawet）认为，人类与生俱来厌恶不平等，不平等厌恶对主观幸福感具有负面影响。他通过比较以色列两个收入不平等程度悬殊的相邻小村庄居民的生活满意度发现，生活在收入分配更加平等的社区的居民生活满意度更高。[1] 也有学者认为，"人们生活的目标是幸福，而不是财富，财富只是手段之一，人们生活的幸福程度，也并不取决于财富的多少，而很大程度上取决于生活的信念、生活的方式和生活环境中的对比感受等"[2]。

一般来说，有两类比较会影响幸福感：一种是时间纵向的比较，一种是社会横向的比较。从时间对比来看，近90%的老年人认为，过去的老年人比现在的老年人更幸福。[3] 从社会横向比较来看，我国老年群体内存在着严重的不平等。首先是由于城乡分治带来"先赋地位"的不平等，"先赋地位"指一个人先天就具有的、非后天努力而获得的地位。先赋因素在生命历程中的作用就在于，在一个人出生之前，已经决定了他出生后属于哪一种身份。这种不平等最明显表现在城乡老年人口对于各种社会保障资源的获取上。从总体来看，城市老年人的年平均保障收入为15530.19元，农村老年人的年平均保障收入是889.80元，城市老年人是农村老年人的17.5倍（见图8-1）。[4] 在城市，有工作单位的老年人和没有工作单位的老年人，老年保障和服务供给有很大差别，而有单位老年人的社会保障又受到单位性质的影响，从而影响了城市老龄政策的公平性，因为我国的单位不仅是一种职业活动场所，而且是集教育功能、管理功能和社会保障等多种功能为一体的组织机构。单位的性质直接决定了他所享受社会保障的性质和服务的多少。

---

[1] Morawetz D., "Income Distribution and Self-rated Happiness: Some Empirical Evidence", *Economic Journal*, 1977, 87 (347): 511-522。
[2] 张益勇：《经济学与幸福学》，《经济日报》2003年3月28日。
[3] 吴玉韶等：《2010年中国城乡老年人口状况追踪调查数据分析》，中国社会出版社2014年版，第456页。
[4] 吴玉韶等：《2010年中国城乡老年人口状况追踪调查数据分析》，中国社会出版社2014年版，第129页。

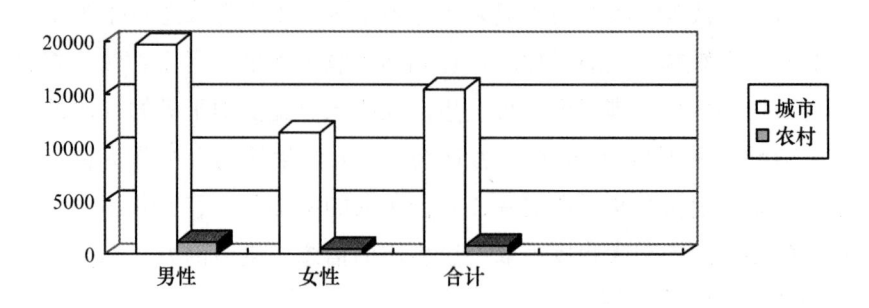

图 8-1 按城乡、性别分老年人年平均保障收入比较（单位：元）

资料来源：根据中国老龄科学研究中心 2010 年中国城乡老年人口状况追踪调查数据整理。

调查显示，近20%的老年人认为社会存在着比较严重的不公平现象，这种不公平感农村老年人明显高于城市老年人（见图 8-2），而且年龄越小的老年人对不公平的感知越强烈。

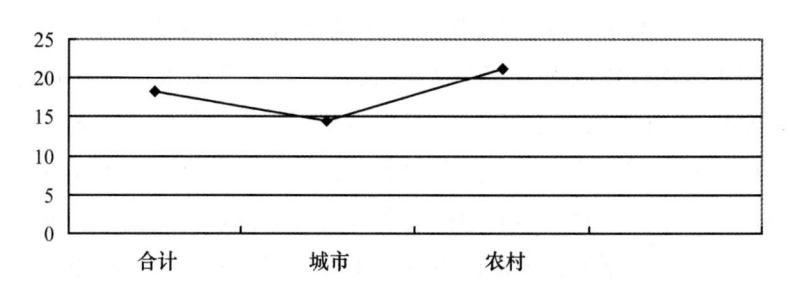

图 8-2 城乡老年人对社会不公平的感知（单位：%）

资料来源：中国老龄科学研究中心 2010 年中国城乡老年人口状况追踪调查数据。

公正是一个属于历史范畴的概念。从其原初的词义看，它来源于古希腊文"orthos"，指置于直线上的东西，后来引申为公道、平等、正义。从个人层面来看，公正指个人美德，是一个人能够作出正当行为的品质。从政策层面看，公正是依据正当合理的原则所进行的正义安排。亚里士多德（Aristotle）认为：公正是实现城邦善的基本原则，"公正是为政的准绳，因为实施公正可以确定是非曲直，而这是一个政治共同秩序的基础"①。其在《尼各马可伦理学》中进一步指出："公正是一切德性的总汇……公正就是幸福的给予和维护，是政治共同体的组成部分。"② 可见，公正既是秩序的基础，也是获得幸福感的基础和应有之义，在今后的老龄政策设计中，要以公正为支撑点，逐步缩小老龄政策和服务供给的地域、城乡差距、职业差距，减少老人的相对剥夺感，从而提升老年人的幸福感。

二 发展在地整合服务，保障政策供给的有效性

虽然当前剧烈的社会变革使中国的家庭结构及其稳定性正在发生明显的变化，核心家庭成为主流，养儿防老的传统观念正逐渐淡化，家庭养老的功能减弱，其他养老形式不断发展，但居家养老仍然是老人的首选，也是未来养老的主要方式。而且调查结果也表明，老人对住在养老院等机构怀有恐惧和排斥心理，近10年来，老年人居住养老机构的意愿下降，农村老年人从14.4%下降到12.5%，城市老年人愿意住养老机构的意愿从18.6%下降到11.3%。城市与农村分别仅有11.7%和12.1%的老年人愿意去养老机构。③ 以上数据与我们在广州进行的调查结果基本一致，在对广州老、中、青三代城市居民养老方式的调查中，三代人普遍倾向于居家养老，因为居家养老，可以保持原有的生活习惯、社会网络和享有自主、自由自在的生活，具有独立感和归属感（见表8-1）。

---

① ［古希腊］亚里士多德：《政治学》，颜一、秦典华译，中国人民大学出版社2003年版，第5页。
② ［古希腊］亚里士多德：《尼各马可伦理学》，廖申白译，中国人民大学出版社2003年版，第94页。
③ 吴玉韶等：《2010年中国城乡老年人口状况追踪调查数据分析》，中国社会出版社2014年版，第9页。

表 8-1　样本的年龄与倾向选择的养老方式的交叉分析

年龄		居家养老	社区养老	养老机构养老	其他养老方式	合计
20—30 岁	计数（人）	233	38	19	10	300
	年龄中的百分比（%）	77.7	12.7	6.3	3.3	100.0
40—50 岁	计数（人）	233	29	29	8	299
	年龄中的百分比（%）	77.9	9.7	9.7	2.7	100.0
60 岁及以上	计数（人）	267	19	11	2	299
	年龄中的百分比（%）	89.3	6.4	3.7	0.7	100.0

资料来源：作者在广州市开展问卷调查统计数据。

近年来，养老政策以去"机构化""在地化"作为政策目标，不再提倡将老人集中在"机构内照顾"，而是鼓励以在地老化（aging in place）的家庭与社区一起照顾模式来取代。在这种模式下，社区将在老年人服务中发挥整合功能，将老年生活照料服务、老年医疗保健康复服务、老年精神文化服务、老年志愿者服务和老年教育服务五大体系及其社会资源在社区中得以整合，通过社区向老年人提供整合服务，提高资源使用的效率和服务的有效性，使社区养老真正做到"有所养、有所医、有所学、有所为、有所乐"。

世界卫生组织（WHO）将整合定义为一种提高服务的获得、质量、用户满意和效率的手段。"整合的社会服务"指运用一系列的方式和方法，如合作、建立伙伴关系等，促进各种相关社会服务之间更好的协调，使服务对象获得更有效的和高质量的服务，提高服务对象和供给者的满意度。[①] 经合组织指出："迈向一个更加整合性的公共服务，就是要提供一个更多专业与知识共享，并且公共服务更加注重

---

① Munday, Brian, *Integrated Social Services in Europe*, Strasbourg Cedex：Council of Europe Publishing, 2007.

贡献，促使以公民为中心的社会结果得以实现。"① 整合服务能够克服公共服务碎片化带来的缺乏沟通、服务重复或冲突等问题，可以满足服务多样化的需求，能够提高需求的反应速度，为服务对象提供及时的服务，具有为用户提供无缝照料的潜力，从而提高服务的有效性和服务对象的满意度。在福利供给多元化的今天，整合服务的实现需要老龄政策的供给主体之间相互协作与配合，包括中央与地方的合作、政府部门系统内的协调以及政府和非政府组织建立伙伴关系。马克·康西丁（Mark Considine）在《在线的结束？网络时代的责任治理、伙伴关系和整合性服务》一文中指出，整合公共服务就是责任治理、伙伴关系和在线网络技术与平台提供服务的过程。②

最早提出福利多元化观点的是1978英国的《沃尔芬德的志愿组织的未来报告》，报告主张让志愿者组织参与社会福利的供给工作。1986年，罗斯（Rose）在《相同的目标、不同的角色——国家对福利多元组合的贡献》一文中，对福利多元主义进行了明确的论述，并提出社会总福利公式：$TWS = H + M + S$。TWS指社会总福利，H是家庭提供的福利，M是通过市场提供的福利，S是国家提供的福利。1988年，伊瓦思（Evers）在罗斯研究的基础上，将国家、市场和家庭放在文化、经济和政治的背景下，展现他们之间的互动关系以及与行动者之间的关系，形成了福利三角范式。随后，伊瓦思注意到了民间社会对社会福利的特殊作用，于1996年对自己的福利三角范式进行了修正，形成了四分法的分析模式，认为福利的来源应该有四个：国家、市场、社区和民间社会。

老龄福利和服务的供给，同样是政府、社会、市场、社区、家庭的共同责任。2002年《第二届世界老龄大会政治宣言》专门谈到老龄工作中政府和社会的责任问题："政府的首要责任在于考虑老年人

---

① IRELAND, "Toward An Integrated Public Service", OECD Public Management Reviews Paris: OECD, 2008, p. 12.

② Mark Considine, "The End of the Line? Accountable Governance in the Age of Network", *Partnerships, and Joined-Up Services*. Governance, Jan. 2002, Vol. 15, Issue 1, p. 21.

的特殊需求，促进提供和确保老年人能够获得基本的社会服务。为此，需要与地方政府和包括非政府组织、私人机构、志愿者和志愿者组织、老年人和老年人协会等在内的民间组织以及家庭和社会进行合作……除了政府为老年人提供服务外，家庭、志愿者、社区、老年人组织以及其他社区为基础的组织在为老年人提供支持和非政府照顾方面起着重要的作用。"因此，依据福利多元主义，老龄服务供给主体也应多元化，各个主体的职能定位也需重新明确并建立协同关系。结合我国实际，我国养老服务的供给主体应由政府、家庭、社区、非营利性组织、营利性组织五个部门构成，并相互补充、相互支持（见表8-2）。

表8-2　　　　不同供给主体的主要优点与缺点比较

服务供给主体	主要优点	主要缺点
政府	资源多、保障、稳定、覆盖面大	官僚、无效率、缺乏弹性、浪费
社区	及时、弹性、方便、合作、心理归属	范围、资源局限、能力限制
家庭	及时、弹性、情感为主、无耻辱感	照顾局限、照顾者的援助
非营利性组织	及时、弹性、创新、专业	人财物、持久性与规模化限制
营利性组织	自由、效率、独立、无耻辱感	不平等、选择性

资料来源：根据刘继同《欧美人类需求理论与社会福利运行机制研究》（《北京科技大学学报》2004年第3期）整理。

老龄政策供给的主导者是政府，政府的财政收入以及对社区养老投入多少决定了社区养老服务发展的速度与质量。政府不仅要制定政策、出资购买服务，还可以出台优惠的土地出让政策鼓励房地产公司在建设商品房的同时配套建设社区养老院，或者拿出一部分企业利润直接投资社区养老机构的建设，也可以捐出一定比例的企业利润给慈善基金会或其他非营利性组织开展社区养老服务。政府要引导并促进房地产开发商与专业机构合作，引导地产资本进入专业服务领域，同时采取会籍制等新的商业运作模式，鼓励企业通过科技投入提高社区养老能力，解决养老服务资金的筹措问题，实现企业和民众的"双赢"。

非营利性组织是指具备法人资格,以公共服务为使命,享有免税优待,不以营利为目的,组织盈余不分配给内部成员,并具有独立性质的机构或组织。与政府相比,非营利性组织所提供的居家养老服务,灵活性大,贴近基层,效率更高。目前,非营利性组织参与居家养老,主要是通过政府购买居家养老服务的形式出现,这是一种"政府承担、定项委托、合同管理"的新型公共服务的方式。通过购买,实现养老服务的契约化,政府和非营利性组织之间构成平等、独立的契约双方。从而形成了政府扶持、非营利性组织提供、居家老人享受服务的运作机制。

调查显示,中年人和青年人未来对老年人有偿服务的要求较高(见图8-3),有47%的中年人和35.3%的青年人愿意购买养老产品和服务,也说明未来的老年人通过购买服务提高生活质量的要求比较迫切,可以将社区养老服务作为一类产业来经营和发展,通过市场化机制,实现养老服务产品的系列化和规模化。目前老年人用品市场十分广阔,企业可以多研发生产为老年人服务的产品,向产业化方向发展。通过产业化方式以吸收更多的资本参与社区养老服务,并提高资本运作的效率,改善服务质量,促进社区养老服务的可持续发展。但对于那些应由政府负责的养老保障项目和公益性的服务项目,应通过社区服务发展基金或慈善基金会,向市场化经营的老人公寓发放补贴或由街道购买老年服务等方式解决。

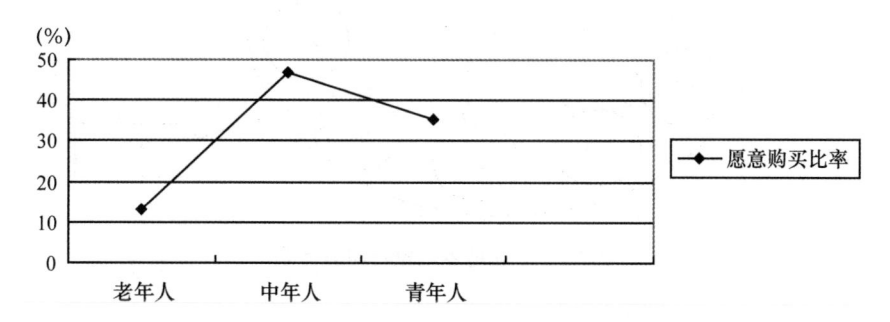

图8-3 老、中、青三代购买养老产品意愿比较

资料来源:根据作者在广州市问卷调查数据统计。

自古以来，家庭就具有满足人类基本需求的功能，可以为老年人提供经济生活与情感的依附，一直是老年人最渴望的养老场所，也是中国孝道文化下最理想的养老之地。虽然在社会转型的今天，家庭的养老功能有所弱化，但养老社会化的目的并不是削弱家庭的职责，而是支持家庭更好地履行养老之职责。"通过家庭养老，可以满足老年人的多样需求，尤其是对感情慰藉方面的需求；可以借助帮助与被帮助，促进代际关系和谐，体现均衡互惠和代际传递原则。"[①]

总之，今天的老龄政策供给必须以政府为主导、社区为依托、家庭为基础，非营利性组织与营利性组织通力合作，形成多元化福利供给的局面，将政府、市场、国际以及各种社会资源在社区实现整合（见图8-4），以提升养老服务水平，满足老年人多元化、多层次的服务需求。

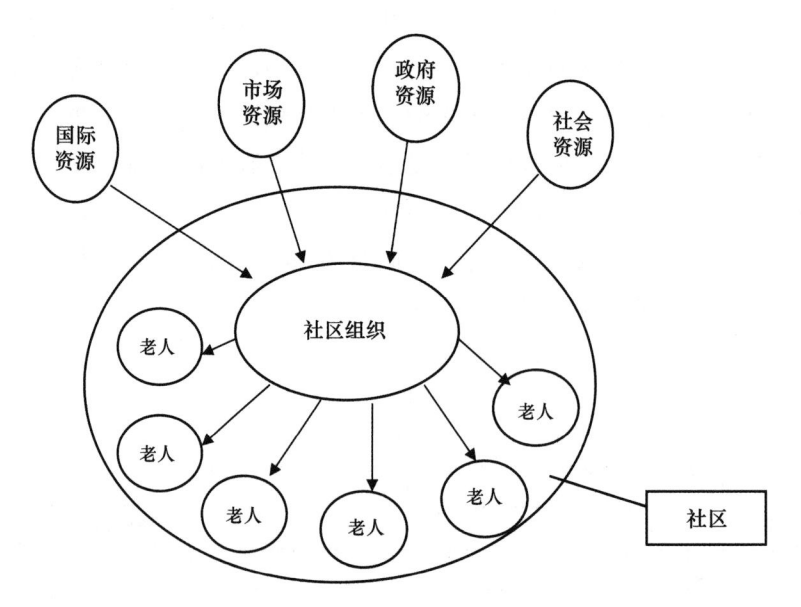

图8-4 在地养老整合服务体系

资料来源：作者自制。

---

① 杨宜勇、杨亚哲：《论我国居家养老服务体系的发展》，《中共中央党校学报》2011年第5期。

三 以"老人自我管理"为取向，增强政策的个性化和便携性

当前，老龄服务体系的设计和运作主要有四种取向：以行政者为中心、以专家为中心、以一线照顾者为中心、以用户为中心。以"行政者"为中心，指由基层政府及其职能部门设置相关服务事项及服务程序，其优点在于基层政府能够较好地接受上级政府的指导并执行相关事项和精神，能够根据本地方的实际安排相关资源，但缺点在于政府本位，服务内容和服务流程设计难以照顾服务对象的想法和需求，可能出现政府出钱出力但受众并不领情的状况。以专家为中心，就是发挥专家在服务体系设计中的作用，由专家制定服务内容、服务对象以及服务流程，其优点在于专家可利用专业知识和长期研究观察的结果提供专业的意见，指明服务的方向和原则，但专家毕竟不能亲力亲为，可能对服务细节以及操作环节不甚了解。"一线工作者"指为老年人直接提供具体服务的工作人员，一般包括机构照料者、医疗人员和社会工作者等。一线工作者因为直接面对被照料者，所以熟知被照料者的具体需求，可以有针对性地为其提供服务。但由于一线工作者的面向和服务内容的局限性，难以从面上进行服务体系的设计和资源的整合。以用户为中心，就是以服务对象为中心，围绕被服务的老年人来组织服务，尊重和积极回应个人的兴趣、偏好和价值观，尽可能以无缝的方式向个人提供不间断的、一致的整合照料。以用户为导向的照料体系是一种个人可以沿着服务路径自由移动的模式，但用户一直作为被关照的对象，难以发挥自主选择和自我能动性。在以上四种模式的基础上，有学者提出了"用户自我管理"取向就是以社区为主体，鼓励整合照料中的"被照料者"参与，实现自我管理的目标。这是对以用户为中心模式的改革，倡导被服务者自我管理、自我支持，鼓励被服务者参与，尊重被服务者的选择和尊严。

全国老龄工作委员会办公室发布的《城市居家养老服务研究》报告显示:"我国城市中有48.5%的老年人有各种现实的服务需求,其中需要家政服务的占25.22%,需要护理服务的占18.04%,需要托老所服务的占18.9%,需要保健指导的占36.8%,需要聊天解闷的占13.79%。"① 虽然老年服务需求内容有共性,但每人需求的程度不同、内容不同、要求不同,如何体现老年人的需求和选择,开展有个性化、层次性的服务是老龄政策提高实效的关键。当前,我国的养老服务多以"行政和一线照顾者为中心",即为哪类老年人提供什么样的服务多由政府和一线服务人员来决定,在养老服务管理中"用户"的参与不足,一方面因为老年人的权利意识不足,将政府提供养老服务当作一种恩赐,一般不主动参与,多被动接受;另一方面由于一线服务人员工作量大,服务需求细化不足,"私人定制"服务难以实现。因此,提高养老服务质量必须在细化养老服务内容上下功夫,细分不同性别、不同年龄段、不同教育程度、不同收入者的不同需求,尊重老年人的选择,提升老年人的自我管理能力,为老年人提供个性化服务。

由于老年人体力、精力下降,政策供给的便捷性对于老年人来说尤其重要,如果政策供给流程过于烦琐,资格审查严格,会让老年人感到心有余而力不足,甚至放弃享受该政策,影响了政策供给的可及性。特别是在今天的流动社会,过去"父母在、不远游"的生活状况逐渐演变为"父母跟着儿女游",于是就有了"老漂"一族。"老漂族"是指离乡背井的老年人群,特指为支持儿女事业、照顾第三代而离乡背井、来到子女工作的大城市的老年人。《人口与劳动绿皮书:中国人口与劳动问题报告 No. 16》指出,根据第六次人口普查数据估算,我国户籍不在原地且离开户口登记地半年以上的60岁及以上的流动老年人口数量为1060.8万人(其中65岁及以上的流动老人638.3万人),占全国60岁及以上老年总人口的比例为

---

① 全国老龄工作委员会办公室(Http://www.cnca.org.cn/de-fault/index.html)。

5.26%,占全部流动人口的比例为4.8%。而且,老年人口的流动时间在5年内呈递增趋势。[①] 随着老龄化速度的加快和老年人口数量以及独生子女家庭的增加和未来人口流动与城市化的普遍趋势,预计会有越来越多的老年人由于照顾孙辈、帮忙做家务、自身照料需求等原因加入流动人口的行列。但是,相关的公共政策却十分滞后,政策的便携性不足,"老漂族"由于长期不在户籍地居住,享受不到户籍地的公共服务,也因为户籍原因享受不到居住地的养老服务。便携性是指当主体职业或空间转换时,能够携带福利价值,而不产生经济的损失和使用的不便。国外研究成果很早就指出养老金等不具便携性所产生的便携性损失干扰了劳动者变换工作的决策,形成劳动力刚性(Labor Rigidity),阻碍了劳动力的有效流动。因此,老龄政策应该在便携性方面有所作为。(1)缩小养老政策的地域差异,实现相对均衡。缩小社会保障制度的地域差异,是实现异地养老"同城待遇"的治根之策。通过促进区域协调发展,提高经济发展水平,缩小区域经济差距,提高经济欠发达地区的养老金待遇水平。同时,进一步提高养老金统筹层级,增加省级统筹的省市数量,争取实现养老金全国统筹制度,建立统一养老保障标准,为做好异地养老金制度转接工作打下坚实的基础,促进养老保险事业长期可持续发展。另外,提高医保统筹层次,减少医保异地报销人数,尽快建立全国统一的医保报销标准、规范报销药品目录、报销范围和报销金额等,逐步建立全国医保统筹制度。(2)改进政策转接网络服务系统。社会政策的转接指政策关系的迁出与接续。改善政策转接制度对于维持政策关系的延续与保障公民的权益起着重要的作用。为保证各项老人政策区域之间转接的顺畅,首先,要建立全国养老保障联网体系,建立全国联网的退休老人信息共享中心,记载老人的基本个人信息、社保信息和医保信息等。无论老人迁移到哪里,

---

① 陈郁:《流动老人群体超千万,相关公共政策成为政策盲区》(http://finance.ifeng.com/a/20151202/14104282_0.shtml),2015年12月2日。

需要在现居住地的居委会和医院等办理业务手续时，相关机构都能第一时间调阅老人的信息，实现全国范围内的资源共享，方便工作人员进行业务办理，也可以防止"骗保"等不良现象的发生。其次，建立全国联网的社保生存认证平台，让"老漂族"免去来回奔波的辛苦，而且节省来回路费，不失为一种人性化的好做法。最后，建立医保异地即时结算报销平台，增加建立双向医保关系的城市数量，力争建成全国性联网机制，减少复杂烦琐的报销手续，为"老漂族"异地看病提供便利。（3）优化公共服务，提高城市归属感。优化城市公共养老服务，并对漂族老人开放，是提高"老漂族"幸福感的重要渠道。加大政府购买服务资金投入，增加家庭综合服务中心数量。加大对养老服务人员的培训，包括护理、心理以及组织管理知识的培训与考核，建立专业化的居家养老服务队伍，并开展具有各地特色的娱乐活动，使社区内来自不同地方的老人能了解各地的风俗习惯。同时以社区为基点，设立各地区小型同乡会，使"老漂族"尽快建立居住地的交际圈，更好地融入当地生活，增强对所在城市的归属感。积极开展老人精神慰藉工作，提供公共养老服务时，不能忽略"老漂族"精神慰藉服务工作。"老漂族"到一个新的城市，总需要一个适应期，如果此时老人缺乏引导与关心，那么他们很可能难以融入新的城市生活中，甚至会产生焦虑、孤独等消极心理，社区在建立老人身体健康档案的同时，还应建立心理健康档案、定期开展心理健康讲座和定时探访"漂族老人"以了解其社会适应情况，引导关怀"老漂族"更好融入新的社会生活。

四 以"互联网+"为基础，发展智慧养老

21世纪是"长寿时代""老龄化时代"，也是大数据时代、智能化社会，科技信息技术的发展为老龄化社会提供了新的解决方案，养老服务从人工化步入智慧化。"智慧"是对事物理性认知并灵活、迅

速、高效解决问题的能力。① 智慧养老（Smart Elderly Care），指利用信息等现代科学技术，围绕老人的生活起居、安全保障、医疗卫生、保健康复、娱乐休闲、学习分享等方面支持老年人的生活服务和管理，对涉老信息自动监测、预警甚至主动处置，实现技术与老年人的友好、自主式、个性化智能交互的过程。智慧养老以现代技术为基础，整合哲学、心理学、人类学、生理学、社会学、地理学等知识，一方面提升老年人的生活质量；另一方面利用老年人的经验智慧，使智慧科技和智慧老人相得益彰，目的是使老年人过得更幸福、更有尊严、更有价值。②

（一）智慧养老的优势

智慧养老是对传统养老服务模式的变革，如果说家庭养老是"个人对个人"的服务，机构养老是"机构对团体"的服务，而智慧养老是"团体对个人"的服务，既能保证服务质量和效率，也能实现服务的个性化。"智慧养老"借助互联网在信息交换和处理方面的优势，整合处于分割离散状态的社会养老服务资源，在很大程度上缓解了单纯人工养老面临的数据静态孤立、资源零散破碎、服务人员严重缺乏、服务精准化和精细化程度不足等问题，给养老服务的发展带来重大变革。

1. 信息数据优势

传统养老模式的信息记录，主要靠人力和台账，信息不全且不方便传递。"智慧养老"可以运用大数据具有的体量大、类型多、处理快等特点，解决养老服务中信息交流不通畅问题，使服务供给与需求更加匹配。智慧养老系统可以通过平台收集老年人身体状况、病史、生活习惯、爱好等基础数据，及时有效地了解老年人的服务需求，将老年人的养老服务需求与服务递送者对接，实现供需平衡，提升服务

---

① 于施洋、杨道玲、王璟璇等：《基于大数据的智慧政府门户：从理念到实践》，《电子政务》2013年第5期。
② 左美云：《将智慧养老模式引入社区居家养老》，《中国社会科学报》2017年1月6日第5版。

的精准度。同时，建立老年人基本信息数据库，为制定老龄政策提供依据，提高政府为老服务能力。

2. 资源整合优势

传统养老模式主要依靠家庭和社区的力量，资源整合的范围和数量有限。智慧养老可以通过智能化的科技集成平台，打破空间和地域的限制，将政府、服务商、社会组织、家庭等服务主体"绑定"在一起，整合全国甚至全世界养老服务所需的各种资源，如医疗卫生资源、社工资源、物业管理资源、市场资源等，共同为老年人提供生活照料、健康医疗、文化娱乐、环境的适老化改造等多元化服务，改善老年人生活环境和品质。

3. 人力替代优势

传统的养老一般都是"人"对"人"的服务，具有面对面、直接性、互动性的特点，需要大量长时间的人力投入，服务标准不一且服务人员容易产生倦怠，而且我国劳动力人口不断减少，愿意从事养老服务者更少，养老服务组织普遍面临招工难问题。智慧养老推动养老服务由人工化走向智能化和自动化，一方面可以利用先进的技术设备和完善的网络降低护理人员的劳动强度，减少服务人员劳动时间；另一方面养老服务机器人可以实现"机器代替人"，弥补养老服务人力资源严重不足的问题。

4. 高效精准优势

传统的养老服务质量受制于递送者的素质、专业程度和时间的限制，不可能24小时提供高效及时的服务。智慧养老可以利用现代技术为老年人提供不间断的面对面或远程的服务，最大限度地消除养老服务的时空界限。例如，当老人跌倒或处于危险状况时，智慧养老系统能迅速感知和识别，及时报警，让老年人第一时间得到救助或风险处置，将老年风险后果发生的损害性降至最低，也可以减轻照顾者的负担。再如，家庭为老人购买智能手环、安装智能安防系统等，这样，即使子女不在身边，也可以随时了解老人健康状况，保障老年人家居安全。同时，智慧养老"通过对原始信息数据的细化，能够把握特殊或重点人群的不同需求和动态，形成具有区域特色的公共服务网络，积极开展具有个性化、体验化的管理和服务"①，增强服务的人性化和精准化。

（二）智慧养老的技术支持

智慧养老实质上是将老年人需求与科技的应用相结合，为老年人提供更快速、更敏锐、更有效的服务。智能化系统的运用，为养老方式的变革注入了强大的动力，物联网、云计算、大数据等技术是智慧养老的重要技术支撑（见表8-3）。从应用范围来看，智能技术可与家庭养老、机构养老、居家社区养老等传统养老模式相结合；从应用对象来看，智能化养老系统既可以面向老年群体提供共性化的服务，也可以根据对象需求提供内容有别、程度不同的个性化服务，为满足老年人的需求提供更好、更快捷的解决方案，不仅可以减轻社会和家庭所面临的压力和难题，还有助于提升老年人的生活质量和品质。

表8-3　　　　　　　　科学技术在养老领域的运用

技术名称	养老运用
云计算	养老数据云存储、老人数据云计算、养老系统云应用等
物联网技术	智能呼叫终端、智能传感设备、门禁射频识别、刷卡签到等
移动互联网	智能手机管理、智能呼叫终端、穿戴类产品终端、养老App
现代通信网络技术	呼叫中心应用、智能呼叫终端、老人亲情通话
移动定位技术	智能定位终端
流媒体传输技术	视频监控、远程视频会诊、视频聊天
智能终端设备	智能呼叫终端、智能安防监控终端、智能穿戴式终端、智能康复护理终端、智能文化娱乐终端

资料来源：根据黄勇《智慧养老》（中国社会出版社2016年版）第10—12页整理。

---

① 陈潭：《大数据驱动社会治理的创新转向》，《行政论坛》2016年第6期。

伴随着信息技术和人工智能的发展，科技在养老领域的运用经历了从"数字化养老""信息化养老""网络化养老"到智能化养老、智慧化养老的历程。智慧养老系统一般由物理终端层、网络层、数据处理层、应用层、用户访问层五个部分构成。物理终端层的作用是全面感知老年人的实时状况，主要包括摄像头、感应器、智能手环、健康监测设备、GPS 和智能终端等设备。网络层主要运用网络技术与通信技术，是终端物理层与应用层之间数据传输的高速通道，起到上传下达信息和连接纽带的作用。数据处理层是智慧体系的中枢，利用数据挖掘和智能算法，对网络层传输的终端设备信息和应用层获得的用户需求信息进行分析、处理，保存数据并将结果分类推送，实现设备之间的信息交换。应用是智慧养老的核心功能，应用层通过对信息的挖掘、处理、分类、分析进行决策并下达指令，各服务机构根据指令为老年人提供服务。用户访问层由服务的提供者、监督者和服务对象等构成，主要实现需求表达、服务递送、服务评价、服务监督等功能。目前智能技术在养老领域的应用主要有可穿戴设备、智能医疗技术、定位服务技术、智能家居系统、智能机器人等。今天，我们处在网络社会、大数据、人工智能三个相互联系又相互区别的新时代，智能技术在养老领域的运用也将更加广泛和深入。

（三）智慧养老发展的实践路向

智慧养老是相对于传统人工养老而言的，是新的养老理念和技术手段在养老领域的运用，促进了养老服务的升级和发展。但服务如何与老年人的需求相契合、如何与传统养老模式衔接、如何让服务落地并融入人文关怀，是智慧养老急待解决的问题。智慧养老的发展不仅需要技术的创新，更需要理念的转变、资源的整合和组织的协同。

1. 智慧养老发展中必须满足老年人的实际需求

近年，科学技术得到长足发展，新型智能产品不断涌现，但很多智慧养老产品并不被老年人接受，认为这些"高大上"的产品"门槛高""难伺候""不好用"。究其原因是智能产品的开发供给速度快于老年人的接受程度，智能产品的"适老化"设计不足。智能化养老产品的技术开发和生产的最终目的就是为了提升老年生活质量，在设计和使用中必须考虑老年人心理、经济和技术上的接受能力。

首先，老年人对智能产品的心理排斥。从心理来看，老年人的需求表现为习惯性，老年人基本已形成相对固定的生活习惯、行为习惯和消费习惯，不会轻易改变和放弃，需求导向比较固定，在选择商品和服务时，喜欢依据过去的经验作出判断，对新生商品和服务的接受较慢。因此，智能时代要等等"慢一拍"的老年人，产品更新过快，可能让老年人无所适从，进而增加老年人的排斥心理。此外，老年人更看重心理方面的需求，在带来生活方便的同时，更需要获得心理的安慰和满足，但目前的一些产品多立足于减轻照顾的压力，人文关怀不足。例如，智能洗澡机和智能喂饭机等，虽能帮助失能老人，但在老年人看来，机器轮流转到谁嘴边谁就张嘴进食，尊严感丧失，普遍存在抗拒心理。

其次，老年人对智能产品的"价格敏感性"。"节俭"是老年人的优秀品质，退休后老年人收入有所减少，而且我国的养老金标准不高，目前老年人的实际支付能力与智能化产品的价位有差距，超过了一些老年人的实际购买力。据2015年第四次中国城乡老年人生活状况调查结果，2014年我国城市老年人年平均收入23930元，年人均消费水平为20186元，农村老年人平均收入仅为7621元，年平均消费水平为8884元[1]，而且食品烟酒、医疗保障、居住等基本消费占了老年人消费总额的70%—80%。面对动辄成千上万的智能产品，老年人只能"望而却步"。

再次，老年人使用智能产品面临技术难题。从技术层面看，现在智能产品的运用多建立在互联网的基础之上，但目前老年人使用互联网的比例仍然较低。据2015年统计，有5.0%的老年人经常上

---

[1] 党俊武：《中国城乡老年人生活状况调查报告（2018）》，社会科学文献出版社2018年版，第169页。

网，而农村老年人上网的比例仅为0.5%[①]，新兴科技与老年人生活之间的"信息鸿沟"影响了智能产品的普及。有的智能产品操作复杂，而且缺乏配套的适老化改造，如产品声音太小或屏幕显示的数字太小，老人看不到、听不见，无法使用，"不会用""用不了"不仅不能提升服务的有效性，反而增加老年人的无助感，将老年人进一步"边缘化"。

最后，智能产品的实用性有待提升。老年人的消费和需求心理比较理性和成熟，表现出真实性和务实性，虚假性的需求和过度的需求较少，注重商品和服务的实用性以及需求满足的实效性，讲求"实惠性消费"。目前，市场上一些智能产品的实际功能与所描述的功能不符，有的智能产品维护保养难，更增加了老年人对"智能"产品的排斥，被老年人贴上"华而不实"的标签。同时，由于年龄、经历、身份、职业和受教育程度等不同，老年人需求差异性大，不同地域、不同年龄段、不同群体的老年人需求也不同。但目前智能养老产品市场细分不足，市场错位现象严重，针对性不强，影响了实用性和接受度。

总之，智慧养老服务供给应坚持以老年人实际需求为导向，细分老年人群体的特殊需求和消费结构，智能产品和系统应尽可能简单易操作、价格合适、实用，不能简单追求科技的先进和发展的速度，更要注重"适老性"，增加养老产品选择的多样性，提升养老服务的便捷性，真正做到有用、好用、用得起。

2. 智慧养老发展要坚持数据共享和隐私保护的原则

数据是智慧养老系统建设的基础，也是养老服务提供的重要依据。智慧养老系统数据层包括数据存储、数据交换、数据格式规范、数据整合、建立基础数据库和养老档案库等。专家认为，"互联网时代有个三难选择，即高速、开放和安全，我们只能选择其中的两个。如果选择高速和安全，那就要保持适当的封闭性，好比进入私家会

---

① 党俊武：《中国城乡老年人生活状况调查报告（2018）》，社会科学文献出版社2018年版，第376页。

所，或是走贵宾通道。如果你选择开放和安全，那就要放弃速度，好比机场对所有的乘客开放，但一道道安检让你抓狂。如果你选择高速和开放，那就不得不放弃安全，准备面对随时可能出现的风险"[1]。目前我国智慧养老系统的开放性和安全性都有待提升，既存在数据收集不全面、共享不足的问题，也存在数据使用不安全、难以保护老年人隐私的问题。

在大数据时代，数据是一种重要的资源，是智慧养老体系的基础。但目前，智慧养老系统建设中数据收集和挖掘等方面都存在问题。第一，数据采集技术落后，有的地方对老年人信息的收集比较粗略，信息不系统、不精确，更新不及时；有的地方各个采集单位重复采集、标准不一，对接难。第二，数据共享融合机制尚未建立。智慧养老产业涉及信息、养老、医疗等多个行业，由工信、民政、卫计等不同部门管理，但相关行业之间缺乏有效协调和对接，各个系统在独立运行过程中形成"数据孤岛"，难以共享，不能形成规模和跟踪效应。即使同一系统内的数据资源都不能实现共享，如老年人的健康数据，社区与医院、医院与医院之间都不能实现对接，难以全面了解老年人健康状况，而且造成重复检查的现象。

同时，数据管理缺失，隐私保护难。隐私权指公民享有的私人生活安宁与私人信息依法受到保护，不被他人非法侵扰、知悉、搜集、利用和公开的一种人格权，也就是说保护个人不想为外人所知的私人事务。由于老年人对个人信息重要性认识不足，信息防范能力有限，加上目前我国个人信息安全管理不规范，导致个人信息泄露的情况屡见不鲜，老年人的基本信息、病情、家庭情况、地理位置等信息容易被各类不法分子利用，老年人的财产和人身安全难以保障。此外，智慧养老系统中，老年人一天的行踪和状况通过摄像头、穿戴类产品以及卫星定位系统等感知层传给服务器，将老年人完全暴露在网格化的

---

[1] [美]乔舒亚·库珀·雷默：《第七感：权力、财富与这个世界的生存法则》，罗康琳译，中信出版社2017年版，推荐序二（6）。

世界中，老年人几点起床、几点吃饭甚至什么时候上厕所等行为都在智能系统中留下痕迹告知子女和相关机构，老年人的私人空间受到侵犯，令老年人很尴尬，影响其尊严。

因此，智慧养老系统一方面要根据信息的安全等级，将智慧养老相关数据在服务提供者之间开放和共享，打破信息孤岛，充实完善老年人信息数据，完善后台数据库，加快建立统一的公共服务数据发展对接平台，增强服务的针对性和精准化；另一方面要实施信用管理，确保老年人信息安全。

3. 智慧养老发展需要线下服务与人才培养的协作联动

智慧养老就是通过智能电子设备，依托互联网、物联网等技术，为老年人提供更加方便、快捷的服务，但服务要"落地"必须做到线上和线下联动、系统开发和人才培养并行。

首先，智慧养老系统线上线下缺乏有效协同。线上系统可以将众多老年人的需求和养老服务资源进行整合，形成一个大众化的巨大需求市场和完善的服务链条，为老年人提供远程服务。线下通过养老服务中心和专业的服务人员为老年人提供及时、贴心的面对面服务。但由于当前我国智慧养老作为一种新兴业态，发展模式还在探索之中，往往注重平台和线上软件系统开发，忽视了线下服务场地的建设和服务递送者的培育，线下服务资源缺乏，了解养老服务专业知识又具备信息化操作能力的专业人才缺乏，导致线上线下不能无缝对接和有效互动，服务效率和质量不尽如人意。例如，线上需求没有得到线下有效回应、线下服务没有及时反馈到线上，评估难，服务质量参差不齐。

其次，智慧养老系统开发和人才培养脱节。智慧养老系统的建立以及智能化养老设备的使用，的确节约了养老服务人力资源，减轻了养老服务人员的工作量，但并不意味着可以用设备代替服务人员，同时智慧养老也对养老服务人员的素质提出了更高的要求，智慧养老的发展需要既具有生活照顾、医疗护理、心理疏导能力，又要懂得网络信息管理、智能终端应用、数据处理的复合型人才。但目前，我国养老服务人员的总体数量严重不足、整体素质参差不齐,远远不能满足智慧养老发展的需要。2015年,民政部社会福利中心数据分析课题组对我国养老机构从业人员的调研发现,我国养老机构从业人员以农村户籍的已婚女性为主,年龄偏大,46—65岁的工作人员是主体,而且70%的从业人员是高中以下学历,由于养老服务劳动强度和工作压力大,服务人员存在"流动率高、劳动强度高、工资收入低、社会地位低、服务水平低"的"两高三低"现象。①

科技是第一生产力,人才是根本。智慧养老中技术是手段,服务是目的,智慧养老服务的科技含量及服务水平,取决于人才的质量。如果没有人才助力,不管科技多先进、智能系统多完善,仅依靠科技推动产业跨越式发展是不可能的,可能还会束缚科技的发展。因此,智慧养老发展中不能重科技轻人才。智慧养老的发展需要正确处理智能设备、系统与服务人员的关系,既要有效使用智能系统和设备,又要培养高素质的养老从业人员。在加快智慧养老系统建设的同时,要加快培养既懂现代科技又懂老人照护的行业复合型人才。同时,要提高养老服务人员的待遇和职业价值感,只有智能系统与人力资源齐头并进、线上和线下联动服务,才能提高智慧养老的社会接受性和满意度。

4. 智慧养老发展需要政府、市场和社会的协同

智慧养老是一项系统工程,涉及部门行业多,需要政府、市场、社会等各界力量共同努力。但目前,智慧养老建设中几方力量的成长和相互配合不足,制约了智慧养老事业的发展。

首先,政府规划、整合、监管不足。智慧养老是一种新型的养老模式,也是一个跨领域关系到老年人福祉的事业。因此,需要政府做好顶层设计、整合资源、做好监管。但目前,智慧养老在试点过程中,缺乏前瞻性理念的指导,没有从我国经济社会发展的高度认识和

---

① 民政部社会福利中心课题组:《养老机构从业人员呈"两高三低"状态》,《公益时报》2015年9月29日第3版。

解决老龄问题，没有从全局进行规划和设计，仅仅将智慧养老作为一个新产业来看待，也缺乏相应的标准体系。目前关于智慧养老的政策较少，政策层次不高，除了《智慧健康养老产业发展行动计划（2017—2020年）》由国家工信部、民政部、卫计委三个部门联合发布外，其他都是以部门办公厅的名义发文。在内容上也主要是推进智慧养老示范工程建设，缺乏顶层设计。智慧养老的最大优势在于利用现代技术整合政府（社区）、社会组织、企业、志愿者等社会各类资源，为老年人提供各类养老服务，但这也是智慧养老发展中的难点，需要相应的体制和机制来保障。监管是政府的重要职能，尤其是互联网时代，政府监督的难度和幅度增加，如何监管智慧养老平台中各类服务主体也是一个需要解决的难题。

其次，市场化程度低，尚未形成产业链条。在老龄化浪潮来临的今天，养老产业应该是"夕阳的朝阳"产业，智慧养老具有良好的市场前景。但由于目前我国老年人收入和消费水平较低，智能化产品使用的能力不足，银发经济的浪潮尚没有到来，企业暂时难以享受养老经济的红利。同时，智慧养老系统涉及多方面技术，特别是前期技术研发投入大，成本高，回收慢，如果没有政府扶持和补贴，企业运营较困难。此外，智慧养老产业链条长，涉及面广，行业与行业之间发展不均衡，智慧养老产业链条尚未生成，产业协同创新力不足，又无形增加了产业运营成本，降低了产业运营效能，影响了产业的整体效应。

最后，社会力量正在成长，社区平台需加强。虽然，当前剧烈的社会变革使中国的家庭结构及其稳定性发生明显的变化，核心家庭成为主流，养儿防老的传统观念正逐渐淡化，家庭养老的功能减弱，其他养老形式不断涌现，但家庭养老和居家社区养老仍然是老年人的主要选择，也是未来养老的主要方式。因此，社区将在老年人服务中发挥整合功能，为智慧养老提供实践的平台和空间。但目前我国社区认同感弱，社区组织独立性较差，对政府依附性强，力量弱小，难以发挥平台作用，服务的专业化水平有待提升。

总的来看，智慧养老将是养老服务未来的发展方向，政府、市场和社会必须齐头并进，政府要发挥规划、资源整合的优势，加强监督；市场应充分运用其敏锐的需求感知力，加强技术研发，加强产业合作，探索新的产业模式；社区可以发挥其地域优势，搭建平台，提供专业而暖心的服务，提升养老服务品质和老年人幸福指数。

结　　语

今天，老龄社会不可逆转，老年人口的比重将不断增加，我们不得不关注和重新认识这个群体。当人们在不断研究新方法来延长人类寿命的同时，是不是更应该研究：怎么才能让那些多出来的有生之年充满活力和欢笑？如何帮助老年人积极投入生活？对于个体而言，无论生活在什么时代、什么社会、在什么样的人生阶段，幸福都是共同的目标和追求。有人说："在年轻社会，少年强则中国强。而在老龄社会条件下，少年强老年也要强则中国才能强。"同理，在老龄社会，没有老年人的幸福，也不能称之为幸福社会！

幸福感既是需求满足的一种客观状况也是一种主观体验。改革开放以来，我国居民的生活水平逐步提高，但幸福感却未能随之提升，被称为新的"中国之谜"。今天的老年人，从总体来看，虽然自认为不幸福的老人仅占6.51%，但认为比较幸福的老人不到一半，说明我国老年人总体幸福感有待提升。从纵向比较来看，情况更不容乐观，无论与过去的老年人比较还是与自己年轻时比较，老年人都认为现在没有过去幸福，高达近90%的老年人认为现在的老年人并不比过去的老年人幸福。展望未来，老年人担心没有生活费，担心有病不能治愈或无钱医治，甚至担心自己的子女失业或不孝，对未来生活充满担忧，而且，当前老年人自杀现象也从另一方面揭示了老年人生活的困境。因此，对于我国的老年人来说，幸福虽不是遥不可及，但让每位老年人幸福生活，仍是一件艰巨的社会任务。

老龄政策是为满足老年人需求而制定的行动方案。老龄政策不仅要关注老龄社会的稳定运行和健康发展,也要关注老年人个体的生命体验,让每位老年人都能幸福的生活。在今天,老年人需求正逐步从生存性需求转向发展性需求,从层次性需求转向结构性需求。需求结构的变化以及老年人对当前政策满意度不高,都对当前的老龄政策体系提出了挑战。虽然近年国家日益重视老龄问题,老龄政策不断发展,但老龄政策整合性、能动性、操作性、便携性不足等问题影响了老龄政策的成效和老年人的幸福感。

人口老龄化是人类战胜自身取得辉煌胜利的成果,但在许多人眼里,老年成为"困境""问题"和"负担",他们既怕老年人也怕自己变老。妇运之母贝蒂·傅瑞丹指出,"老年迷思比女性迷思更可怕,更令人畏于面对,而且也更难以突破"[1]。人们对年老的恐惧是源自对青春价值及知觉的自我陷溺,我们应该扬弃年轻社会的思维,以老年的观点来看待老年,以他们的真实经验来为老年的价值和强度命名,既要看到老龄社会的挑战,也要看到其中的积极因素,以老年人的幸福发展为导向建构积极的老龄政策体系。

幸福感是多种需求满足基础上的多维体验,生存性需求是获取幸福感的基础,关系性需求是获得幸福的关键,成长性需求是幸福的高峰体验。首先,要改革我国"多轨制单支柱低水平"的养老保险体系建立"多支柱"的养老保险体系,改变以"治疗"为主的医疗卫生体系建立"预防、治疗、照顾相结合"的老年人健康维护体系,改善老年人居住和交通状况,让老年人经济有保障、身体健康和居住环境安全,夯实幸福之基。其次,面对代际关系的失衡和变动,通过生命全程教育、孝道观教育和老龄规划教育,引导全社会形成正确的"老龄观";通过建立全方位的家庭支持政策、社会代间政策和老年人庇护政策,减少代际冲突,建立平等、互融的代间关系,满足老年人情感性需求,让老年人在充满温情的社会氛围中幸福生活。再次,

---

[1] [美]贝蒂·傅瑞丹:《生命之泉:高龄生涯大趋势》,李录俊、陈秀娟译,台北:月旦出版社股份有限公司1995年版,第39页。

倡导活跃老化，强化"第三龄教育"，建立"老龄友好职场"，借鉴"时间银行"理念，鼓励老年人积极参与志愿服务活动，发挥老年人的潜力，让老年人在参与中成长，在自我实现中体验幸福。最后，政策设计中要关注老年人的主观感受，增强政策供给的公正性，减少老年人的相对剥夺感，以"老年人自我管理"为中心，提升老龄政策的个性化和便携性，发展在地整合服务，形成以政府为主导、家庭为基础、社区为依托、营利性组织和非营利性组织通力合作的多元政策供给体系，满足老年人多元化、多层次需求，提升老年人幸福感！

老年人的幸福掌握在每个人手中，取决于我们每个人的努力！今天的老年人让我们看到未来的自己。如果我们今天能够建构让老年人幸福的政策体系，以后，这些政策也会让我们更幸福。为了今天老年人的幸福和未来我们自己的幸福，我们应甄别并满足老年人的真实需求，建构科学完善可持续的积极老龄政策体系，让人类不仅活得更久，也活得更好，让幸福不再遥远！

主要参考文献

一 著作类

陈年:《老人服务事业概论》,台北:威仕曼文化事业股份有限公司2008年版。

陈燕祯:《老人服务与社区照顾:多元服务的观点》,台北:威仕曼文化事业股份有限公司2011年版。

陈燕祯:《老人服务与社区照顾》,台北:威仕曼文化事业股份有限公司2009年版。

陈燕祯:《银发照顾产业之发展:资源整合的观点》,台北:威仕曼文化事业股份有限公司2012年版。

陈肇男等:《活跃老化——法规、政策与实务变革之台湾经验》,台北:双叶书廊有限公司2013年版。

陈肇男:《家庭、社会支持与老人心理福祉:二十世纪末的台湾经验》,台北:联经出版事业股份有限公司2015年版。

党俊武等:《中国城乡老年人生活状况调查报告(2018)》,社会科学文献出版社2018年版。

党俊武:《老龄社会的革命——人类的风险与前景》,人民出版社2015年版。

丁建定等:《中国养老服务发展研究报告(2018)》,华中科技大学出版社2018年版。

关信平:《社会政策概论》,高等教育出版社2009年版。

华宏鸣：《"积极养老"的全方位探索——应对人口老龄化方针、内容和动力的研究》，复旦大学出版社 2013 年版。

黄晨熹编著：《社会政策》，华东理工大学出版社 2008 年版。

黄勇：《智慧养老》，中国社会出版社 2016 年版。

姜向群：《年龄歧视与老年人虐待问题研究》，中国人民大学出版社 2010 年版。

李兵、张恺悌：《中外老龄政策与实践》，中国社会出版社 2010 年版。

李兵、张恺悌主编：《中国老龄政策研究》，中国社会出版社 2009 年版。

刘渝林：《养老质量测评——中国老年人口生活质量评价与保障制度》，商务印书馆 2007 年版。

彭华民等：《西方社会福利理论前沿：论国家、社会、体制与政策》，中国社会出版社 2009 年版。

亓寿伟：《中国居民主观幸福感与公共政策——基于微观调查数据的计量分析》，中国社会科学出版社 2013 年版。

全国老龄工作委员会办公室：《国家应对人口老龄化战略研究总报告》，华龄出版社 2014 年版。

上海大学"城市社会转型与幸福感变迁"课题组：《城市社会转型与幸福感变迁（1978—2010）》，社会科学文献出版社 2013 年版。

孙健敏：《幸福社会：提升幸福感的多元视角》，中国人民大学出版社 2014 年版。

王贵林、孙飞雪、何毅著：《应对人口老龄化问题的政策与法律研究》，兰州大学出版社 2012 年版。

王浦劬、萨拉蒙：《政府向社会组织购买公共服务研究：中国与全球经济分析》，北京大学出版社 2010 年版。

吴玉韶：《中国老龄事业发展报告（2013）》，社会科学文献出版社 2013 年版。

吴玉韶、党俊武：《中国老龄产业发展报告（2014）》，社会科学文献出版社 2014 年版。

吴玉韶等：《2010 年中国城乡老年人口状况追踪调查数据分析》，中国社会出版社 2014 年版。

伍小兰等：《台湾老年人的长期照护》，中国社会出版社 2010 年版。

谢尔马赫：《玛土撒拉的密谋：颠覆高龄化社会的迷失》，新北：台湾商务印书馆股份有限公司 2006 年版。

邢占军：《测量幸福：主观幸福感测量研究》，人民出版社 2005 年版。

徐新、张钟汝：《城市老龄社会政策的演进及挑战》，广西师范大学出版社 2012 年版。

杨立雄：《老年福利制度研究》，人民出版社 2013 年版。

杨团：《当代社会政策研究（八）：老龄时代的新思维》，社会科学文献出版社 2013 年版。

杨燕绥：《中国老龄社会与养老保障发展报告（2014）》，清华大学出版社 2015 年版。

杨中新：《中国人口老龄化与区域产业结构调整研究》，社会科学文献出版社 2005 年版。

叶至诚：《高龄者社会参与》，新北：扬智文化事业股份有限公司 2012 年版。

叶至诚：《老人长照政策》，新北：扬智文化事业股份有限公司 2012 年版。

弋舟：《空巢：我的养老谁作主》，陕西新华出版传媒集团、太白文艺出版社 2014 年版。

原新、党俊武、李志宏等：《政策科学与我国老龄政策体系的构建》，华龄出版社 2014 年版。

张明、朱爱华、徐成华：《城市老年人社会服务体系研究》，科学出版社 2012 年版。

郑希付：《我们的幸福感》，暨南大学出版社 2008 年版。

郅玉玲：《和谐社会语境下的老龄问题研究》，浙江大学出版社 2011 年版。

朱芬郁：《高龄教育：概念、方案与趋势》，台北：五南图书出版股份有限公司 2011 年版。

左美云：《智慧养老：内涵与模式》，清华大学出版社 2018 年版。

［美］贝蒂·傅瑞丹：《生命之泉：高龄生涯大趋势》，李录俊、陈秀娟译，台北：月旦出版社股份有限公司 1995 年版。

［美］E. S. 萨瓦斯：《民营化与公私部门的伙伴关系》，周志忍译，中国人民大学出版社 2002 年版。

［美］马斯洛：《动机与人格》，华夏出版社 1987 年版。

［美］泰德·C. 费晓闻：《揭秘老龄化》，吴礼敬、刘娜、肖梦云译，机械工业出版社 2011 年版。

［日］渡边淳一：《优雅地老去》，吴四海译，浙江文艺出版社 2014 年版。

［日］小野浩、［美］克里斯滕·舒尔茨·李：《幸福再分配——论社会政策对生活满意度的塑造》，中国金融出版社 2020 年版。

二　期刊类

包蕾萍：《生命历程理论的时间观探析》，《社会学研究》2005 年第 4 期。

鲍忠良：《社区教育视野下的老年教育问题与策略探究》，《继续教育研究》2014 年第 9 期。

蔡昉：《重新思考中国基本养老保障制度改革——兼论国际经验的相关性》，《经济学动态》2008 年第 7 期。

蔡娟：《代际关系研究的缘起、主题与发展趋势——一个基于文献的述评》，《中国青年研究》2015 年第 11 期。

蔡驎：《老龄化社会的代际连带与社会保障——兼论日本的老龄化对策》，《同济大学学报》（社会科学版）2004 年第 5 期。

蔡玥、胡楠等：《中国人群 2010 年自杀死亡现状分析》，《中国预防医学杂志》2012 年第 6 期。

曹惟纯、叶光辉:《高龄化下的代间关系——台湾民众孝道信念变迁趋势分析（1994—2011）》，《社会学研究》2014年第2期。

曹艳春、吴蓓、戴建兵:《中国需求导向型老年社会福利内容确定与提供机制分析》，《浙江社会科学》2012年第8期。

曹艳春、吴蓓、戴建兵:《中国需求导向型老年社会福利内容确定与提供机制分析》，《浙江社会科学》2012年第8期。

陈柏峰:《代际关系变动与老年人自杀——对湖北京山农村的实证研究》，《社会学研究》2009年第4期。

陈功、庞丽华、陈佳鹏等:《中国老龄政策的发展、现状和未来走向》，《中国老龄科学研究中心2003年度优秀论文集》，2003年。

陈国康:《长者就业：现状、挑战与建议》，《国家与社会》2013年第14期。

陈皆明:《中国养老模式：传统文化、家庭边界和代际关系》，《西安交通大学学报》（社会科学版）2010年第6期。

陈融雪:《中国老龄政策的演变历程》，《报刊荟萃》2014年第5期。

陈世超、陈明昆:《基于"共生"隔代关系视域下的老年教育研究》，《成人教育》2014年第1期。

陈彤:《中国老年人主观幸福感量表的编制》，《兰州学刊》2009年第6期。

陈鑫、杨红燕:《社会比较、时间比较对老年人主观幸福感的影响研究》，《华中农业大学学报》（社会科学版）2020年第1期。

陈振琪、王洁媛:《大学高龄教育对"老年"意象转变之研究》，《明新学报》2010年第2期。

程新峰、姜全保:《丧偶与老年人主观幸福感研究：性别差异与城乡差异分析》，《人口与发展》2017年第4期。

仇凤仙:《农村贫困老人日常生活中的代际冲突分析——皖北李村调查研究》，《中国农业大学学报》（社会科学版）2014年第4期。

崔巍:《居民幸福感的影响因素及时代演变》，《经济问题》2019年第10期。

崔迎春:《超老龄社会中的日本女性再就业问题》,《妇女研究论丛》2015年第3期。

答会明:《中国老年人主观幸福感研究10年:回顾与展望》,《中国老年学杂志》2019年第9期。

邓敏:《社会关系、心理健康水平与老年人主观幸福感改进——基于CGSS2015数据的实证分析》,《人口与发展》2019年第3期。

刁春婷、孙锋丹、洪建中:《经济收入和居住方式在农村老年人社会支持与主观幸福感关系中的调节作用》,《老龄科学研究》2017年第11期。

丁百仁:《失能老人的幸福感现状及其影响因素》,《人口与社会》2017年第3期。

丁建定:《中国养老保障制度整合与体系完善》,《中国行政管理》2014年第7期。

丁怡:《失能老人照顾责任公共化与长期照顾制度的建立》,《统计与决策》2012年第6期。

董克用、孙博:《从多层次到多支柱:养老保障体系改革再思考》,《公共管理学报》2011年第1期。

董璐:《伪造的需求和坦塔罗斯的幸福》,《南京社会科学》2012年第12期。

董之鹰:《老龄社会的家庭支持政策选择》,《中国人口报》2006年10月30日。

杜鹏、李兵、李海荣:《"整合照料"与中国老龄政策的完善》,《国家行政学院学报》2014年第3期。

杜鹏、李兵:《生命进程理论和方法及其对老龄政策的意义》,《浙江学刊》2007年第3期。

杜鹏、谢立黎、李亚娟:《如何扩大老年志愿服务?——基于北京朝外街道的实证研究》,《人口与发展》2015年第1期。

杜鹏、谢立黎:《以社会可持续发展战略应对人口老龄化——芬兰老龄政策的经验及启示》,《人口学刊》2013年第6期。

杜作润：《普通高校如何正视老年教育？》，《复旦教育论坛》2013 年第 2 期。

樊欢欢：《"权威性孝道"的现代处境：对同住育儿家庭代际关系的分析》，《学术论坛》2014 年第 8 期。

樊立华、袁向军、吕征等：《老年教育模式及发展趋势研究》，《教育探索》2013 年第 3 期。

范成杰：《代际关系的下位运行及其对农村家庭养老影响》，《华中农业大学学报》（社会科学版）2013 年第 1 期。

范成杰：《代际关系的价值基础及其影响——对江汉平原农村家庭养老问题的一种解释》，《人口与发展》2012 年第 5 期。

范芝萍：《少子化和高龄化对家庭消费及其组成的影响》，《明新学报》2010 年第 2 期。

封婷：《日本老龄政策新进展及其对中国的启示》，《人口与经济》2019 年第 4 期。

冯华超、钟涨宝：《社会经济转型与代际关系变动》，《山西师大学报》（社会科学版）2014 年第 2 期。

冯莎：《居民主观幸福感及其影响因素研究——基于多种预测模型》，《调研世界》2016 年第 9 期。

冯莎、张芃：《收入差距与主观幸福感及影响因素的实证研究——基于有序 Logistic 和多层累积 Logistic 模型》，《调研世界》2017 年第 6 期。

付光伟：《城市老年人主观幸福感的影响因素：豫省例证》，《重庆社会科学》2014 年第 8 期。

高长海：《师范院校设置"老年教育专业"的可行性和策略探讨》，《教育探索》2014 年第 10 期。

高晶：《老年人主观幸福感（SWB）综述》，《社会心理学》2005 年第 2 期。

高良等：《当代幸福感研究的反思与整合——幸福感三因素模型的初步构建》，《华南师范大学学报》（社会科学版）2011 年第 5 期。

高顺岳:《居民幸福感影响因素实证研究》,《统计与决策》2017 年第 5 期。

高勇、李娜:《日本老龄人力资源与就业特征分析》,《人口学刊》2013 年第 4 期。

高勇:《日本老龄人口就业结构及启示》,《西北人口》2013 年第 6 期。

龚继红、范成杰、巫锡文:《"分而不离":分家与代际关系的形成》,《华中科技大学学报》(社会科学版)2015 年第 5 期。

关颖:《改革开放以来我国家庭代际关系的新走向》,《学习与探索》2010 年第 1 期。

郭登聪:《建构"高龄友善城市",从活跃老化到在地老化的重要课题》,《辅仁社会研究》2014 年第 4 期。

郭竞成:《农村居家养老服务的需求强度与需求弹性——基于浙江农村老年人问卷调查的研究》,《社会保障研究》2012 年第 1 期。

郭庆旺、贾俊雪、赵志耘:《中国传统文化信念、人力资本积累与家庭养老保障机制》,《经济研究》2007 年第 8 期。

何立新、潘春阳:《破解中国的"Easterlin 悖论":收入差距、机会不均与居民幸福感》,《管理世界》2011 年第 8 期。

贺雪峰、郭俊霞:《试论农村代际关系的四个维度》,《社会科学》2012 年第 7 期。

贺雪峰、郭俊霞:《试论农村自杀的类型与逻辑》,《华中科技大学学报》(社会科学版)2012 年第 4 期。

贺雪峰:《农村代际关系论:兼论代际关系的价值基础》,《社会科学研究》2009 年第 5 期。

侯慧丽、程杰:《老龄化社会中养老金代际代内收入差距与养老金再分配》,《人口与发展》2015 年第 1 期。

胡洪曙、鲁元平:《公共支出与农民主观幸福感——基于 CGSS 数据的实证分析》,《财贸经济》2012 年第 10 期。

胡洪曙、鲁元平:《收入不平等、健康与老年人主观幸福感——来自中国老龄化背景下的经验证据》，《中国软科学》2012 年第 11 期。

胡荣、肖和真、龚灿林：《社会资本、身心健康与老年人主观幸福感》，《黑龙江社会科学》2018 年第 2 期。

胡湛、彭希哲：《老龄社会与公共政策转变》，《社会科学研究》2012 年第 3 期。

黄锦山：《高龄社会来临的新课题：中小学生老化知识、态度与行为意向之研究》，《课程与教学季刊》2011 年第 2 期。

黄乾：《中国老年人口的就业新态势与战略对策》，《探索与争鸣》2015 年第 12 期。

江虹、徐晶晶、王瑞等：《不同年龄阶段老年人的幸福感、心理压力与心理弹性研究》，《山东大学学报》（医学版）2017 年第 9 期。

姜海纳、侯俊军：《国民幸福感指数评价指标体系的构建及测算》，《统计与决策》2013 年第 23 期。

姜向群、郑研辉：《城市老年人的养老需求及其社会支持研究——基于辽宁省营口市的抽样调查》，《社会科学战线》2014 年第 5 期。

蒋京川：《国外积极老龄化视角下的代际关系研究》，《国外社会科学》2014 年第 4 期。

蒋晓平：《逆向代际关系：城市从业青年隐性啃老行为分析》，《中国青年研究》2012 年第 2 期。

蒋晓平：《逆向代际关系：城市从业青年隐性啃老行为分析》，《中国青年研究》2012 年第 2 期。

解垩：《中国老年人保障与代际间向上流动的私人转移支付——时间照料与经济帮助》，《世界经济文汇》2014 年第 5 期。

景跃军、李元：《中国失能老年人构成及长期护理需求分析》，《人口学刊》2014 年第 2 期。

蓝常高：《就业转换：老龄劳动者的一种选择》，《中共南宁市委党校学报》2015 年第 2 期。

冷晨昕、陈前恒：《子女数量与老年人幸福感关系研究——基于 CGSS2013 的实证分析》，《大连理工大学学报》（社会科学版）

2019 年第 5 期。

李兵:《效率老龄化：未来老龄政策建议》,《中国地质大学学报》（社会科学版）2007 年第 4 期。

李兵:《"整合的社会服务"：理论阐释和战略抉择》,《社科纵横》2014 年第 4 期。

李超:《老龄政策法规的国际经验与教训》,北京市社会科学界联合会、北京师范大学《和谐社会：社会建设与改革创新——2007 学术前沿论丛》（下卷）2007 年第 10 期。

李超:《作为公共政策的国外老龄政策法规》,《中国人口报》2006 年 5 月 10 日。

李晶:《福利的多维测度与广义幸福指数体系的构建》,《辽宁工程技术大学学报》（社会科学版）2008 年第 7 期。

李罗力、夏汛鸽:《对制定我国新时期老龄人口政策的建议》,《开放导报》2008 年第 3 期。

李芹:《城市社区老年志愿服务研究——以济南为例》,《社会科学》2010 年第 6 期。

李西营、姚雪梅、邵景进:《老年人家庭付出回报不平衡感对主观幸福感的影响》,《西南大学学报》（社会科学版）2019 年第 5 期。

李鑫轶、叶文峰:《建立全国统一的老龄政策》,《中国石化报》2010 年 3 月 15 日。

李亚雄、苟延峰:《农村劳动力市场模式与老年人的"再就业"——鲁北 Z 村一个老年建筑队的案例》,《湖南社会科学》2015 年第 1 期。

李逸浩:《代际关系演变下的就业矛盾》,《人民论坛》2011 年第 12 期。

李迎生:《论我国农民养老保障制度改革的基本目标与现阶段的政策选择》,《社会学研究》2001 年第 5 期。

李永萍:《交换型代际关系：理解农村老年人危机的新视角——基于对江汉平原老年人生活状况的考察》,《老龄科学研究》2015 年第

5 期。

李育:《养老保障体系"并轨"改革:美国经验及其启发》,《经济学动态》2014 年第 10 期。

李元珍:《老人再婚与代际关系变迁——湖北省老人再婚现象调查》,《华中科技大学学报》(社会科学版) 2013 年第 1 期。

李志宏:《新时代中国老龄政策的创新方略》,《老龄科学研究》2018 年第 3 期。

李宗华:《近 30 年来关于老年人社会参与研究的综述》,《东岳论丛》2009 年第 8 期。

连连:《代际关系变化的历史透视及其意义》,《河北学刊》2015 年第 3 期。

刘国珍、陈惠雄:《幸福的测度:一个测量范式的综述》,《财经论丛》2017 年第 8 期。

刘怀光、江雪岩:《交往理性与现代社会代际关系的重构》,《前沿》2011 年第 3 期。

刘继同:《人类需要理论与社会福利制度运行机制研究》,《中共福建省委党校学报》2004 年第 8 期。

刘鸣筝、董岳:《老年人的媒介使用与主观幸福感间的关系研究——基于 CGSS2015 的实证分析》,《东岳论丛》2019 年第 7 期。

刘珊:《中国"虐待老人"现象、成因和对策》,《中国老年学杂志》2016 年第 1 期。

刘太刚:《需求溢出理论与公共管理学基础理论的构建》,《北京行政学院学报》2012 年第 3 期。

刘威:《试论 1965 年〈美国老年人法〉的诞生及对我国老龄政策的启示》,《社会科学论坛》2012 年第 3 期。

刘喜珍:《论代际公正的基本理念——以老年伦理关怀为视角》,《湖南社会科学》2010 年第 1 期。

刘晓云:《社区老人长期照顾之文献探讨》,《中华职业医学杂志》2012 年第 2 期。

刘燕妮：《德国老年就业策略对中国城市老年就业的启示》，《齐齐哈尔大学学报》（哲学社会科学版）2015 年第 11 期。

刘燕妮：《德国老年就业策略对中国城市老年就业的启示》，《齐齐哈尔大学学报》（哲学社会科学版）2015 年第 11 期。

刘云佳：《老龄政策亟待完善与细化》，《中国房地产报》2010 年 5 月 31 日。

鲁元平、张克中：《经济增长、亲贫式支出与国民幸福——基于中国幸福数据的实证研究》，《经济学家》2010 年第 11 期。

陆杰华、汤澄：《公平视域下的中国老龄政策体系探究》，《中国特色社会主义研究》2015 年第 1 期。

陆林、兰竹虹：《我国城市老年人就业意愿的影响因素分析——基于 2010 年中国城乡老年人口状况追踪调查数据》，《西北人口》2015 年第 4 期。

吕如敏、赵瑞芳：《代际关系对老年人生活满意度的影响研究——兼论老年人在代际交往中的利他性》，《荆楚学刊》2015 年第 2 期。

吕晓莉、李志宏：《人口老龄化与社会代际矛盾及其治理》，《中国青年研究》2014 年第 1 期。

罗楚亮：《城乡分割、就业状况与主观幸福感差异》，《经济学》2006 年第 2 期。

罗楚亮：《教育、收入与主观幸福感》，《理工高教研究》2006 年第 1 期。

马亮：《公共服务绩效与公民幸福感：中国地级市的实证研究》《中国行政管理》2013 年第 2 期。

苗振国：《幸福学视角下的公共政策价值重塑》，《燕山大学学报》2007 年第 9 期。

穆光宗：《丧失和超越：寻求老龄政策的理论支点》，《市场与人口分析》2002 年第 4 期。

穆光宗：《中国老龄政策思考》，《人口研究》2002 年第 1 期。

穆瑞章：《老年群体隐性需求研究》，硕士学位论文，天津财经大学，

2010年。

潘占学、杨奇:《从老年人的实际需求出发制定老龄政策》,《老龄科学研究》2014年第8期。

裴志军:《家庭社会资本、相对收入与主观幸福感:一个浙西农村的实证研究》,《农业经济问题》2010年第7期。

彭宅文:《长期照顾制度规划的两个重大问题》,《中国社会保障》2014年第2期。

亓寿伟、周少甫:《收入、健康与医疗保险对老年人幸福感的影响》,《公共管理学报》2010年第1期。

钱宁:《积极老龄化福利政策视角下的老年志愿服务》,《探索》2015年第5期。

邱夏:《陈惠雄:幸福悖论下居民生活质量提升的政策思考》,《财经论丛》2014年第5期。

全国人大财经委员会中国民生指数课题组、王俊秀:《你幸福吗?——2010中国城市居民幸福感调查》,《民主与科学》2010年第6期。

沈兵明、应凤其、王冠华:《如何提高老年人生活质量——从杭州市老年人需求状况抽样调查说起》,《人口研究》1998年第6期。

沈君彬:《从"长照十年"到"长照保险":台湾地区长期照顾制度的重构》,《甘肃行政学院学报》2015年第5期。

沈君彬:《台湾地区长期照顾服务体系转型发展经验及其对大陆地区的启示——以福利国家的目标为分析框架》,《中共福建省委党校学报》2016年第1期。

沈可、程令国、魏星:《居住模式如何影响老年人的幸福感?》,《世界经济文汇》2013年第6期。

沈艳:《代际关系的新变化》,《太原大学学报》2015年第2期。

施巍巍:《论发达国家老年人长期照顾的制度模式》,《学术交流》2012年第5期。

石金群:《当代西方家庭代际关系研究的理论新转向》,《国外社会科学》2015 年第 2 期。

石金群：《独立还是延续：当代都市家庭代际关系中的矛盾心境》，《广西民族大学学报》（哲学社会科学版）2014 年第 4 期。

史秉强：《代际之间"责任伦理"的重建——解决目前中国家庭养老问题的切入点》，《河北学刊》2007 年第 4 期。

史薇：《荷兰老龄政策的经验与启示》，《老龄科学研究》2014 年第 4 期。

舒萍：《代际关系的张弛之道——基于福建一个多姓宗族村落田村的考察》，《广西民族大学学报》（哲学社会科学版）2014 年第 6 期。

孙静芸等：《老人虐待之概念分析》，《高雄护理杂志》2010 年第 3 期。

孙薇薇：《代际支持对城市老年人精神健康的影响》，《中国社会保障》2010 年第 3 期。

孙新华、王艳霞：《交换型代际关系：农村家际代际关系的新动向——对江汉平原农村的定性研究》，《民俗研究》2013 年第 1 期。

孙永生、叶词润：《社会支持视角下老年人主观幸福感影响因素研究》，《老龄科学研究》2016 年第 12 期。

孙越：《农村家庭养老中女儿的角色——山东潍坊农村家庭代际关系的性别考察》，《学理论》2014 年第 12 期。

锁凌燕：《转型期中国养老保障体系形成过程中政府与市场的关系》，《经济科学》2013 年第 1 期。

台湾"经建会"：《老年经济安全保险制度概况》，《台湾经济论衡》2012 年第 11 期。

唐灿、马春华、石金群：《女儿赡养的伦理与公平——浙东农村家庭代际关系的性别考察》，《社会学研究》2009 年第 6 期。

田馨滦、张晓娟：《收入、文化服务与农村老年人幸福感的实证研究》，《调研世界》2018 年第 7 期。

王殿玺：《城市社区居民养老需求变化与老龄政策发展——基于北京市的调查研究》，《老龄科学研究》2017 年第 9 期。

王海娟:《农民家庭代际关系脱嵌化诱因与效应分析》,《湖南农业大学学报》(社会科学版) 2016 年第 1 期。

王积超、方万婷:《什么样的老人更幸福?——基于代际支持对老年人主观幸福感作用的分析》,《黑龙江社会科学》2018 年第 5 期。

王磊:《老年人的信任与幸福感》,《人口与发展》2019 年第 4 期。

王磊:《人口老龄化社会中的代际居住模式——来自 2007 年和 2010 年江苏调查的发现》,《人口研究》2013 年第 4 期。

王莉莉:《中国老年人社会参与的理论、实证与政策研究综述》,《人口与发展》2011 年第 3 期。

王萍、李树茁:《代际支持对农村老年人生活满意度影响的纵向分析》,《人口研究》2011 年第 1 期。

王萍、李树茁:《子女迁移背景下代际支持对农村老人生理健康的影响》,《人口与发展》2012 年第 2 期。

王世斌、申群喜、余风:《农村养老中的代际关系分析——基于广东省 25 个村的调查》,《社会主义研究》2009 年第 3 期。

王树新、马金:《人口老龄化过程中的代际关系新走向》,《人口与经济》2002 年第 4 期。

王晓庆:《2012 年中国老龄政策综述》,《社会福利(理论版)》2013 年第 3 期。

王亚迪:《退休影响中老年人幸福感吗?》,《经济与管理评论》2019 年第 6 期。

王亚柯、王宾、韩冰洁等:《我国养老保障水平差异研究——基于替代率与相对水平的比较分析》,《管理世界》2013 年第 8 期。

王跃生:《城乡养老中的家庭代际关系研究——以 2010 年七省区调查数据为基础》,《开放时代》2012 年第 2 期。

王跃生:《中国家庭代际关系的理论分析》,《人口研究》2008 年第 4 期。

王跃生:《中国家庭代际关系的维系、变动和趋向》,《江淮论坛》2011 年第 2 期。

王跃生：《中国家庭代际关系内容及其时期差异——历史与现实相结合的考察》，《中国社会科学院研究生院学报》2011年第3期。

王作宝、吴振华：《人口老龄化背景下的代际负担——四种测量模型》，《西安财经学院学报》2014年第3期。

韦璞：《老年人家庭代际关系的影响因素分析》，《广西社会科学》2015年第7期。

卫大可：《英国老龄社会政策发展及对机构养老服务转型的影响》，《城市建筑》2014年第5期。

吴帆、李建民：《中国人口老龄化和社会转型背景下的社会代际关系》，《学海》2010年第1期。

吴帆：《中国老年歧视的制度性根源与老年人公共政策的重构》，《社会》2011年第5期。

吴捷、程诚：《城市低龄老年人需要问卷的编制》，《天津师范大学学报》（社会科学版）2011年第4期。

吴克昌、谭影波：《不同时期关怀照顾、经济来源以及医疗服务与老年人主观幸福感——基于CHLHS 2002及CHLHS 2014的实证研究》，《华南理工大学学报》（社会科学版）2018年第3期。

吴明霞：《30年来西方关于主观幸福感的理论发展》，《心理学动态》2004年第4期。

吴玉婷、苑鑫、王雨晴等：《广场舞组织氛围和老年人主观幸福感的关系：组织认同和自尊的中介作用》，《心理发展与教育》2019年第5期。

肖倩：《农村家庭养老问题与代际权力关系变迁——基于赣中南农村的调查》，《人口与发展》2010年第6期。

肖倩、杨泽娟：《农村家庭代际关系与老人赡养问题——对赣中南农村的实证研究》，《求实》2010年第10期。

谢舜、魏万青、周少君：《宏观税负、公共支出结构与个人主观幸福感兼论"政府转型"》，《社会》2012年第6期。

谢舜、魏万青、周少君：《宏观税负、公共支出结构与个人主观幸福感》,《社会》2012年第6期。

邢占军、黄立清:《西方哲学史上的两种主要幸福观与当代主观幸福感研究》,《理论探讨》2004年第1期。

邢占军:《我国居民收入与幸福感关系的研究》,《社会学研究》2011年第1期。

邢占军、张泉:《社区类型对老年人主观幸福感的影响机制探析——以整体网核心边缘理论为分析视角》,《山东社会科学》2017年第2期。

邢占军:《主观幸福感测量研究综述》,《心理科学》2002年第3期。

熊波、石人炳:《农村老年人家庭代际支持类型的再分析——基于对湖北省两个地区的调查》,《人口与发展》2014年第3期。

徐晓波、黄洪雷:《老年人主观幸福感与心理幸福感的关系:代际因素的影响》,《老龄科学研究》2015年第8期。

许明财等:《"时间银行"高龄政策在新竹未来发展趋势之分析》,《亚洲高龄全人健康及产业发展期刊》2013年第2期。

许铭恩:《老人教育政策与行政之研究》,《育达科大学报》2011年第29期。

许益军:《幸福感的政策干预:困境及其突破策略》,《学习与实践》2007年第10期。

薛敏:《依据老年人需求实现"六个老有"与"积极老龄化"》,《边疆经济与文化》2007年第9期。

杨辰:《住房与家庭:居住策略中的代际关系——上海移民家庭三代同居个案调查》,《青年研究》2011年第6期。

杨成洲:《台湾"长期照顾十年计划"研究》,《社会保障研究》2015年第2期。

杨华、欧阳静:《阶层分化、代际剥削与农村老年人自杀——对近年中部地区农村老年人自杀现象的分析》,《管理世界》2013年第5期。

杨积堂、李新娥:《幸福感影响因素研究的多层次视域》,《社会治理》2018 年第 6 期。

杨晶晶、郑涌：《代际关系：老年心理健康研究的新视角》，《中国老年学杂志》2010 年第 19 期。

杨菊华、李路路：《代际互动与家庭凝聚力——东亚国家和地区比较研究》，《社会学研究》2009 年第 3 期。

杨燕绥：《老龄社会与积极的养老政策》，《中国人力资源社会保障》2017 年第 10 期。

杨志超：《北欧老年就业政策对我国延迟退休制度的启示》，《学术界》2013 年第 7 期。

姚若松、韩红静、王卫东等：《老年人应对方式与主观幸福感的关系研究：社会支持的中介作用》，《广州大学学报》（社会科学版）2017 年第 2 期。

姚远、范西莹：《从尊老养老文化内涵的变化看我国调整制定老龄政策基本原则的必要性》，《人口与发展》2009 年第 2 期。

叶徐婧子、程昭雯、蔡旻桦等：《老年人居住安排与主观幸福感关联研究——以北京市为例》，《老龄科学研究》2017 年第 4 期。

伊庆春：《台湾地区家庭代间关系的持续与改变——资源与规范的交互作用》，《社会学研究》2014 年第 3 期。

亦佳：《〈中国老龄事业发展报告（2013）〉：老龄政策碎片化严重》，《老同志之友》2013 年第 8 期。

阴国恩、丁新萌、杨红：《老年人需要及相关因素的研究》，《天津师范大学学报》（社会科学版）2001 年第 5 期。

殷俊、陈天红：《从老年人需求结构视角探析养老金待遇调整机制》，《求索》2010 年第 12 期。

尹银、周俊山、张天骄：《住房对城市老年人家庭代际支持的影响分析》，《人口与经济》2010 年第 2 期。

尤吾兵：《西塞罗老年幸福观及其现代价值》，《中国老年学杂志》2010 年第 23 期。

于长永：《农民"养儿防老"观念的代际差异及转变趋向》，《人口学刊》2012 年第 6 期。

俞国良、姜兆萍:《社会心理学视野下的终身化老年教育》,《南京师大学报》(社会科学版)2013 年第 2 期。

俞国良、王诗如:《幸福感:测量、影响因素及其进展》,《黑龙江社会科学》2015 年第 3 期。

袁正、郑欢、韩骁:《收入水平、分配公平与幸福感》,《当代财经》2013 年第 11 期。

原新、李志宏、党俊武、孙慧峰:《中国老龄政策体系框架研究》,《人口学刊》2009 年第 6 期。

曾鹏:《老年志愿服务的香港样板》,《中国社会导刊》2007 年第 18 期。

曾维和:《整合性公共服务——西方国家公共服务提供的新模式》,《上海行政学院学报》2012 年第 1 期。

翟绍果、王健荣:《社会支持对老年人主观幸福感的影响研究——基于精神健康因素的多重中介效应》,《西北人口》2018 年第 4 期。

张车伟、向晶:《代际差异、老龄化与不平等》,《劳动经济研究》2014 年第 1 期。

张桂蓉、史景军:《赡养与自理的均衡:农村留守老人家庭养老的代际伦理——以湖南省新田县 SH 镇的调查为例》,《伦理学研究》2012 年第 3 期。

张辉:《相对收入差距与中国居民主观幸福感研究——基于中国社会综合调查(CGSS)的数据分析》,《公共管理评论》2013 年第 2 期。

张君安、张文宏:《社会网络类型与老年人幸福感》,《社会发展研究》2019 年第 2 期。

张莉:《中国高龄老人的居住安排、代际关系和主观幸福感——基于对 CLHLS 数据的分析》,《国家行政学院学报》2015 年第 5 期。

张士斌:《劳动力市场变化与中国的社会养老保障制度改革——基于对养老保障制度的历史考察》,《经济社会体制比较》2010 年第

2 期。

张士斌、王桥：《中日社会养老保障制度比较——一个劳动力市场的视角》，《现代日本经济》2010 年第 4 期。

张文娟、李树茁：《子女的代际支持行为对农村老年人生活满意度的影响研究》，《人口研究》2005 年第 5 期。

张晓琴：《香港老年社区教育服务概观》，《中国成人教育》2014 年第 10 期。

张兴祥、钟威、洪永淼：《国民幸福感的指标体系构建与影响因素分析：基于 LASSO 的筛选方法》，《统计研究》2018 年第 11 期。

张艳、金晓彤：《中国老龄人口消费行为的制约因素分析》，《学术交流》2010 年第 10 期。

张再云、魏刚：《代际关系、价值观和家庭养老——关于家庭养老的文化解释》，《西北人口》2003 年第 1 期。

张振亭：《城市老年人微信使用与主观幸福感的关系研究——以 N 市为例》，《西南民族大学学报》（人文社会科学版）2019 年第 10 期。

张志雄、孙建娥：《老龄政策价值观的反思及其发展路径研究——基于养老文化的历史演变视角》，《老龄科学研究》2015 年第 11 期。

章洵：《农村多子女家庭养老代际交换的性别差异——基于湖北省钟祥市 L 村一个典型案例》，《社会科学论坛》2014 年第 3 期。

赵继伦、陆志娟：《城市家庭养老代际互助关系分析》，《人口学刊》2013 年第 6 期。

赵丽：《老龄政策不能长期充当"救火队"》，《法制日报》2013 年 10 月 12 日。

赵强、李玟慧、刘畅等：《代际关系现状对家庭养老影响的探究》，《财经界》（学术版）2013 年第 14 期。

赵爽：《农村家庭代际关系的变化：文化与结构结合的路径》，《青年研究》2010 年第 1 期。

赵新宇、高庆昆：《公共支出与公众主观幸福感——基于吉林省问卷调查的实证研究》,《财政研究》2013 年第 6 期。

郑丹丹、易杨忱子:《养儿还能防老吗——当代中国城市家庭代际支持研究》,《华中科技大学学报》(社会科学版)2014 年第 1 期。

郑志国:《劳动力价值的形成和转移及其代际关系——新的活劳动创造价值假设中的若干难点探析》,《华南师范大学学报》(社会科学版)2011 年第 2 期。

政研:《统筹做好老龄政策研究工作》,《中国老年报》2013 年 12 月 18 日。

中国社会科学院经济研究所社会保障课题组,朱玲:《多轨制社会养老保障体系的转型路径》,《经济研究》2013 年第 12 期。

钟涨宝、冯华超:《论人口老龄化与代际关系变动》,《北京社会科学》2014 年第 1 期。

周晖:《正面应对人口老龄化积极探索养老新模式》,《中国人力资源社会保障》2015 年第 12 期。

周明宝:《社会转型期代际关系嬗变》,《长江论坛》2012 年第 2 期。

周莹、梁鸿:《中国农村传统家庭养老保障模式不可持续性研究》,《经济体制改革》2006 年第 5 期。

周兆安:《家庭养老需求与家庭养老功能弱化的张力及其弥合》,《西北人口》2014 年第 2 期。

朱浩:《我国老年照顾服务政策:政策评估和展望——基于"生活质量—社会质量"理论分析框架》,《社会工作》2014 年第 6 期。

朱慧劼、王梦怡:《福利获得、健康状况与城市老年人的主观幸福感——基于南京、成都、天津和兰州四城市的问卷调查》,《城市观察》2018 年第 2 期。

朱静辉:《家庭结构、代际关系与老年人赡养——以安徽薛村为个案的考察》,《西北人口》2010 年第 3 期。

朱静辉、朱巧燕:《温和的理性——当代浙江农村家庭代际关系研究》,《浙江社会科学》2013 年第 10 期。

邹农俭:《养老保障·居家养老·社区支持:养老模式的新选择》,

《江苏社会科学》2007 年第 4 期。

左冬梅、吴正：《中国农村老年人家庭代际交换的年龄轨迹研究》，《人口研究》2011 年第 1 期。

三 外文文献

Diener ED, et al., "Subjective Well-being: Three Decades of Progress", Psychological Bulletin, 1999 (2).

Diener E., *Subjective Well-Being*, Psychology Bulletin, 1984 (3).

Macarov. D., *Social Welfare Structure and Practice*, California: Sage, 1995.

Morrow-Howell, Nancy, Hingerlong, James, Sherraden, Michael (eds), *Productive Ageing: Concepts and Challenges*, The Johns Hopking University Press, 2001.

Uchida, Y, Norasakkunkit, V. & Kitayama, K., "Cultural Constructions of Happiness: Theory and Empirical Evidence", *Journal of Happiness Study*, 2004 (3).

Wan-I Lin, Mei-Lan Chen, Ju-Chun Cheng, "The Promotion of Active Aging in Taiwan", *Ageing International*, 2014 (2).

World Health Organization, *Active Ageing A Policy Framework*, 2002.

Yi-Yin Lin, Chin-Shan Huang. "Aging in Taiwan: Building a Society for Active Aging and Aging in Place", *The Gerontologist*, 2015 (19).

后　　记

　　写下"后记"二字，如释重负又惶惶不安。有人说："把幸福作为研究课题是一件冒险的事。"但对幸福的向往和对老年人的关注，还是让我选择了这一冒险和艰难的旅程。这一选题既是对老龄化这一社会议题的回应，亦是对个人焦虑的探索。面对日渐老去的公公婆婆、爸爸妈妈，不知该做些什么能让他们幸福一点。而已到不惑之年的自己，有时也不由自主地想一想，等自己老了会是什么样，自己想过什么样的老年生活？因此，带着这样的疑问，开始了我的研究之旅。面对这个全新的选题，研究之路愈加艰辛，从选题到成稿本书历时七年，加上工作和家庭琐事的干扰，研究的进程一次次被打断、被搁置，也曾几次想要放弃。庆幸得到合作导师林毓铭教授的宽容和鼓励，庆幸得到广州大学公共管理学院领导的支持和同事们工作上的分担，让我的研究能够持续下去。

　　真的要感谢林毓铭教授，接受我这个"外行"，将我带上新的研究领域。几年来，虽然对我看似"放任"，但我知道，您无时不在牵挂和关心我的研究。

　　研究报告虽已成稿，能否为社会的成功老化、为老人的晚年幸福作出一点点贡献，心中实在惶惶。犹如我一直问自己：我真的了解自己的父母吗？我所做的，是他们想要的吗？我真的能让他们幸福吗？唯可以让自己心安的是，这个研究仅仅是个开始。我将不断地思考这个议题，也将不断地践行自己的思考，希望为父母、为老年人做点力所能及的事情。

今日于我，此课题早已超越了研究本身，这一路的研究苦旅让我收获颇丰，无时不被老人们的坚韧所激励，让我有了重新认识生命的意义、领悟"爱"的机会。研究的过程也是不断思考人生、感悟历史、接受心灵洗礼的过程，这一路的体验让我不断顿悟也日益开阔和坚强！一直没有放弃研究，是因为想给自己一个答案，是因为不忍让关心支持我的人失望，也是为了表达对公公婆婆、爸爸妈妈的感谢。感谢公公婆婆对我的疼爱和信任，每每家中有事，他们总是嘱咐自己的儿子多干点，让我别累着。感谢爸爸妈妈的宠爱和付出，让我现在依然可以做个"啃老族"，过着"饭来张口"的日子！

感谢学院领导和同事们的支持，特别要感谢陈潭院长、谢俊贵书记、刘雪明馆长、王枫云和周利敏副院长和王琳教授的关心和鼓励！

感谢在研究过程给予我指导和提出中肯意见的各位前辈和同仁！

感谢广州大学张净、张佩琪、梁惠研、郭小敏等同学，中山大学王佳娴同学在问卷调查、访谈、数据整理、排版等方面给予的帮助！

感谢前辈们的研究为我指引方向、提供素材！感谢田文编辑不厌其烦的沟通和认真细致的校对、编辑！感谢广州大学廉政研究中心和广州大学公共管理学院为本书的出版提供的资助。

祝福所有的老人：安康幸福！

杨芳谨记

2020 年 9 月 6 日